因理而教
为礼而学

以成果为导向的礼仪教学

王 旭 著

企业管理出版社
ENTERPRISE MANAGEMENT PUBLISHING HOUSE

图书在版编目（CIP）数据

因理而教 为礼而学：以成果为导向的礼仪教学／
王旭著.—北京：企业管理出版社，2020.5
ISBN 978-7-5164-2128-4

Ⅰ.①因... Ⅱ.①王... Ⅲ.①礼仪－教学研究 Ⅳ.
① K892.26

中国版本图书馆 CIP 数据核字 (2020) 第 054712 号

书　　名：	因理而教 为礼而学：以成果为导向的礼仪教学
作　　者：	王　旭
责任编辑：	于湘怡
书　　号：	ISBN 978-7-5164-2128-4
出版发行：	企业管理出版社
地　　址：	北京市海淀区紫竹院南路 17 号　　邮编：100048
网　　址：	http://www.emph.cn
电　　话：	编辑部 (010) 68701661　　发行部 (010) 68701816
电子信箱：	1502219688@qq.com
印　　刷：	三河市荣展印务有限公司
经　　销：	新华书店
规　　格：	700 毫米 × 1000 毫米　16 开本　19 印张　228 千字
版　　次：	2020 年 5 月第 1 版　2020 年 5 月第 1 次印刷
定　　价：	68.00 元

版权所有　翻印必究 · 印装有误　负责调换

推荐序

当前，我国人民正在以习近平同志为核心的党中央的领导下，为建设富强、民主、文明、和谐、美丽的社会主义现代化强国而奋斗。在这一伟大进程中，提高我国全体国民的个人素养，不仅意味着国家软实力的提升，而且也有助于外塑中华民族的良好形象，有助于更好地发出中国好声音，讲述中国好故事。

正如中共中央、国务院印发的《新时代公民道德建设实施纲要》所言："礼仪礼节是道德素养的体现，也是道德实践的载体。"因此，有必要"充分发挥礼仪礼节的教化作用。"

有道是"仓廪实而知礼节，衣食足而知荣辱"，大家有目共睹的是：学礼仪、讲礼仪、守礼仪，目前已成为当今社会的一大主旋律，"不学礼，无以立"业已成为更多国人的共识。与此同时，不可否认的是，有个别人知其一，不知其二，好读书不求甚解，其对礼仪的认知尚有一定的拓展空间与校正的必要。

那么，什么是礼仪呢？

孟子曰："礼，门也。"在孟子看来，礼仪乃待人接物的门道。

荀子曰："礼者，养也。"在荀子眼里，礼仪是为人处世所应具备的教养。

孔子曰："礼也者，理也。"依孔子之见，礼仪是与人合作的基本道理。

有鉴于此，礼仪固然是讲规矩的，是讲究其约定俗成的程序的，是以一定的格式化的操作表现其形式美的，但是，礼仪更是讲教养、讲道理、讲人的心灵之美的。

依此而论,个人礼仪并不等同于形体训练、涂脂抹粉、旗袍秀场、茶艺表演,而是更强调人的内涵之美、心灵之美、气质之美、品德之美,更推崇尊重、友善、体谅与包容。

当代礼仪并不等同于祭孔的仪式、《弟子规》的诵读、唐装汉服的穿着、复古好古的墨守成规,而是更强调古为今用,推陈出新,与时俱进,更推崇面向生活、面向世界、面向现代化,以及报效祖国、服务社会。

中国礼仪并不等同于全盘西化,接受西装、西餐、西俗等,而是更强调为我所用、求同存异、兼容并包,更推崇中国特色、中国魅力、中国风范。

依本人拙见,对个人而言,礼仪是做事的规矩与做人的境界。

对职场而言,礼仪是岗位规范与职业素养。

对社会生活而言,礼仪是与人合作的艺术和个人形象建构的技巧。

对国际交往而言,礼仪是跨文化交流的通则与有效沟通的惯例。

总之,现代礼仪的本质,既要讲合作、讲沟通、讲规矩,更要讲形象、讲修养、讲文化。离开文化作为其内涵,尤其是离开了中华民族优秀文化作为其内涵,当代中国的礼仪学习与推广,难免会失之于肤浅,甚至会误入歧途。

近日,我读到了长沙市礼仪协会会长王旭先生的新作《因理而教 为礼而学》,甚觉欣慰!因为它是一本既讲礼仪的规则,更讲礼仪的文化的好书。在书中的种种案例与经验之谈当中,处处都有文化可言。在此,我向礼仪教师、培训师推荐此书。

《礼记》有言:"礼,所以正人也。师,所以正人也。"我在此与各位礼仪的学习者、传播者共勉:正人先正己!在学习礼仪、传播礼仪的过程中,务必要有文化,要讲文化,更要重视文化。唯有如此,方能以礼"化"己、"化"人,"文质彬彬,然后君子"。

中国人民大学教授 金正昆
2019年11月1日于京

代序

有幸读到王旭先生的大作《因理而教 为礼而学》，我发现，在礼仪文化的传播、职业培训及教育中，这本书正是我们期盼已久并一直在寻找的那个声音。

因理而教，为礼而学。教与学，看似简单，其实是推动人力资源素质提升的有效方式。

当代社会的发展、物质资源的丰富、人际交往的演进，推动人们在精神方面的追求越来越高。个人素养的提升，会带动职场核心竞争力的同步增强。所以，文化、教育和其他各产业界对礼仪和教养提升培训的需求便日益增多。但礼仪教学及培训的市场良莠不齐，给系统学习礼仪带来很多困扰。有的形式花哨，博人眼球，缺乏实质内容；有的重"仪"轻"礼"，学员学完后，还是不能在教学、工作中很好地运用；有的急功近利，忽略了礼仪与教养的潜移默化。所以，我们期待系统、全面、落地的课程发挥引领和指路的作用。

王旭先生的《因理而教 为礼而学》有理念、有方法、有运用，提倡"以成果为导向"的教学理念，内容全面而系统。其理念经过教育部职业核心能力CVCC礼仪指导师培训平台近10年的教学验证，效果良好，本书的价值主要表现在如下几个方面。

1. 系统梳理礼仪教学知识

从礼仪认知黄金圈、礼仪教学三维度、礼仪分类三要素和礼仪运用三原则等四个方面，对礼仪及其教学知识进行全面、立体、多维、纵深和系统的梳理，让学习者对礼仪及礼仪教学有全方位的认知和理解。

2. 精准直击礼仪教学目标

通过礼仪培训活动的价值链，让我们认识完整的学习体验。通过礼仪教学的黄金圈，我们看到礼仪教学应该由内而外、以终为始，以成果为导向。通过礼仪教学的矩阵分析，让我们看到，礼仪教学最终应转化为个人素质和职业素养。

3. 经典定义礼仪分类模型

德是礼的灵魂，敬是礼的核心，履是礼的保障，仪是礼的表现。由此，我们可以从"德"出发，坚持"敬"与"履"，最终通过"仪"将"礼"呈现。依据礼仪分类模型，将现代礼仪活动分为八类，指导我们在实践当中根据不同礼仪分类，更有针对性地开展礼仪活动及相关教学培训工作。

4. 形象展现课堂交互过程

课堂记录是本书的特色，它将参与者带入真实课堂情境中去感受、去思考。通过高质量的案例分享、角色互动和情境对话，感受课堂的精彩，最终让知识的萃取内化为修养和智慧。

王旭先生是长沙市礼仪协会会长，也是教育部核心能力CVCC礼仪师资班的资深专家，有着丰富的礼仪教学经验。工商管理的学科背景，赋予了他对礼仪深刻、独到的见解和跨行业的广角思维。

因此，我向各位礼仪教师、培训师及礼仪文化的传播者强烈推荐此书：它以成果为导向，具备可操作、可复制、可评估的特点。它还清晰地传递一种使命——礼仪教学应升华为素质教育，在继承中去发展、在发展中求变、在求变中升华，以提升我们的民族素质，让我们为祖国的伟大复兴添砖加瓦。这在当今的礼仪文化传播语境下弥足珍贵。

教育部高校毕业生就业协会副秘书长　许湘岳

2019年12月30日

序言

因理而教　为礼而学

一、礼即理

礼即理，礼与理具有深层的内在关联。

礼即理，具体到礼仪教学，谈的是教学内容。我们简单梳理如下。

《礼记》有言"礼也者，理之不可易者也""礼也者，理也"。强调礼是理的外在表现形式，理是礼的本质规定和内在依据，礼与理是内容与形式的统一，二者不可割裂。

孔颖达在疏《礼记》之名时，明确表达礼与理内在统一的观点。他说："夫礼者，经天地，理人伦，本其所起，在天地未分之前。"故《礼运》云："夫礼必本于大一。是天地未分之前已有礼也。礼者，理也。"

荀子考察了礼与理之间的内在关联，认为理是礼的本质属性。荀子说："国无礼则不正。礼之所以正国也，譬之犹衡之于轻重也，犹绳墨之于曲直也，犹规矩之于方圆也，既措之而人莫之能诬也。"又说："礼之理诚深矣，'坚白''同异'之察，入焉而溺；其理诚大焉，擅作典制辟陋之说，入焉而丧；其理诚高焉，暴慢、恣睢、轻俗以为高之属，入焉而队。"可见，理是礼的内在的本质性规定。

故，礼并不是纯粹的形式，礼必有内在的德性内涵和本体规定属性。理为礼提供了形而上的、本体支撑的同时，礼为理在现实层面也提供了具有可操作性的实现路径。

关于礼即理的阐述颇为丰富，不胜枚举，故，本书提倡"因理而教"。

二、教与学

教与学，教学之间具有必然的内在支撑。

教与学，具体到礼仪教学，谈的是教学方法。我们从朱子治礼谈起。

朱子治礼，采用《仪礼》为经、《礼记》为传的方法，并且认为治礼要与时偕行，适应当下社会的发展。

朱子主张治礼时，先从《仪礼》看起，通过践行具体的仪礼规范，才能算作真正知礼。他说："学礼，先看《仪礼》。《仪礼》是全书，其他皆是讲说。如《周礼》《王制》是制度之书，《大学》《中庸》是说理之书。"学礼过程中，《仪礼》与《礼记》二书应该兼读，离开具体的洒扫应对仪节，所阐发的义理就是空说而无法得以落实。"《礼记》要兼《仪礼》读，如冠礼、丧礼、乡饮酒礼之类，《仪礼》皆载其事，《礼记》只发明其理。读《礼记》而不读《仪礼》，许多理皆无安著处。"朱子意识到义理是从具体的事物中抽象出来的，不能脱离文本的支撑，更不能够离开现实的实践活动，这符合由个别到一般，一般指导个别的认识规律。

朱子治礼虽然极力主张探究古礼之本来面貌，却并不认为礼是固定不变的东西，而是主张礼要与时偕行。他说："礼，时为大。使圣贤用礼，必不一切从古之礼。疑只是从古礼减杀，从今世俗之礼，令稍有防范节文，不至太简而已。" 指出应该裁损古礼中不适应当下需要的繁文缛节，反对全部照搬不知变通的做法，要因时因地，且具有可实践性方可。可见，朱子主张礼的制定应该宽简从宜，根据时代的需要对现实中的礼仪规范进行适当的调整。正因为关注存在者当下存在的价值和意义，使得朱子虽然强调《仪礼》为本、《礼记》为末，但绝对不会因循守旧、不知变通，朱子治礼也就有了解决当下社会问题的历史使命和经世致用的可能。

朱子及先贤圣人的治礼，对于现代礼仪教学的启示深刻。礼仪教学，既要有生动的仪，也要有厚重的礼；既要有主动的学，也要有规范的教；既要有具体的经验，也要有抽象的提炼；既要有对传统的继承，也要有智慧的萃取。正所谓，在继承中发展，在发展中求变，在求变中升华。这些都是礼的体现。故，本书提倡"为礼而学"。

三、因理而教，为礼而学

礼即理，理即自然道理、人间事理、社会真理。

自然道理，朴实；人间事理，真实；社会真理，普适。

礼为你，你即你与我的你，我与你的你，你我共存的你。

你与我的你，我与你的你，构成了礼仪活动的主体与客体；你我共存的你，则是你我和谐相处，礼之用，和为贵。

教即是学，学即是教；教是为了更好地学，学是为了更好地教。

故，因理而教，也是因礼而教，因你而教；为礼而学，也是为理而学，为你而学！

因理而教，为礼而学。这些都是以成果为导向的礼仪教学！

目录

推荐序

代序

序言

【理念篇】

第一章 破冰之旅 —————————————— 2
  一、教学环节及优化三问 —————————— 2
    （一）破冰场景介绍 ————————————— 2
    （二）教学环节三问 ————————————— 3
    （三）环节优化三问 ————————————— 7
  二、高效破冰的"244法则" ————————— 9
    （一）达成2个目标（WHY）————————— 12
    （二）聚焦4个联系（HOW）————————— 14
    （三）优化4个要素（WHAT）———————— 15
  三、教学工具的评估提炼 ————————— 17
    （一）教学需要工具 ———————————— 18
    （二）工具评估标准 ———————————— 18
    （三）工具提炼方法 ———————————— 19

第二章 跳出管道 —— 22
一、智能时代的教学迷失 —— 26
（一）信息泛滥影响教学 —— 26
（二）传播变革改变教学 —— 27
（三）"浅"状态冲击教学 —— 29
二、智能时代的教学变革 —— 30
（一）智能时代的三特点 —— 31
（二）教学模式呼唤改变 —— 31
（三）教学的结构性变化 —— 34
三、教学要跳出经验管道 —— 38
（一）礼仪教学黄金圈法则 —— 39
（二）一分为二与一分为三 —— 42
（三）U型理论与大学之道 —— 43

【方法篇】

第三章 系统梳理 —— 48
一、礼仪认知黄金圈 —— 50
（一）礼仪起源及属性 —— 50
（二）礼仪认知三关键 —— 54
（三）礼仪内涵四层次 —— 58
二、礼仪教学三维度 —— 63
（一）职业素养维度 —— 64
（二）企业文化维度 —— 66
（三）核心价值观维度 —— 68

- 三、礼仪分类三要素 —— 69
  - （一）中国古代五礼 —— 70
  - （二）礼仪分类模型 —— 72
  - （三）现代礼仪八类 —— 77
- 四、礼仪运用三原则 —— 80
  - （一）礼与仪的度 —— 81
  - （二）礼与俗的合 —— 82
  - （三）内与外的和 —— 85

第四章 直击本质 —— 89
- 一、重新定义学习体验 —— 90
  - （一）完整学习体验设计 —— 90
  - （二）学习阶段优化路径 —— 93
  - （三）转化阶段优化要素 —— 95
- 二、重新定义教学活动 —— 99
  - （一）精益教学设计6问 —— 99
  - （二）礼仪教学的黄金圈 —— 101
  - （三）构建案例双S模型 —— 105
- 三、礼仪教学的本质思考 —— 108
  - （一）礼仪教学的矩阵分析 —— 108
  - （二）礼仪教学与习惯养成 —— 111
  - （三）礼仪教学与素质教育 —— 115

第五章 转型创新 —— 119
一、转型创新三问 —— 119
（一）教学为什么 —— 120
（二）教学怎么做 —— 121
（三）教学做什么 —— 123
二、三大教学理论 —— 124
（一）行为主义教学理论 —— 125
（二）认知主义教学理论 —— 126
（三）建构主义教学理论 —— 127
三、无深度交互，无教学创新 —— 133
（一）教学创新三要素 —— 133
（二）无交互，不教学 —— 139
（三）教学深度交互模型 —— 141

【运用篇】
第六章 以成果为导向的VHF法 —— 148
一、为什么——以成果为导向 —— 148
（一）授人以渔还是授人以欲 —— 148
（二）布鲁姆教学法与意义建构 —— 151
（三）以成果为导向的授人以欲 —— 156
二、怎么做——以成果为导向 —— 162
（一）用户思维指导教学设计 —— 162
（二）经验之塔丰富教学手段 —— 164
（三）深度交互优化环境设计 —— 168
（四）麦拉宾法则提升呈现效果 —— 172

  三、做什么——以成果为导向 —————————— **184**
   （一）场域理论优化教学设计 —————————— **185**
   （二）授人以欲指导教学活动 —————————— **187**
   （三）成果导向评估教学成果 —————————— **189**

第七章 以学员为中心的TPO-R法 —————————— **192**
  一、为什么——以学员为中心 —————————— **192**
   （一）教师主体的失落 ———————————————— **192**
   （二）师生关系的迷失 ———————————————— **194**
   （三）教与学寻求统一 ———————————————— **194**

  二、怎么做——以学员为中心 —————————— **195**
   （一）礼仪教学与情境设计 —————————————— **195**
   （二）情境设计的五项原则 —————————————— **196**
   （三）基于情境的角色扮演 —————————————— **199**

  三、做什么——以学员为中心 —————————— **202**
   （一）情境设计的四大突破 —————————————— **203**
   （二）教师表演的三种方式 —————————————— **205**
   （三）角色扮演的六步成型 —————————————— **207**

第八章 以行动为路径的PQRI法 —————————— **219**
  一、为什么——以行动为路径 —————————— **219**
   （一）没有行动就没有学习 —————————————— **219**
   （二）学习与行动深度融合 —————————————— **221**
   （三）主动建构与行动学习 —————————————— **222**

二、做什么——以行动为路径 223
(一) 行动学习PK传统学习 224
(二) 行动学习&经验学习圈 225
(三) PQRI行动学习的运用 227

三、怎么做——以行动为路径 237
(一) 问题设计坚持梯形分布 238
(二) "三全"实施质疑反思 238
(三) 点评对话落地行动学习 240
(四) 深度交互实现知识产出 244

第九章 以工具为保障的SOP法 247

一、为什么——以工具为保障 247
(一) 胜任标准定义成果 247
(二) 胜任标准模型解读 248
(三) 胜任标准实施路径 249

二、怎么做——以工具为保障 252
(一) SOP确定教学模块 253
(二) KSF明确教学项目 258
(三) TSFC实施教学活动 260

三、怎么做——以工具为保障 262
(一) 5W2H1S梳理项目流程 263
(二) MEMC分析法确定教学内容 264
(三) 工具考评优化教学闭环 280

结语 286
参考文献 287

理念篇

第一章 破冰之旅

现在，我们尝试采取课堂纪实的方式来开始本书的写作。

因为，我们相信，既然这是一本写给礼仪教师、礼仪培训师的书，那么最真实的莫过于还原教学及培训过程。

因为，我们相信，每位礼仪教师及礼仪培训师不仅仅关注教学传递的信息及知识，更关注知识及智慧萃取的方式。

因为，我们相信，教学是教与学的融合，高质量的课堂取决于高质量的对话，我们看到智慧交流的火花在教学交互中绽放，是一件愉快的事！

一、教学环节及优化三问

（一）破冰场景介绍

时间：2019年1月18日 星期五

地点：上海某酒店4楼会场

人物：主讲人王旭老师，来自全国部分高校的礼仪专业教师，来自企业的培训师

主题：以成果为导向的礼仪教学

培训现场岛屿式布置，分为6个小组，每组6人。

主持人：尊敬的王老师，亲爱的各位老师，大家上午好。欢迎大家来到我们全国核心能力礼仪指导师培训班，在开班之前，请允许我介绍一下来自全国各地的老师……

非常感谢各位老师的到来，今天和明天我们有幸邀请王旭老师为我们带来两天的课程，现在我把课堂交给王老师。

王旭：各位老师，大家上午好！乔布斯曾说"我愿意用我所有的科技去换取和苏格拉底相处的一个下午"，这是对智者的尊敬。如同此刻我的心情！

无论是培训还是教学，我们每一次的活动往往都会从破冰开始。

（二）教学环节三问

1. 规则讲解

大家的桌上都有一个名卡。我们就以这种名卡为道具（没有名卡，可以用A4纸替代）来做自我介绍的"破冰活动"。

名卡一面写上你的名字，另外一面的四个角落，请分别写上给出的四个问题的答案（图1-1）。

问题一：你的一个爱好是什么？

问题二：如果今天没来培训，你会做什么？

问题三：你自己曾经操作过的礼仪教学或者礼仪培训是什么？

问题四：在教学或者培训过程当中，遇到的最大困惑是什么？

图1-1 自我介绍的破冰活动

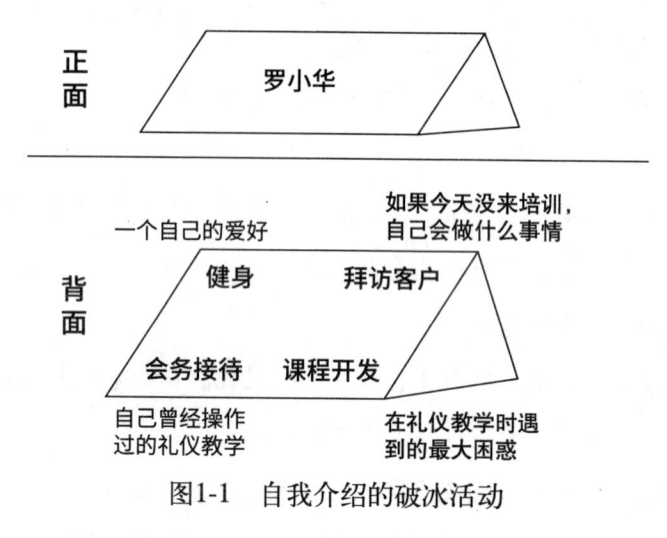

请每位老师用2分钟的时间，独自来完成这个名卡的制作，时间一到，助理会提醒各位。我们在培训或者教学现场把这样的自我介绍活动称为"破冰"。

2. 教学环节三问是问哪三个问题

各位老师都已经完成了名卡制作，下面我们来做一个角色转换。如果您是今天的培训讲师，学员们都已经各自完成了名卡的制作。请问：第一，接下来你会怎么操作？第二，你为什么这样操做？第三，你觉得这样操作的效果会怎样？我们将这三个问题称为"教学环节三问"（图1-2）。

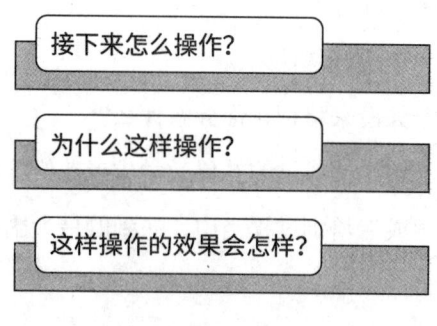

图1-2 教学环节三问

学员李老师：如果是我在上课，我会让部分学员来说说自己的答案，这样能进行有针对性的教学，也能让大家都认识各位学员。

学员何老师：我会将学员们的卡片都收上来，这样我就可以了解学员们都关注什么问题，我可以有针对性地备课，课堂的节奏也会很紧凑。

学员徐老师：如果是我在上课，接下来会请学员做交流。小组之间先交流，然后各小组都推选一名学员做全员交流。我觉得这样既有小组之间的互动，同时每个小组又和大家分享，便于学员之间相互认识了解。

学员魏老师：如果是我的话，我先给大家创设一个情境，围绕一个主题分小组来搞活动。因为我平时在秘书实务教学当中经常用到情境教学的方法。

……

各位老师，今天的教学，我们采取的做法是：在接下来的4分30秒里面，请各位老师拿着自己的名卡，在会场随意走动、交流，但要把交流聚焦于卡片上的四个问题。交流结束后，每位老师可以将自己原先设计的方法和这种方法对比，评估一下各自的效果。

……

（4分30秒后）

刚才各位老师都参与了自我介绍的破冰活动。接下来我们来讨论一个问题：高效的破冰活动应该具备什么特点？

大家刚刚都参与了破冰活动，各自都有了一定的感知和体验，现在就这个活动展开讨论，肯定有很多想法要表达。

在组织课堂教学的时候，常常会用到问题研讨法或案例研讨法。这类教学方法往往会强调三个要素（图1-3）。第一，有一个统一的素材。这种素材最好是大家亲身经历、有说服力的，比如各位刚刚参与的破冰活动。第二，围绕着一个确定的问题。比如我们现在的课题是"高效的破冰活动应该具备什么要素"。第三，研讨时各组尽可能运用统一的方法。在今天的课堂，我们用头脑风暴法来讨论。

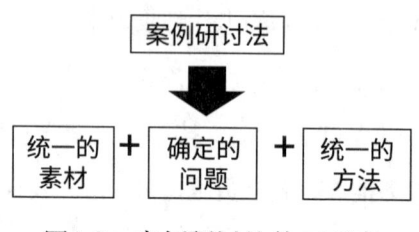

图1-3 案例研讨法的三要素

大量的案例证明，在群体决策中，由于群体成员心理互相作用影响，个体容易屈服于权威或大多数人的意见，形成所谓"群体思维"。群体思维削弱了群体的批判精神和创造力，损害了决策的质量。为了保证群体决策的创造性，提高决策质量，于是发展出一系列改善群体决策的方法，头脑风暴法就是较为典型的一个。

下面，我们从四个方面对头脑风暴法的具体操作加以说明。第一，在头脑风暴中，每个人都要发言，因为这是一种群策群力，要形成集体的智慧。第二，在发言的阶段，每次只能有一个人发言。在讨论阶段，首先是追求数量，其次再追求质量。比如以中间这一组为例，我们有6位老师，讨论会有6种意见产生。第三，在整个操作过程当中，遵循三个"不"原则，即不打断别人，不批评别人，不质疑别人。这三个"不"也是沟通的基本规则（行动学习里面有一句非常重要和经典的话——视不同意见为学习机会，这是接下来的学习中我觉得最重要的一点，我们来自全国各地，每位老师都有不同的想法，每位老师对礼仪都有自己的理解，任何一个观点和方法的产生，都源于各自的认知和大量的实践）。第四，头脑风暴法的实施步骤：宣布开始；每个学员发言；小组澄清观点；小组得出结论。

(三) 环节优化三问

上面讲了教学环节三问，接下来是环节优化三问。那么，刚才讲头脑风暴法，大家觉得我讲清楚了吗？怎样界定我是否讲清楚了？我先提出三个问题（图1-4）。第一，在这个时间点讲解头脑风暴法，要达到的教学成果是什么？第二，刚刚那样的讲授方式能获得想要的成果吗？第三，如果要获得预设的目的或成果，教学要做哪些优化？

- 教学要达到的成果是什么？
- 教学方法能获得想要的成果吗？
- 如果要获得预设的成果，要做哪些优化？

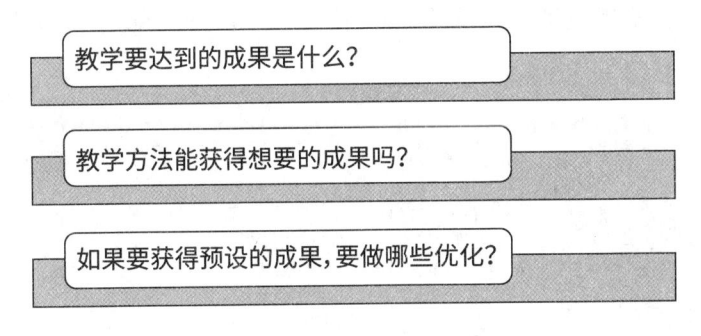

图1-4　环节优化三问

这个时间点讲解头脑风暴法，课堂想要达到的成果：第一，今天会场的6组老师都了解头脑风暴法是什么；第二，大家都知道头脑风暴法具备什么特点；第三，6组老师能够按统一的模式操作头脑风暴法，比如在统一的时间，按照统一的模式，围绕统一的课题展开。

每位老师可以对照这个成果标准，衡量自己是否掌握了头脑风暴法？是否掌握这种方法具备的特点？现场的6组老师能否按统一的模式来操作？

……

学员伍老师：我们小组认为刚刚的讲授只能说是对头脑风暴法的一个简单介绍。

学员梅老师：如果要按统一的模式来操作，显然刚刚的讲解不能达到。

学员李老师：我们赞同其他组的意见，理解、记忆可能都能达到，但是运用，特别是按统一的模式来运用这个方法，应该没有达到。

……

谢谢各组老师的参与。在刚刚对头脑风暴方法的讲解中，请问"一发言、两追求、三个'不'、四步骤"这四点教学内容中，要达成成果的KSF（最关键的因素）是什么？"大家都应该同意，我们要达成的成果是每一组都能按统一的模式进行头脑风暴法的教学操作，最关键的因素是"四步骤"（图1-5）。

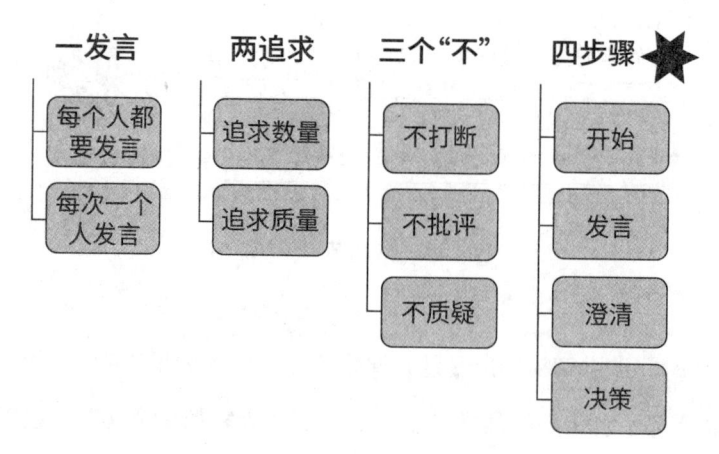

图1-5 头脑风暴法的步骤分析

所以，我们可以将头脑风暴法的四点内容聚焦到最为关键的"四步骤"，这样的梳理方法可称为"复杂的问题简单化"。

现在，我们再来回忆一下刚才的四个步骤：一开始、二发言、三澄清、四决策。显然，这样并没有很明确地把头脑风暴法的SOP（标准化作业流程）描述出来。

以第一组为例，我们优化一下头脑风暴方法的讲解："首先，右手边的第一位老师为小组组长，主持教学活动。第二，组长右手边的第一位老师担任书记员。第三，组长首先宣布头脑风暴的规则，'接下来，每个人都要发言；每次只能有一个人发言；不打断别人，不批评别人，不质疑别人'。第四，每个人用1分钟的时间独立思考。第五，从书记员右手边的这位老师开始，按逆时针方向来发言，每个人限时1分钟。第六，全组针对收集到的意见用3分钟时间来讨论。第七，全组人用1分钟时间做小组的投票决策。"这样的梳理称为"简单的问题流程化"及"流程化的问题量化"。

我们将刚刚讲授的教学方法命名为头脑风暴的"11131法"（图1-6），以此作为今天教学活动的"工具"，这是"量化的问题框架化"。

图1-6　头脑风暴的"11131法"

当然，头脑风暴的"11131法"中时间的设定可以根据人数的多少、问题的难易程度、总体时间的把控调整。但既然我们追求的是群策群力，最核心的环节还是讨论，建议将最多的时间分配给讨论环节。

这一段，想必大家都有这样的体会：教什么很重要，但怎么教，有时可能更重要！

二、高效破冰的"244法则"

下面，我们拿出10分钟时间，请每组运用头脑风暴的"11131法"进行"高效的破冰活动要具备什么特点"问题的讨论。

……

（10分钟后）

第一组：各位老师好。刚刚我们组的几位老师运用头脑风暴的"11131法"讨论了一下，对"高效的破冰活动要具备什么特点"这个问题，我们从两个方面来说。第一个方面是，在学校里，如果我们给自己的学生做教学而不是培训，刚刚老师提到要把个人的信息，包括爱好都表现出来，可是学生只是对老师陌生，学生之间是非常熟悉的。所以我们小组讨论认为，这情况下进行破冰暖场，可能内容就要发生变化。不是把个人的信息说出来，而是把跟当天的课程目标有关的个人情况写出来。这是我们的讨论的一个反馈。第二个方面是，我们对外做企业培训，比如酒店行业，可能学员之间也有一些不认识，这种情况之下我们可以采取刚刚的方法。但是我们还是觉得，一开始培训老师首先要把学员的积极性给完全调动出来。这是我们讨论出来的结果，谢谢各位。

第二组：各位老师好！我们这组的意见在最短的时间内就统一了。我们的关键词是"聚焦"，分成三个点。第一，聚焦注意力。破冰活动本身就是一个开始。比如我们早上上课的时候，如果学生没睡醒，可能思想集中不了，我们一开始就要把学生的思想吸引到课堂。第二，聚焦思维。告诉大家今天要做什么。第三，聚焦观点。让学生了解这个课程要解决什么问题？目的在哪里？我们应该怎么做？

第三组：我们组讨论下来，认为破冰是每一场培训在常规上都需要解决的。但是我个人认为并不一定一开场就要破冰，因为这已经是一个程序化的事情。很多老师采用的破冰活动对学员来讲应该比较熟悉了，刚开始就实施，不一定能吸引学员的注意力。所以到底让大家用什么方式来破冰？就要看我们是要让他们开心起来，还是要让他们对这个课程感兴趣，要根据不同的目的采用不同的方式。谢谢！

第四组：我们这组充分发挥了头脑风暴的个性化特点，大家各抒己见，各有自己的想法，但是我们彼此都比较认同并互相补充。我们有共性也有个性的东西。我们的核心就是想充分利用礼仪课程当中的流程化工具，形成模式化，发挥礼仪课的时效性。就是将理论很快渗透给学生，让他们能够很快地发挥出这种理论的实用性，这是时效性。这种时效性不能只是传统的，它应当融入现代化的时代性，在互联网时代，在现在的"微"时代，应当体现出新颖和高效的一面。而不是传统的课堂上，可能老师很费力地讲，学生不买账。这就是说怎么利用互联网的优势，充分把学生的主动性、主体性发挥出来，这就是时代性。还有文化性，礼仪课不应当是简单的表层的操作、动作的模拟，而应当提出它的境界。在现在这个提倡文化自信的时代，要发扬文化传统的魅力。将古典和现代很好融合起来，这是我们组形成的一致意见。

第五组：首先感谢我们组的各位成员贡献了各自的智慧，我们组按照头脑风暴法的要求认真进行了讨论，认为高效的破冰活动具备以下五个要素。第一，主题明确。一个暖场活动必须有中心、有主题、有针对性，所以必须要目标明确。第二，要求具体。有什么要求、按什么步骤，用什么工具、走什么流程，一定要明确，这样才能够有条不紊地进行。第三，参与互动。破冰活动一定要让每一位成员都积极参与才会有效果。第四，形成相互信任的氛围。破冰活动的一个很重要的目的就是要让大家互相信任，拉近关系，为后面的活动奠定基础。第五，达成共识。因为"高效"就是要有效果，起码大多数成员要达成共识。我们认为应该具备这五个要素，谢谢。

第六组：我们这组学员都比较年轻，我们简单明了地将高效破冰活动的要素总结如下。第一，通过行动，拉近距离。因为如果是给学员上课，有可能学员之间都认识，而老师跟学员之间是不熟悉的，所以就要通过行动来展现"我",让他们知道我是什么样的老师,我是什么样的人,从而让他们接纳我,用另一句话说也就是展现我的魅力,让他们觉得对我是有期待的。第二,调动大家的积极性。通过破冰活动把大家与我的关系拉近之后,然后要调动起大家的积极性,把大家的精气神提起来,再投入课程当中。第三,活跃气氛。因为我这边主要是针对高中生进行教学,学员都很年轻、很有活力,所以上课的氛围很重要,大家觉得这堂课很棒,大家就愿意去上,很开心。第四,引出课程。这是破冰活动最重要的目的,我们所说的破冰活动不是单独的一个教学环节,要通过破冰活动把课程引出来,让大家觉得暖场有趣有料。这是我们讨论的结果,谢谢大家。

(一)达成2个目标(WHY)

在6组老师分享的基础上,我们将高效破冰活动的特点总结为"244法则"。即达成2个目标、聚焦4个联系、优化4个要素。

1. 最快速地进入课程

足球赛场上面有几种人?你可能会说有四种人:运动员、裁判、记者、观众。角色不一样,定位不一样,行为自然不一样,得到的体验或者收获也会不一样。

类比起来,教学及培训的现场也有四种人。第一种是学员,他们就是运动员,能够完全投入进来,和老师及其他学员融为一体,沉浸在今天这个场域。第二种人可能是经验主义者,他们有自己的认知,一直在不断判断,这种人毫无疑问是裁判。现在是微时代,流行微传播,智能工具的便利使很多学员乐于在现场做记者,他们拍照、拍摄、发朋友圈,忙得不亦乐乎,这是第三种人。第四种人永远只是当观众,所有活动都不参与。

四种人在赛场上体会的快乐是不一样的，同样，在培训现场获得的成果也会不一样。观众很舒服，看大家表演；裁判有权威，决定生死和胜负；记者很风光，聚光灯一打，全场焦点；但是真正体会到赛场上的快乐、摔倒后的痛苦、进球后淋漓尽致的喜悦的只有运动员。

大家可以反思，在培训及教学活动中，应该让学员扮演哪种角色，通过哪些手段让学员乐于扮演这样的角色？当然，当自己是学员这个角色时，也会面临着同样的选择。你以前的角色可能是裁判，但走进今天的会场来当运动员，就意味着要放下。比如你以前可能是管理教学工作、考评教学成果的角色，今天就有可能就要放下。放下及改变是很难的！

破冰活动最重要的目的是要帮助所有人最快速进入课程。不仅是人进入、身进入，更要心进入、灵进入，要全方位进入，聚焦课堂。只有进入课程，才会聚焦今天的主题，聚焦今天培训要达到的成果。

2. 最快速地营造氛围

以前面自我介绍的破冰活动为例，如果会场要营造的是大家轻松愉快参与的氛围，我们就不会采取让每位学员在刚刚进入这个场域，还没有调整好时就单独站起来发言的方式，因为那样的安排可能会给学员压力，也可能显得比较尴尬。如果只是选择在小组内交流，就不能体现全员的参与，也可能有些小组很热烈，有些小组很冷清，整个会场的气氛可能会一边倒。所以，我们让各位老师拿着自己的卡片在会场随意走动、交流，让所有的活动都自己选择。并且为了让大家有很好的"谈资"，我们又设计了四个话题：第一，我的爱好是什么？第二，如果今天没来培训，我会做什么？第三，我曾经操作的礼仪教学是什么？第四，我的困惑是什么？这四个问题的设计是为我们采取的破冰活动的形式服务的。

大家拿着名卡，端杯咖啡，在会场上随意走动和交流。第一个问题关于爱好，让大家一见面就有话说；第二个问题"今天没来培训会做什么事情？"实际上是个潜台词，要表达今天来培训，其他事情就做不了，既来之则安之。第三个问题是"聚焦你自己曾经操作的礼仪教学是什么？"这首先是要在大脑里面激活旧知，聚焦今天的课堂。第四个问题是唤醒每位学员的问题导向、成果导向。

因为我们在破冰活动中想要达到的成果是帮助各位最快速地进入课程和最快速地营造一种氛围，我们想要营造一种轻松的、愉快的、不要有太多约束感的、大家共同参与的氛围，所以设计了这样的活动。

（二）聚焦4个联系（HOW）

教学及培训的现场，首先要高效地建立起4个联系，即师生之间、学员之间、学员和主题之间、学员和目标之间的联系。

1. 师生之间的联系

每次教学及培训都是一场互动。授课前，学员可能会问：这个老师是谁？为什么是他来讲？教师也会有疑问：我该塑造怎样的形象？这种形象以什么方式传递最为合适？等等。

可见，开场时，师生之间怎样最快地消除陌生，打破隔阂，建立联系，都是在组织破冰活动时要思考的问题。实践证明，在教学及培训的第一时间，迅速建立师生之间的联系，将直接影响课程效果。

2. 学员之间的联系

学员之间的关系也是影响课程效果的一个重要因素。陌生环境下的紧张感以及由此带来的压力，势必给课程的导入带来障碍。而融洽的、轻松的、愉快的学员关系，将有利于课程的开展。通过破冰活动增加学员之间的了解往往是破冰活动时最需要考虑的。

3. 学员和主题之间的联系

建立起学员和主题之间的联系，能帮助学员迅速打消顾虑。比如：这是什么课程？这个主题和我有什么联系？越早越清晰地交代主题，并通过合适的方式传递给学员，也能使学员最快速地进入课程。

4. 学员和目标之间的联系

建立起学员和目标之间的联系，能帮助学员在第一时间明确成果，回答"我为什么要学以及学习后能得到什么收获"的问题。特别是成人学习，具有很强的目的导向、成果导向，他们往往都是带着问题走进课堂的。对目标清楚地解读及教学流程简明地说明，能在一开场就激发学员的兴趣。

这四种联系，都应该在破冰活动时，通过合适的方式加以构建！

（三）优化4个要素（WHAT）

我们将刚刚6组学员关于"高效的破冰活动要具备什么特点"的观点总结如下。

1. 破冰活动的主题要有新意且与课程主题相关

开场是热身活动，还是采取团队建设或介绍与自我介绍？可采取的方法有很多。只要破冰活动的目的是为培训的主题服务，且有新意，就是有意义的破冰活动。因为有新意，所以大家愿意参与；因为和培训主题相关，所以活动有价值。不能为了破冰而破冰，否则破冰就会沦为娱乐。破冰是为教学及培训活动服务的。既然我们课程的主题是以成果为导向的教学，设计的破冰活动的主题里面，一定就包括要大家思考以前从事过的教学以及还有什么困惑。相关性是非常重要的。

2. 破冰活动的形式要方便且可全员参与

活动形式要方便，可以就地取材，马上就能实施。一张A4纸、一副扑克牌，在课桌上就可以操作。你会发现形式越简单，适应性越强。全员参与则不会出现冷场，参与的人越多，现场的氛围越好！

3. 破冰活动的时间应控制在全场时间的5%~10%

不量化，不可控。破冰活动一定要把控好时间。依据经验，破冰的时间一般为培训时间的5%~10%。也就是说，如果是学校45分钟的课堂，破冰活动用时应该是2.5~4.5分钟。

教学及培训付出的成本不仅是我们看得到的货币成本，还有时间成本、精力成本和机会成本，这些成本是远远大于货币成本的。因此应珍惜教学及培训现场的每一分钟。

4. 破冰活动的操作要注意运用道具，且注重演示

例如，职业心态培训有一个很好的道具——不抱怨手环。很多人遇到问题的时候，不是在内找问题，而是在外找问题。比如问"你今天为什么迟到？"你会说是因为堵车。实际上当你说堵车的时候，就已经是在抱怨了，这是一种不积极的心态。因为积极的心态完全是从内到外的，而不是从外到内的。也就是会从自己身上找问题，而不是从外部环境找借口。"不抱怨手环"就是一个这样的道具，一个小小的塑料手环，戴在右手上。规则是：如果你抱怨一次，就要把手环从右手取下来，换到左手，再抱怨一次又换一次。特别有意思的是，当你抱怨别人在抱怨的时候，你也在抱怨，也要换。如果你能保持21天，手环一直在手上不动，那你就养成了不抱怨的积极心态。这就是道具的使用。

演示是什么意思呢？我举个例子，刚才我如果仅用语言表述，请大家把四个问题的答案写在名卡的四个角落，左上角、右上角、左下角、右下角，大家是不是觉得很乱？但是我用一张图片就全清楚了，这就是演示。

以上就是高效破冰活动的"244法则"（图1-7），即达成2个目标、聚焦4个联系、优化4个要素。

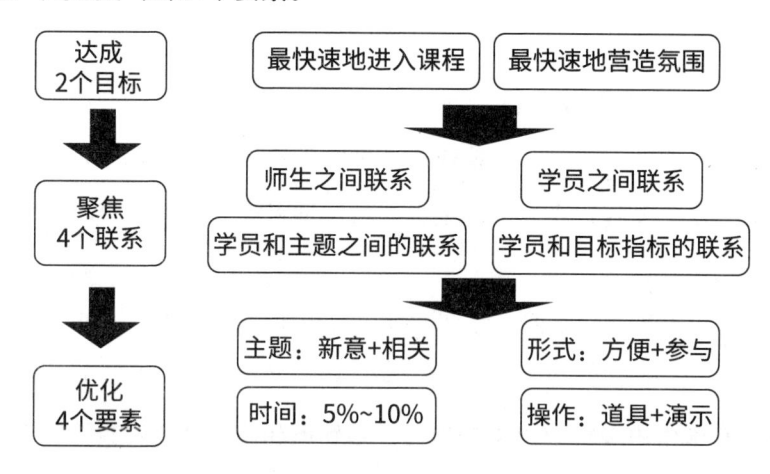

```
达成              最快速地进入课程    最快速地营造氛围
2个目标
  ↓                      ↓
聚焦              师生之间联系        学员之间联系
4个联系
                 学员和主题之间的联系  学员和目标指标的联系
  ↓                      ↓
优化              主题：新意+相关      形式：方便+参与
4个要素
                 时间：5%~10%        操作：道具+演示
```

图1-7 高效破冰活动的"244法则"

这个"244法则"具备什么特点呢？它可操作、可复制、可评估，我们也将其称为"工具"。

进一步说，高效破冰活动的"244法则"用在培训之外（比如团队建设），不仅能帮团队炒热气氛、破除隔阂，还能帮团队形成三个层面的连接：第一层，连接头脑，让团队成员彼此认识；第二层，连接情感，让团队成员彼此喜欢；第三层，连接信念，让团队成员彼此信任。

一言概之，最有价值的破冰活动，是能在有限的时间里建立起信任的活动。

三、教学工具的评估提炼

今天教学的主题是"以成果为导向的礼仪教学"，这是基于行为主义教学理论、认知主义教学理论和建构主义教学理论的，以成果为导向的礼仪教学模式。

（一）教学需要工具

理论、方法、工具，应该成为一种教学模式的三要素。教学模式如果缺乏方法的支撑、工具的落地，其科学性可能无法得到检验，教学成果也无法体现。

因此，在教学设计时，既要有理论（WHY）作为基础，也要有方法（HOW）作为指导，更要有工具（WHAT）作为支撑。传统教学的设计及讲授，常常出现教师讲完后学员并不知道如何操作的问题，其中一个很重要的原因，就是没有提供工具。每个人对教学内容的理解不一样，也就没办法去复制，更谈不上评估。如果在教学培训结束后，能提供一套工具，这套工具又是可以量化和评估的，教学效果就有了较好的保障。因为工具的量化和评估，能够和绩效考核的KPI对接，这就有了对成果转化的抓手。所以，以成果为导向的教学及培训一定要突出工具。我们可以检讨一下日常的教学及培训有没有提供工具。

（二）工具评估标准

工具原指工作时所需用的器具，后引申为达到、完成或促进某一事物的手段。工具是一个相对概念，因为它不是一个具体的物质，所以只要是能使物质发生改变的物质，相对于那个能被它改变的物质而言就是工具。

教学或培训中所指的工具，既有有形的，也有无形的。无形的工具，强调的是手段，是方法的具化，是成果的保障，具有可操作、可复制、可评估的特点，比如当我们将头脑风暴法提炼成"11131法"的时候，"11131法"便被是工具。

可操作，意味着教学及培训的内容贴近实际，聚焦需要解决的问题，并能运用到实际工作中去，具有操作性。比如"11131法"不是简单地讲解头脑风暴法是什么，而是聚焦头脑风暴法的实施步骤。

可复制，意味着教学及培训追求的成果具有适用性，这种适用性，不会因个体的接受程度不同而造成差异。比如"11131法"因为规范了流程及时间，便不会因个体的理解不同而造成应用上的差异。

可评估，意味着在定性的基础上加入定量的指标，因为量化，所以可以评估。比如"11131法"的时间维度的量化，使操作的流程有了评估的指标。

可操作、可复制、可评估，是工具评估的三大标准（图1-8）。

图1-8　工具评估的三大标准

（三）工具提炼方法

我们将工具的提炼方法总结为"四化"法（图1-9），下面用头脑风暴的"11131法"的提炼加以说明。

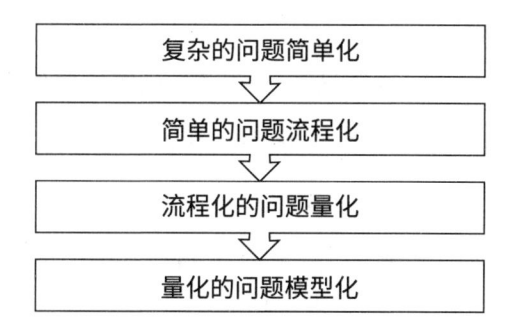

图1-9　工具提炼的"四化"法

1. 复杂的问题简单化

将头脑风暴法中的"一发言、二追求、三个'不'、四步骤"提炼成为"工具"的过程中，我们聚焦于'四步骤'"。这一步叫作复杂的问题简单化，是工具提炼的基础，它决定了工具的效率及效果。可以借助"KSF（关键成功要素）"或"战略环节"的思考方法。

2. 简单的问题流程化

当我们聚焦于头脑风暴法的四步骤，可将流程梳理出来：首先宣布主题，然后独立思考，再来发言澄清，最后得出结论。这一步叫作简单的问题流程化。后面讲到的SOP（标准化作业流程）梳理可帮助我们更好地理解。

3. 流程化的问题量化

流程出来以后，应该将其量化。本例中，流程的量化指标，我们只考虑了时间因素，其实还可以考虑将讨论效果、讨论情境等其他因素量化。量化是控制的标准，量化是成果的保障！

4. 量化的问题模型化

我们讲到头脑风暴的"11131法"时，首先有了"1234"步骤，再有这个方法作为补充，约定俗成编成操作手册，这一步叫作模型化。这就是量化的问题模型化。

由此可见，复杂的问题简单化，简单的问题流程化，是可操作的基础；流程化的问题量化，量化的问题模型化，是可复制、可评估的依据。而可操作、可复制、可评估的工具，是以成果为导向的礼仪教学的保障！

对于学习，有三点体会可以和各位老师分享。我们来到今天的课堂，当然要当运动员，运动员有三种不同的当法。第一种运动员，在三天的课程里面只是聚焦信息的本身，也就是聚焦老师讲的是什么。第二种运动员，不仅注重信息的本身，还注重这个信息是如何呈现的？逻辑结构是什么？理论依据是什么？为什么是这个案例才导出这个结果？第二种运动员关注信息如何呈现，他们在听课的讲法。第三种运动员注重学以致用。他们一边听就一边在想：下次的教学及培训活动，要怎么去设计破冰？怎么去优化课程？怎么去建立四个联系？怎么去达到两个目的？他们不断地在思考信息和知识的运用。这其实体现了学习的三个层次，即从关注信息（知识）本身到信息（知识）呈现的形式再到信息（知识）的运用。

对应学习的三个层次，我们同样将其提炼为"工具"，形成"3张分享卡"，即WHAT、SO WHAT、NOW WHAT。

第一，WHAT。我今天讲的内容，关于这个知识点，你的理解是什么？是不是信息的本身？然后能否转化为你的理解？

第二，SO WHAT。请问理解的知识对你的工作有什么影响？有没有把今天的培训和你的实践建立联系？

第三，NOW WHAT。在你接下来的工作中可以做的是什么？这是把教学和成果的转化建立了联系。

你反思课程，写这"3张分享卡"的过程就已经是做了一个学习及成果转化。

没有提供工具的教学及培训就是浪费资源。我们分享的头脑风暴的"11131法"，教学环节三问，环节优化三问，高效破冰的"244法则"，工具提炼的四化，都是工具，因为它们都是可操作、可复制和可评估的。

让我们以成果为导向、以理论为指导、以工具为支撑，开启一段以成果为导向的礼仪教学之旅吧！

第二章　跳出管道

各位老师，平常的教学设计通常包含哪些步骤和内容？当然还是建议各组用头脑风暴的"11131法"实施讨论，我们留出7分钟时间。

……

（7分钟后）

师资班学员李老师：我们组认为首先分析学员的情况，然后思考教材的内容与学员情况的匹配度，再根据学员的情况采取相应的教学方法。

师资班学员何老师：我们组会根据教学计划，逐步实施。当然会考虑教学成果、教学环境、教学设备等影响因素。

师资班学员徐老师：我们试行过一段时间的翻转课堂，效果不错。也就是在互联网时代，教学设计应该与时俱进，更多地采取学员容易接受的教学方式。

师资班学员魏老师：从教材及学员情况分析、备课、教案、课堂实施，到课后辅导，我想每个学校的老师都差不多。

……

感谢各组代表的分享。众所周知，传统的教学设计通常包含下列内容与步骤。

（1）确定教学目标（我们期望学生通过学习应达到什么样的结果）。

（2）分析学习者的特征（是否具有学习当前内容所需的预备知识，以及具有哪些认知特点和个性特征等）。

（3）根据教学目标确定教学内容（为达到教学目标所需掌握的知识单元）和教学顺序（对各知识单元进行教学的顺序）。

（4）根据教学内容和学习者特征的分析确定教学的起点。

（5）制订教学策略（包括教学活动进程的设计和教学方法的选择）。

（6）根据教学目标和教学内容的要求选择与设计教学媒体。

（7）进行教学评价（以确定学生达到教学目标的程度），并根据评价所得反馈信息对上述教学设计中的某一个或某几个环节做出修改或调整。

经过多年来众多教学设计专家的努力，传统教学设计已发展成为具有较完整、严密的理论方法体系和很强可操作性的独立学科，并且已有大量专著及教材问世，但是其基本内容都离不开上述7个方面。

虽然传统教学设计有许多优点，但也存在一个较大的弊病：以教师为中心，只强调教师的"教"而忽视学生的"学"，全部教学设计理论都围绕如何"教"而展开，很少涉及学生如何"学"的问题。按这样的理论设计的课堂教学，学生参与教学活动的机会少，大部分时间处于被动接受状态，学生的主动性、积极性很难发挥。

"这是最好的时代，这是最坏的时代；这是智慧的时代，这是愚蠢的时代；这是信仰的时期，这是怀疑的时期；这是光明的季节，这是黑暗的季节；这是希望之春，这是失望之冬；人们面前有着各样事物，人们面前一无所有；人们正在直登天堂，人们正在直下地狱。"

《双城记》中这段文字的时代背景是法国大革命，但当我们身处"唯一不变的就是变化"的智能时代，读到这段文字依然非常触动。

越来越多从事教学及培训的专业人士都开始认识到：在经历丰富的教学形式、新潮的知识和理论、层出不穷的教学体验之后，学习唯有在预期的时间内最终转化成个人绩效、产生组织价值，才能真正体现教学与培训的价值。

据统计，每3年人类知识的总量就翻一番，最近10年人类生产的信息量，已超过人类产生以来100万年信息的总和。我们这个时代，是一个知识最丰富的时代，也是一个最需要系统化梳理、直击本质思考的时代。

这需要我们对这个时代有清晰的认识，对这个时代带来的教学结构性变化有深刻的思考，以成果为导向，以终为始，果断地跳出经验的管道，拥抱变革！

我们来看一个案例。

如果在百度上输入关键词"19大"，网页会出现1300万条搜索结果。

我们再输入"19大会务接待"这个关键词，这次出来300多万条信息。

如果把关键词细化到"19大座次安排"，依然会有10万多条结果跳出来。

当然，这个搜索呈现出来的数据具有时效性，现在你再用同样的关键词去搜索，出来的结果可能会有变化。

请问各位从这个案例里面得到什么启发？

当我们对输入"19大座次安排"这个关键词得出的信息仔细浏览时，便会发现真正讲到"座次安排"的是很少的，这自然涉及百度的信息推送及算法技术，我们不去讨论。

"因为在这里，你想看到的东西往往不是你想看的，而是别人想让你看到的。"

当上万条信息摆在你面前的时候，对这些内容进行甄别是一件困难的事情。

试想10年之前，我们在互联网上做这样的搜索，可能不会搜出这么多信息。

"仓廪实而知礼节，衣食足而知荣辱"，只有当一个社会的物质文明积累到一定程度的时候，我们才会像今天这般如此关注文化现象。

再看一个案例。

2015年10月份的时候，澳大利亚的一个优衣库卖场里上线了一个UMOOD智能选衣系统。顾客走进商场，假设他要挑选一件T恤，商家就会让他头上戴一个传感设备，里面有各种传感器，然后让他坐下来，观看一段事先录制好的视频。顾客在观看视频过程当中的各种反应，会通过头戴的传感设备传到系统，系统会根据他对视频内容的反应，归结出其大脑情绪的兴趣点、喜好、专注、压力及困境5大指标，并基于这些情绪指标向顾客推荐适合他心情的优衣库T恤。

请问各位从这个案例里面得出什么启发？

如果你是一位专门从事职业形象教学的礼仪老师，你可能要向一些客户提供服饰形象搭配的专业建议。一般来讲，你可能会从客户的气质类型、颜色诊断、服饰搭配等方面给出你认为专业的建议。但你不可能运用上面案例中的技术手段，自然也就无法通过一些数据的采集，精准地分析客户的心理。如同你看到了一座冰山，你只是依据冰山上面的部分来选择搭配建议，而其实，冰山上面的部分是由下面的部分决定的，你却浑然不知。这样你给出的专业建议的适用性，就值得怀疑了。

UMOOD案例中，商家不仅仅观察客户的外表，还通过技术手段采集其心理数据，这样综合起来，既看到冰山上面的部分，也了解冰山下面的部分，这就是全局视野。我们可以开放一些思考，考量是否有必要在礼仪教学中，将心理学、管理学、经济学等多种学科知识进行结合。如同传统经济学认为人都是理性的，会做出理性的决策，而有一位学者将传统经济学和行为心理学结合起来，认为人的行为是有限理性的，从而开创了行为经济学一样。当然，大家都知道他就是历史上第一位获得诺贝尔经济学奖的心理学家，《思考，快与慢》的作者丹尼尔·卡尼曼。

因理而教 为礼而学：以成果为导向的礼仪教学

一、智能时代的教学迷失

技术变革带来的冲击，充斥于我们生活的方方面面。我们刚刚适应移动互联网时代，又被技术的力量推动着进入了智能时代！

智能时代，链接、交互成为这个时代的主要特征。从信息的角度回溯技术变革带来的教学改变，我们会有下面的发现。

（一）信息泛滥影响教学

当我们由稀缺经济进入充裕经济的时候，信息也随之由信息缺乏进入信息泛滥，刚刚的搜索案例就是其中一个很小的例子。而有意思的是，信息越多，甄别难度越大，时间越不能有效分配，于是我们就越焦虑，"知识焦虑症"在这个时代像感冒一样流行。

当然，有需求的地方就会有市场，于是大量的知识付费平台自2016年开始涌现（2016年也被称为内容创业元年）。支撑这些知识付费平台的这样一个庞大的群体，从每天早上醒来打开手机至深夜在备忘录里记下心得，似乎每分每秒都在"学习"，也称为"碎片化学习"。因为总在为自己的进步是否能与这个时代同步而焦虑，所以"知识焦虑症"在某种程度上讲，也许是一种"上进"。当然，是否得法，我们再讨论！

我们将视线转移到教学活动，发现从稀缺经济到充裕经济，从信息缺乏到信息泛滥，教学活动中的教学主体、客体及教学活动三个方面都发生了改变。

1. 教学秩序也发生了改变

网络技术、智能手机没有普及推广之前，课堂上教学秩序的组织主要围绕学员展开。而现在，当手机用户突破14亿，我们跨越移动互联网时代进入智能时代的时候，课堂教学秩序的组织，除了面对学员，还要考虑各种搜索、社交软件带来的影响。传统课堂的环境是单一的、封闭的、无干扰的，教师可以单纯授课、学员可以专心听课。移动互联网背景下，因手机使用的便利使课堂环境具有开放性。利用搜索软件，学员也许能更快、更多地搜索到信息，而社交软件更是能轻易地将学员从教学的氛围、情境、场域当中抽离出来，给教学秩序带来具体挑战。

2. 教学主渠道地位受到冲击

智能时代，已经形成了一个去中心、去边界、去主次的信息网络互动场域，为学员提供了一个主体多样、彼此平等和交流自由的平台，为学员获取知识、观察社会、了解信息、塑造自我提供了多种渠道，导致教学主渠道地位出现了动摇，增加了教师授课的难度。

3. 教师课堂主导权遭到消减

智能时代，学员喜欢生活化、多样化的新媒体话语，期待在融洽、愉悦的课堂中进行精神交往和话语共享并拥有话语权。如果教师采取照本宣科的方式势必容易引起学员的逆反心理，导致教师课堂主导权受到冲击。

（二）传播变革改变教学

从信息传播的角度，我们已经由PGC（Professional Generate Content）时代进入到UGC（User Generate Content）时代。

PGC时代，信息更多由"专业"及"权威"部门产生，信息传播自然是权威化、中心化的。进入UGC自媒体时代，微时代，信息更多由用户产生，信息传播，去权威化、去中心化成为主流，微传播成为影响教学的一个主要因素。

微传播是以微博、微信、移动客户端等新媒体为媒介的信息传播方式，具有传播主体去中心化、传播方式的"蝴蝶效应"、传播内容碎片化等特征，同样使教学的主体、客体及教学活动带来了改变。

1. 传播主体的去中心化

社交化的新媒体不断产生一些新的文化，"微表达"迅速汇集成强能量、强关系的微信群，微博已经成为广大用户表达、沟通的主要渠道。以微博、微信为主的自媒体实现了社会成员对自我感受和见闻的分享，通过实时的交流，颠覆了传统大众媒体的传播模式和内容生产方式。无论是主流或非主流观点，甚至是一时有感而发的只言片语都可以通过各类数字化网络平台迅速传播，人人皆为传播源已从展望变成现实，自媒体的出现真正开创了传播的个人主义时代，并深刻改变着传播领域的边界、话语方式和力量对比。传播主体的去中心化，意味着对教学主客体关系的重新审视，意味着教学活动中要巧妙地利用社交化的新媒体。

2. 传播方式的"蝴蝶效应"

"蝴蝶效应"是美国气象学家爱德华·罗伦兹于1963年提出的：一只蝴蝶在巴西轻拍翅膀，可以导致一个月后得克萨斯州的一场龙卷风。

作为一种混沌现象，"蝴蝶效应"指在一个动力系统中，初始条件下微小的变化能够带动整个系统长期的巨大连锁反应，甚至导致不可预料的事情发生，即事物发展的结果对初始条件具有极为微妙的依赖性，初始条件的极小偏差将会引起结果的极大差异。

在自媒体微传播环境下，舆论传播的"蝴蝶效应"有别于主流媒介的舆论传播体系，它指在虚拟的公共网络平台上，由于把关人作用的弱化，网民对公共事件进行公开、自由、平等的意见表达时形成的一种舆论效应。初始小范围的意见表达一旦出现微小的变化和偏差，便会引致不可预料的舆论后果，甚至颠覆议程设置从而产生悖论表达，其传播特征呈现出非理性、非线性的不确定性。例如，在微博、微信等热议事件的舆论发酵过程中，自媒体对主流媒体屏蔽的"民意碎片"形成了巨大的聚合作用，产生了强大的舆论效果，反过来又成为主流媒体议程设置的源泉。

传播方式的"蝴蝶效应",意味着教学的视野要更开阔,要开发更多的素材放大教学效果的持续传播。

3. 传播内容的碎片化

碎片化是描述当前社会传播语境的一个形象性说法,其原意为完整的东西碎成诸多零块。新媒体尤其是自媒体的飞速发展、传播途径的激增、海量信息的堆积以及表达意见的蜂拥,打破了传统媒体单一线性的传播模式,构建了社会新的传播语境,舆论表达呈现出碎片化倾向。

随着科技的发展,信息的高速流动性改变了人们传统的阅读方式,资讯传播的快速和便捷,催生了人们对快速阅读和便捷传播的需要,短小精炼的"微言微语"更受青睐。

同时,随着手机持有量的快速增长,传播载体的迷你化也在一定程度上决定了信息传播的精简化、碎片化。面对众多的信息,人们需要在极短的时间内做出选择,碎片化分散了人们的注意力,影响了人们的瞬时选择,使大众的价值观呈现出一种模糊不清的状态,即不用集中注意力,也可以得到信息、表达思想。这就使得本应完整的价值观体系变成千万个碎片,分散于网络。

传播内容的碎片化,意味着教学内容应该"短小精悍",教学活动要更"聚焦"。

(三)"浅"状态冲击教学

这里有一组Social Bakers对Facebook上年轻群体观看视频情况的调查数据。

数据显示,20%的用户在开始观看视频后10秒左右离开,33%的观众在30秒左右离开,45%的观众在1分钟左右离开。这在一定程度上也说明了如果你采取视频教学,如果不能在最开始的时候一下子抓住学生眼球，接下来的工作就会很艰难。

我们当然也会注意到，完整地看完视频的人只有25%，且这些视频的时长都不超过21秒，这也在一定程度上说明，由信息缺乏到信息泛滥，由PGC时代进入UGC时代，"浅"状态成为一种常态。

"浅"状态的特征是什么呢？由于看似信息太多，好像有很多选择，所以，"教"与"学"习惯了浅阅读、浅尝试，对于知识的获取，不愿等待，因为信息好像能随时获取；被动接受、随波逐流、感性决策，失去了反思。"浅"状态意味着既没有主动寻求信息、学习认知的意愿，更没有深入研究的耐心，我们开始习惯了用听课的勤奋去掩盖学习的懈怠，习惯了用学习的热情去掩盖思考的懒惰。

信息规模由缺乏到泛滥，带来教学秩序、教学主渠道和教师地位的冲击；信息传播在微时代进入微传播，带来了传播主体去中心化、传播方式的"蝴蝶效应"、传播内容碎片化。

这些都给我们启示：越是知识焦虑的时代，我们越容易进入一种"浅"状态；越是信息泛滥、传播碎片化的时代，我们越难进入一种"深"境界。

我们需要系统化的梳理，才能从"浅"状态中走出，才不会让自己在纷繁复杂的信息时代迷失！

二、智能时代的教学变革

身处知识经济的智能时代，技术所带来的对生活、教学乃至社会方方面面的影响是显而易见的，教学唯有变革才能拥抱这个时代！

（一）智能时代的三特点

1. 行为数据化

比如我们使用的很多可穿戴设备，每天都在采集我们的行为数据，见面时，大家的问候聊天也往往都从你昨天的运动情况开始，我们每天的行为都被数据记录。

2. 数据的完备性及关联性

比如，我们在购物平台上浏览商品，网页上马上就会出来浏览历史和相关推荐，因为我们若干次在网络上的行为，都已经集合起来形成了完备的数据，而这些数据构成的客户标签互相关联，就为绘制出精准的客户画像提供可能。

3. 时效性和个性化

举个例子，上个月我在广州讲课，第二天要去柳州。去高铁站的路上在购物平台上匆匆浏览了几条八音盒的购物信息，由于信号不好，我没有继续。抵达柳州后，我打开某新闻App，软件切换位置到柳州，浏览当地的热点新闻，结果发现，新闻的第2条下面，就是4小时前我在广州浏览的购物信息的推送，这就是时效性和个性化。

技术的革命已经让很多强调"千人一面"的产品都在向"千人千面"转换，一方面提醒我们应该从注重因果关系的机械思维转型到注重信息关联的数据思维，另一方面也提醒在教学活动中应非常注意行为数据化、数据完备性及时效性的影响。

（二）教学模式呼唤改变

我们看一个行为数据化的教学案例。

近日，浙江省杭州第十一中学将一款名为"智慧课堂行为管理系统"的技术应用于课堂教学。据了解，该系统可实现无感"刷脸"考勤，同时通过摄像头还可对课堂上学员的行为进行统计分析，并对异常行为实时反馈。

"所采集的只是学员行为状态信息，进而转换成代码进行分析，而不是课堂录像，不涉及学员们的隐私。"杭州第十一中学副校长张冠超在接受新京报记者采访时表示，该系统最主要的作用是简化考勤制度，用刷脸代替传统意义上的口头点名和刷卡。

"智慧课堂行为管理系统"还可对课堂上学员的行为进行统计分析，还有对学员异常行为实时反馈的附加功能。

校方负责人介绍，系统每隔30秒会进行一次扫描，针对学员阅读、举手、书写、起立、听讲、趴桌子等6种行为，再结合面部表情是高兴、伤心，还是愤怒、反感，分析出学员在课堂上的状态。

校方表示，目前仅趴桌子一项为负分行为。若此类不专注行为达到一定分值，系统就会向显示屏推送提醒，任课教师可根据提醒进行教学管理，而显示屏仅任课教师可见。日后还会与学校医务室等其他后台的数据打通，若是因学员身体不舒服，可列入"白名单"。

各位老师，这个案例是否说明了智能时代，技术，特别是信息技术给教学活动带来的改变？除此之外，我们还能有哪些思考呢？

1. 工业化时代的传统教学思维

工业化时代，学校教育映射了工业化集中物流的经济批量模式：铃声、班级、标准化的课堂、统一的教材、按照时间编排的流水线场景，这种教学活动为工业时代标准化地"制造"了可用的人才。

在传统的教学中，教师以相同的教学方式对待每一位学员，以相同的进度教授每一位学员相同的内容，同一个班的学员学习相同的科目，然后接受相同的考试测验，从而甄别出学员的优劣。这种传统的教学方式符合工业时代对标准化人才培养的需求，其特点是在特定的时间内学习掌握特定的内容,并以相同的标准衡量所有人。

在这种教学方式中,学员的个性被扼杀,身心发展被摧残,兴趣爱好被剥夺,思想发展也一定会受到压制。

2. 智能时代的现代教学思维

智能时代呼唤的教育应该呈现另外的特征:弹性学制、个性化辅导、社区和家庭学习相结合、注重每个人的成功,等等。

智能时代,教师有条件依靠各种手段和媒介为学员提供丰富的学习资源,创设多彩的教学环境,让学员能够自主地选择自己需要的内容进行学习,感受学习的快乐,满足兴趣爱好,从而促进学员个性的发展和培养创新创造的能力。教学支持手段的增多以及学习资源的极大丰富且不受时间、空间和地域的限制,为满足教学中学员个性化需求提供了坚实的物质基础。

智能时代,教学环境的设计、教学实验场景的布置、教学时空的变化、学习场景的变革、教学管理数据的采集和运用,这些过去靠"拍脑袋"或者理念灵感加经验的东西,在云计算、物联网、大数据的背景下,变成一种数据支撑的行为科学。教学将成为继经济学之后,一门不再靠理念和经验传承的社会科学和道德良心的学科。智能时代的教学,成为一门实实在在的实证科学。

智能时代,人与机器的主流社会关系也逐渐转向人与数据之间的关系。如果我们今天的教学还受制于减少犯错和追求标准化的"魔咒",还是采用工业时代的教学思维,即便我们运用智能时代的教学技术,依旧不能提供智能时代要求的教学成果。

要提供智能时代的教学成果,需要我们有智能时代的教学思维,运用智能时代的教学技术,这样,才能让教学摆脱工业化时代的模式。

（三）教学的结构性变化

结构性变化是相对渐进性变化而言的。渐进性变化是在原有跑道上逐步优化，结构性变化有可能是完全切换跑道；渐进性变化是改善，结构性变化是改革。

在智能时代，由于各种新兴互联网技术和思维观念在教学中渗透与应用，智能时代，学员及讲师的角色及行为、教学方式及环境，都发生了结构性变化。

我们来看两个案例。

2004年，一位刚从哈佛大学毕业一年的小伙子应家人的要求给他12岁的表妹辅导数学。但唯一的问题是，他表妹住在新奥尔良，而他住在波士顿。因此，他在互联网上为他表妹辅导——从此永远地改变了教育的世界。这就是萨尔曼·可汗和他的可汗学院。可汗说："每一次与我们系统发生的交互都被记录下来""并且这些数据被用于向学员、教师和家长提供学习进程实时汇报"。可汗学院通过对学员学习数据的存储和分析，为学习者确定最适合他们学习主题的学习路径，使他们不仅能够根据自己的步调，还能按照最有效的顺序进行学习。

2007年，来自美国同一所高中的两位化学教师Jonathan Bergman和Aaron Sans将自己的授课过程通过课程制作软件、屏幕录制、讲课录像等方式做成清晰的视频资源放在固定的网络平台上，并要求学员在课前通过观看视频对课堂内容进行预习，然后将预习过程中产生的疑问在课堂上提出来和大家一起讨论交流，这也就是他们倡导的"翻转课堂式"教学模式。

翻转课堂将传统课堂教学方式进行了翻转，将先教后学转变为先学后教，教师将自己的教学真正实现了向课外延伸，将传统课堂教学中知识讲解传授这一主要的部分移到课外进行，而课堂真正成了帮助学员答疑解惑的场所。学员主导了课堂活动，真正成了学习的主人，从被动学习转变为主动学习，实现了由教师主导的教学方式向学员自主学习的教学方式转变，拓展了学员自主学习活动的空间，促进了学员的个性发展，国内外学校争相效仿。

从这两个案例中，大家是否看到了智能时代的教学呈现了哪些结构性的变化？

1. 教学方式及环境的改变

自工业革命时代以来，以教师、教室、教材为中心的传统课堂教学模式一直是世界各国主要的教学组织形式。学员以相近的年龄、知识水平和心理条件被编入相同的班级，教师按照教学计划以统一的进度、相同的方式教授所有学员相同的内容，学习阶段结束后，学员接受相同内容同一标准的测验。在这种传统的课堂教学模式中，教师是绝对中心，学员是围绕教师转的被动客体。虽然这种教学模式在传授知识方面有较高的教学效率，但它忽视了学员的个体差异，剥夺了学员的兴趣爱好，压抑了学员的个性发展，使每个学员成了教学机器上的"标准件"。

智能时代，大数据在教学中的应用，使得我们能够对每一位学员的学习状况进行学习分析，帮助我们寻找到最高效最适合的教学方式；其次，适应性学习系统使我们能够依照每个学员的个性化需求定制教学内容和进度。可汗学院和翻转课堂是智能时代教学方式转变的典型例子。

在传统的教育环境中，学员一般只能接触间接的感性材料，这些间接的感性材料与学员的直接学习经验无关，学员不能通过亲身的实践活动来积累实践经验。再加上很多学习成果难以通过简单直观的形式呈现出来，只能通过抽象的想象和逻辑推理来感知，这就是传统教学中认知活动与直接经验矛盾的体现。

智能时代，新兴技术在教学中的应用使教学的物理环境发生了极大的变化。例如，虚拟现实和增强现实技术在教育领域的广泛应用，能帮助教师优化教学过程，解决传统教学中高风险、低复用率、高成本等问题，同时还具有超时空、仿真性、可操作等优势，在有效减少教学风险与成本的情况下，还能增强学员技能操作的熟练度，提高了教学效率。例如：通过增强现实技术可以将较为抽象、难以观察到的物体结构（几何形状、化学粒子、生物细胞、地形地貌、人体内部结构等）以仿真模拟的形式进行演示，给予学习者形象直观的感知体验。

云计算在教育中应用创造了一个又一个教育云，利用教育云能构建虚拟的教育公共服务云平台，云平台向教育管理者、教师、学员、家长等不同身份的人开放。通过云平台，他们能实现教学、管理及娱乐等方面的交流与互动，教师和学员能在云平台构建的云学习环境中获取所需的教学和学习资源。

2. 学员角色和行为的改变

传统的教学方式之所以被世人诟病，是因为它导致了师生关系的失衡，现代教育学认为，教育各方面的均衡是比较良好的状态。在传统教学方式下形成的师生关系中，教师凭借其在知识量上的优势，控制着绝大多数教育资源，主导着教学活动的开展，在教与学的过程中拥有绝对话语权和权威，教师无须主动对教学活动进行调整来响应学员的不同需求。而学员在这种关系中处于被动服从的状态，学员需要主动调整自己的学习行为习惯来适应教师的教学。

在传统的教学关系中，学员的主体性之所以被忽视存在着深刻的原因，一是学习资源缺乏且被教师垄断；二是工业化时代对标准化人才的需求，促使学校采取了片面追求教学效率而忽视学员人格发展的教学方式；三是缺乏正确的教师观、学员观和儿童观。在智能时代，这些问题将不复存在。

首先，在开放的背景下，全球教育资源库正在形成，教育生态从封闭走向开放。在智能时代，人人都能创造知识，人人都能共享知识，人人都能消费知识，教育资源得到了极大丰富和充实，教师有可能在知识量上不占优势，教师失去了绝对的权威。

其次，由于网络和各种网络终端设备的普及，开发与共享全球优质教育资源运动的推动，学习者能够随事、随时、随地找到自己需要的学习资源，并按照自己的步调，以最佳的顺序进行学习。

最后，在知识大爆炸的背景下，教师逐渐认识到知识教学的弊端，认为"授人以鱼"不如"授人以渔"，主张学员通过探索、发现来进行学习，促进学员个性发展，培养学员创新与创造能力，自己逐渐转变为学员的助手和引导者。正如《学会生存》所说的，"教育正在越出历史悠久的传统教育所规定的界限，它正逐渐在时间上和空间上扩展到它的真正领域。在这一领域里，教学活动便让位于学习活动。虽然一个人正在不断地受教育，但他越来越不成为对象，而越来越成为主体了。"

在智能时代，学员的个性得到发展，兴趣爱好得到满足，学员真正成了教学活动的主体，学员的个体价值得到前所未有的凸显。

3. 教师角色和行为的改变

在古代，孔子的竹简只能自己看然后才讲给学员；在近代，西方的《圣经》在世界各国学校的图书馆都能看到；在现代，世界上知名大学优秀课程资源都能在网上找到。知识不再为教师所能垄断，教师不再敢忽视学员在信息获取、新观念吸纳、创新创造等方面表现出的才能天赋，转而与学员共同开发和维护课程，将教师一部分主体权力合理让渡给学员，以此来获得学员的认可。

智能时代，知识与信息高速流动变成知识信息流，由于信息载体革命，师生之间的信息不对称情况逐渐减少，使得师生之间的权利和义务关系发生重大转变，进一步推进了教学民主的进程。

智能时代，只有一种权力是教师可能增大的权力，那就是指导权。可汗颠倒课堂采用的双教师制，Udacity采用的在线人工智能调整教学进度，都是发挥教师尽可能多的指导权。

智能时代，教师的指导权增加的一个重要推动因素是各种感应监测系统能捕捉和存储大量的学员行为数据，这些庞大的学员行为数据在大数据技术的处理下能迅速转变成科学化数据，这种信息教师掌握得最充分，因此教师的指导权力特征也就最明显。

智能时代教育的重点是区分学员不同的行为，进而给予学员更有针对性的指导，教师日益朝着教练的角色转变。教师在教学实践中应自觉站在与传统知识传授式教学方式的不同立场上，同学员一起学习，共同成长，在学员成长的道路上提供全方位的支持，努力充当学员的助手和指导者。

由此，智能时代的教学应体现怎样的成果？学员应该如何学？学什么？教师应该怎样教？教什么？教学成果、教学内容、教学形式三要素构成的教学活动应该怎样应对结构性变化？这是值得我们讨论的问题。

三、教学要跳出经验管道

西蒙·斯涅克在TED的演讲"伟大的领袖如何激励行动"曾被评为TED最受欢迎的演讲之一。"为什么苹果公司创新能力这么强，他们永远比其他的公司更新换代快，他们也只是一家电脑公司，他们也以同样的途径获取人才和员工，但是他们就似乎有那么一点不同寻常……"在列举一系列成功领袖后，他提出了黄金圈法则。

黄金圈法则是一种思维方式，它把思考和认识问题的过程画成三个圈。

最里层（WHY）为什么？——找到内在的动因，为什么做这件事？

中间层（HOW）怎么做？——如何实现？选择什么工具、方法、策略？

最外层（WHAT）做什么？——事情的表象，具体思考和行动的内容？

世界上大部分人都知道自己在做什么，其中一部分人知道自己怎么去做，这可以作为自己的差异价值，但很少人知道自己为什么要做这件事情。因此，成功的伟大领袖就是极少数的人，他们采取从里到外的生活方式，从为什么到怎么做再到做什么，与大多数人完全相反。

黄金圈法则自提出到现在，无论是商界还是学界，都极度关注，黄金圈法则也有了很多演绎及运用。

比如，谈及有效激励，有观点认为：有效的激励应是由内而外的，首先确定你的信念（WHY YOU DO IT），其次是找到方法（HOW YOU DO），最后自然而然体现成果（WHAT YOU DO）。激励型的领导或组织都是遵循这个模式做出卓有成效的激励。

比如，互联网企业在设计社交类产品时，首先思考的是人们为什么社交（WHY），其次是探索人们如何社交（HOW），这样，社交的内容（WHAT），也就是社交类产品的具体内容就呈现出来了。

又比如，谈及如何解决学员不愿意学习的问题，首先应思考为什么课程不吸引人，那是因为从第一堂课开始就没有彻底说清楚为什么要学习这门课（WHY），学员根本不明白学习这门课对于专业发展的意义，常规的教学都是一上来就直接讲教学安排及教学内容（HOW及WHAT），课程设置的目的仅以几句极其抽象的话一带而过。学员们不知道自己费尽心思想学好的东西在未来究竟有什么用，缺乏足够的激励也就无法点燃学习的热情。

（一）礼仪教学黄金圈法则

黄金圈法则是典型的以终为始、以成果为导向的思维。比如，上海的老师今天课后开车回家，上车以后，你的第一个动作可能是把导航地图打开，输入目的地（WHY），设置各种参数，比如高速优先、时间最少、躲避拥堵等，系统会依据你设定的这些影响因子，给你规划出一条线路（HOW），然后你会发动汽车（WHAT）。这些生活中的经验其实对应的就是黄金圈法则，我们在不自觉地运用。但一旦将之主动运用于教学活动，还是会感到有些困难，因为我们已经习惯了从做什么、怎么做入手这种思维模式。

黄金圈法则，简单、高效、实用，在理清思路、解决问题时，确实能收到立竿见影的效果，它让我们不要盲目地、直接地思考最外面的WHAT，也就是不从思考做什么开始，而应该遵循WHY—HOW—WHAT的顺序思考模式（图2-1）。

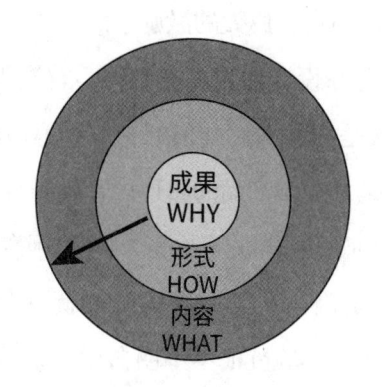

图2-1 礼仪教学的黄金圈法则

第一步，思考WHY。

从内向外思考，先思考为什么。比如，为什么要学习自我管理？为什么进行礼仪教学？等等。我们将WHY定义为"成果"。

第二步，思考HOW。

只有思考了WHY，第二步才思考HOW，也就是怎么做。这一层是要梳理如何实现WHY，用什么方式落实你的目标、实现你的理念、追求你的价值观。比如，采取什么方式学习自我管理？礼仪教学采取什么方式？等等。我们将HOW定义为"形式"。

第三步，思考WHAT。

如果WHY和HOW梳理很清楚，那么WHAT圈层的做什么就是水到渠成的结果了。比如，自我管理学习的具体内容是什么？礼仪教学的具体教学内容是什么？等等。我们将WHAT定义为"内容"。

教学主体、客体、教学活动构成了教学的三要素。换言之，依据教学主体、客体的认知及定位所设计的教学活动构成的教学内容、教学形式、教学成果也是教学三要素的一种表达。

我们前面应用的高效破冰活动的"244法则"，就是遵循黄金圈法则开发的教学工具（图2-2）。

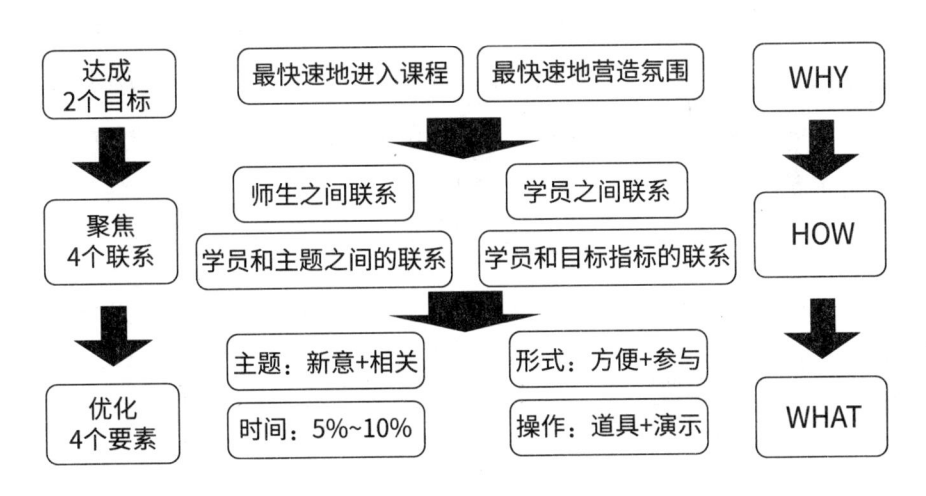

图2-2 基于黄金圈法则的高效破冰活动的"244法则"

总之，如果我们习惯从注重教学的内容、形式开始入手，很有可能会对成果有所迷失，也就是采取的内容及形式的组合不一定能达成成果。这是一种由外至内的思维。礼仪教学的黄金圈法则强调，教学活动先思考核心的成果，再思考由此应该运用的形式及教学的内容，这是一种由内至外、以终为始的反向思维。聚焦教学达成的成果，教学能更直接、更高效。

（二）一分为二与一分为三

两分法的基本表述是：一分为二，二合为一（又称合二而一）。其思维特点之一是"非此即彼"，矛盾论即其代表。比如，小孩常常在看完电视后追问大人，电视中的人物是好人还是坏人，他们会简单地用"好坏"这种二分法来认知这个世界。

三分法的基本表述是：一分为三，三合为一（又称合三为一或三方合一）。其思维特点不是"非此即彼"，它认为除了"此"与"彼"两方之外，还有第三方，第三方呈现"亦此亦彼"或"非此非彼"状态，与"此方"和"彼方"相联系并且发生作用。三分法认为第三方很值得重视，不可或缺。比如，问一元的硬币有几个面？很多人回答有三个面，正面、反面、侧面，这其实还是二分法；而用三分法来思考，应该是正面、反面，以及正面反面为什么会在一起，也就是正反合。

三分法认为，世界上许许多多事物具有三要素结构，即它们既是三合为一的，又是可以一分为三的。人类具有一种三要素思维定式，对于研究对象进行三要素划分，按照一分为三、三合为一的观点来认识事物，按照三兼顾原则、三结合原则来办理事情。

第三方是此方与彼方的"中介"、联系的纽带、过渡的桥梁，是运用三分法思考及工作的关键所在。

运用三分法来认识教学活动，教学主体、教学客体、教学活动构成了教学，这是三分法，区别于只注重教学主体与教学活动。

教、学、做的结合——这是三分法，区别于只注重教与学；内容、形式、内容与形式的融合，这是三分法，区别于只注重内容与形式。

礼、仪、礼仪融合，这是三分法，区别于只注重礼与仪。

礼仪教学黄金圈法则也是三分法的运用，注重WHY—HOW—WHAT的结合。

（三）U型理论与大学之道

学习是从两个点产生的，这两个点一个是过去，一个是未来。也就是说一类的学习是从过去学习，一类的学习是从未来学习。面对当今的挑战，只从过去学习是不够的。因此，奥托教授强调，我们应进入更深层次的"源头"，即不只是看做什么、怎么做的U型理论。

我们一般解决问题的方法，是出现问题后，马上想以前的经验是什么，然后做决定。思维是从A到B的一条直线。U型理论则不然，一旦问题情况出现，你先沉静下来观察，和自己的内在联系、反思，然后去做决定。这就是为什么叫U型的原因。U不是一条直线，是先沉淀再上升。

U型理论中有一个关于改变的四个层面论述。第一层是被动反应（Re-Acting）。我们的习惯性思维是由固有的架构产生的。一个人如果保持习惯性思维，就没有真正的思考和改变。通过观察，你开始去看外边真正发生什么了，了解你的利益相关者真正需要的是什么，你学会观察，开放思维，才可以看到新的东西，才能进入第二个层面。第二层是改变系统（Re-Designing）。改变系统比经验主义进了一步，但是还不能彻底改变思维，它还是外在的，依然是表象。这就需要我们重新改变视角，改变思维框架，重新生成。第三层是改变框架（Re-Framing）。改变、改善心智模式。第四层是重新生成（Re-Generating），也就是去联结"源"。

在现实中，我们绝大多数的改变都是在一、二、三层。习惯停留在

"下载"层面，只看到自己想看到的，只允许自己看到旧有的东西，就好像一直在"经验的管道中行走"，只有进入第四层，才可能实现创新。

奥托教授在《U型理论》中文版序言中提出"儒家思想的精髓不像很多人想象的那样，仅仅意味着服从和维护传统秩序，而在于自我教化和道德完善"。他还引用了"大学之道，在明明德，在亲民，在止于至善。知止而后有定，定而后能静，静而后能安，安而后能虑，虑而后能得……物有本末，事有始终，知所先后，则近道矣。"

如果将U型理论与"大学之道"结合，再对应礼仪教学的创新活动（跳出经验的管道）可见图2-3。

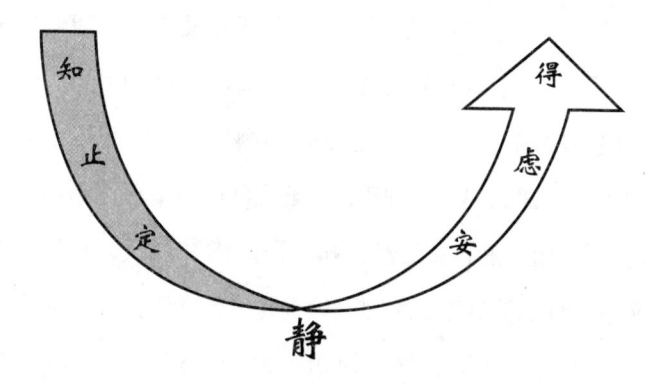

图2-3 U型理论与大学之道

"所谓知，即觉察。觉察是解决问题的开始。世界的变化是细微的，细微变化带来的问题是潜在的，潜在的问题是最危险的。由于对周边发生的问题不敏感，一旦危机爆发便显得束手无策。"觉察也意味着放下，意味着从"下载"模式中跳离出来，意味着重新思考教师、学员，以及教学活动的定位，思考教学活动的成果。所谓止，即打住、停下来。遇到问题要学会"驻足思考"，不要整天忙于行动。繁忙不是创新，繁忙更不利于思考，且只有"止"才能聚焦WHY，而不是停留在

HOW、WHAT的层面行动。所谓定与静，即神定、心静。神情淡定，不急不躁，心静如水，好像一面镜子，才能如实反映周边发生的一切。心中波涛汹涌，如何能够反映美丽的月光？唯有定与静，方能感受教学活动场域的能量，不仅仅看到冰山上面的部分，还能感受到冰山下面的活动。所谓虑与得，即思考的过程与结果，找到行动的方法，并不断修正，持续完善。

依据美国心理学家Noel Tichy（诺尔·迪奇）提出的行为改变理论，图2-4里的3个区可以表示为你想学习的事物的等级。

图2-4　舒适区、学习区与恐惧区

图中最里面一圈是"舒适区"，是对自己来说没有学习难度的知识，或者习以为常的事务，可以处于舒适的心理状态；中间一圈"学习区"对自己来说有一定挑战，因而感到不适，但是不至于太难受；最外面一圈"恐惧区"，是超出自己能力范围太多的事务或知识，心理感觉会严重不适，可能导致崩溃以致放弃学习。

舒适区指活动及行为符合人们的常规模式，能最大限度减少压力和风险的行为空间。它让人处于心理安全的状态。很明显，人们会从中受益，如寻常的幸福感、低焦虑感、自在的状态、被缓解的压力等。但是，我们也需要有一个相对焦虑的状态，即一个压力略高于普通水平的空间。这个空间被称为"学习区"，它正好在舒适区之外。

对一个人来说，最理想的状态是处于"学习区"，学习具有适当挑战性的东西，一段时间后，"学习区"会慢慢变为"舒适区"，"舒适区"越变越大，一部分"恐慌区"也会相应变成"学习区"。

人如果总待在同一个状态，自己的心理舒适区会停留在一定范围。走出去，尝试做些新鲜的事情，会扩大舒适区，同时让自己眼界变宽，应对变化的能力会更强，个人整体素质会更高。但是，走出舒适区并不是一件容易的事。就如同虽然我们认为礼仪教学的黄金圈法则很好，但要跳出原有经验的管道还是会感到困难。

出于对舒适的依赖及思维的惯性，我们渐渐地习惯了在自己的经验的管道当中行走。而经验的管道会束缚我们的视野及行动，唯有果断地跳出，才能看到事物的本质，直达成果的思考。

越是知识焦虑的时代，越需要系统化的梳理，否则再多的信息也会迷惑。

越是技术变革的时代，越需要直接本质的思考，否则再多的行动也是枉然。

唯有系统化的梳理，直接本质的思考，方能跳出经验的管道，转型创新的实践，提供教学成果。

方法篇

第三章　系统梳理

各位老师，请以小组为单位，用绘画的方式表达你们对礼仪的理解。大家可以用前面介绍的头脑风暴的"11131法"，先集体讨论出观点，然后再把它视觉化表达出来。2分钟后，我们邀请每组两位学员，一位展示你们小组的作品，一位对作品进行简要的说明。

……

（2分钟后）

以下是参与培训的学员的现场回答。

第一组：我们小组的绘画功底都比较不行。我们暂时没有想到一种用绘画的形象的方式来表现礼仪。后来我们想就画一个微笑，因为礼仪的核心就是尊重。我们与人的相处就是给对方一种舒适感。中国强调礼仪文化。我理解的核心就是根植于内心的修养，为别人所想的一种善良。和人的相处过程当中，我们报之以微笑，能够释放我们的善意与尊重。

第二组：大家好，我们的这幅画是一双手托着一颗心。因为礼仪最直观的表现就是我们的肢体动作、手势礼仪，所以是手托着心。礼仪其实是从心出发，表达对别人的尊重，所以是一个手势礼仪，再加上一颗心，其实看起来也很像一个天使这样的组合。就是说，如果你学习礼仪，那你就像天使一样受人欢迎。另外，在两只手的中间会有一朵花，我们一位小伙伴说是"赠人玫瑰，手留余香"，所以我想这也是能够给学习礼仪的学员的东西。这就是我们今天的这幅画，谢谢。

第三组：我们组呈现我们对礼仪的理解的方式是通过这一张画，它有三个元素。最外面是一个方框，这个方框代表了三元论当中的其中一个维度，就是规矩，这个规矩可能是外形的表现。三角形表示亲切，这是第二个维度，可以看成是硬币的另外一面。这个亲切可能是一个比较大的范畴，不一定是有形的，也可以是一种感觉或感受。在硬币两面之间维系它们的就是圆圈，圆圈是代表着礼仪当中的恭敬心和尊敬心。这是我们的理解，谢谢。

……

感谢学员代表的回答，那么除了绘画这种形式，还有什么其他教学形式可以用于这个教学环节？采取这样的教学形式的目的是什么？

第一组：我们还可以采用案例教学法、讲故事等方法。

第二组：我们小组可能会根据学员的情况采取情景剧表演的方式。

第三组：我们小组会用头脑风暴的"11131法"进行讨论交流。

第四组：我们小组会以歌曲演示的方式。

第五组：我们小组会采用视频教学法。

第六组：肢体动作、人体雕塑的教学方式是我们小组偏向的。

感谢各位的参与及回答，但最关键的问题，这样操作的目的，也就是礼仪教学黄金圈法则的WHY是什么？我们如果遵循礼仪教学的黄金圈法则，由内而外地思考，即首先思考WHY，其次才是HOW和WHAT，我们会有不一样的回答吗？

除此之外，我们可能需要具备一种能力：透过表面的现象看到背后的本质和规律，以此提升对事物的一种认知。如果只是看到了简单的片面的现象，那可能只是看到了"数据"，但是如果将数据之间的联系、因果关系影响找出来，这就变成了"信息"。"信息"也许比"数据"高一个维度，但是信息和信息之间又有怎样的关联？怎样的关系？存在一种怎样的规律？回答清楚这些问题，"信息"就能转化成知识。如果还能悟到各种"知识"背后的本质，也许就到达了"洞见"，"洞见"就是"智慧"。数据、信息、知识、洞见，也就构成了智能时代的数据金字塔。能越早些时间透过一些数据看到数据串联起来的信息，找到背后的知识，最终上升为自己的洞见，可能就更快地具备了自己的核心能力。

一、礼仪认知黄金圈

（一）礼仪起源及属性

在中国，礼仪的起源最早可追溯到原始社会时期，归纳起来，大体有五种礼仪起源说。

第一，天神生礼说。

这是人们还没有认识到礼仪的真正起源时的一种信仰说，是神崇拜的反映，代表了人类图腾崇拜时期对原始礼仪的一种认识。《左传》有言："礼以顺天，天之道也。"意思是，礼是用来顺乎天意的，而顺乎天意的礼就合乎"天道"。天神生礼说虽然不科学，却反映了礼仪起源的某些历史现象。

第二，礼是天地人统一的体现说。

这种观点是春秋以后兴起的一股思潮。它认为，天地与人既有制约关系和统一性，又具有高于人事的主宰性。把礼引进人际关系中来讨论，比单纯的天神生礼说有了很大进步，但仍没有摆脱原始信仰。

第三，礼起源于人性说。

这是儒家的创见，儒家学派把礼和人性结合起来，以为礼起源于人的天性。孔子以仁释礼，一方面把"礼"作为处理人际关系的总则，另一方面把"仁"当作"礼"的心理依据。克己以爱人，就是"仁"，用仁爱之心正确而恰当地处理好人际关系，就是"礼"。

第四，礼是人性和环境矛盾的产物。

这一学说的目的，在于解决人和环境的矛盾。孔子"克己复礼"的观点，就是看到了人和环境的矛盾，而解决这种矛盾的方法是"克己"。人的好恶欲望如不加以节制，什么坏事都干得出来，于是圣人制礼，节制贪欲。

第五，礼生于理起于俗说。

这是对礼仪起源的更深入的探讨。理，指事物的必然性的道理。人们为了正常生存和发展，根据面临的生存条件，制订出合乎人类生存发展必然性和道理的行为规范，就是"礼"。"礼"是理性认识的结果。事物的礼落到实处，使之与世故习俗相关，所以又有了礼起源于俗的说法。荀子说"礼以顺民心为本……顺人心者皆礼也。"从理和俗上说明礼的起源。

根据上述种种说法，可以认为，"礼"先于"仪"，有了"礼"这个道德规范，才用"仪"这种形式去表现。"礼"与"仪"常常密不可分。礼仪产生与部落群居的形成过程同步，并随着社会组成形式和国家制度的变化而变化，随着人类社会生活的发展而逐步完善起来。

由礼的起源，我们可将"礼"的属性归纳为以下几个方面。

第一，礼具有宗教属性。

郭沫若先生在《十批判书》中写道："礼之起，起于祭神，其后扩展而为人，更其后而为吉、凶、军、宾、嘉等多种仪制。"最初的"礼"源自原始人对鬼神的崇拜，人们对其所信奉的鬼神进行祭拜仪式，由此出现各种祭礼。随着时间不断发展，这种对鬼神的崇拜衍化成宗教，在人类历史步入阶级社会之后，宗教之礼也逐步完善。

第二，礼具有法律属性。

礼的另一种内涵是"礼法"。所谓"礼法"，就是政治及社会制度。在宗教之礼形成后，随着祭祀仪式日益复杂，人们所要遵守的行为准则也日益规范化、系统化，于是逐渐形成了越来越复杂的典章制度，也就是"礼制"。人的个体和群体行为都必须遵从一定的社会法则，这种社会法则的形成以人们认识自然法则为前提，人们在生产、生活实践中不断认识、理解、感悟自然法则的存在，从而形成人类自我约束的各种行为规范，然后才形成特定的社会法则，正是这种社会法则维系着人类赖以生存的社会的秩序，礼的法律效力也在人们履行这种社会法则中得以实现。

第三，礼具有道德属性。

杜威（John Dewey）认为，礼仪的起源与道德的起源是同步的，礼仪的发展与道德的发展也是同步的，与此相应，礼仪道德作为一种特殊的道德形态，它的本质特征与普遍的道德形态是一致的。

规范人的社会行为一部分靠法律，另外一部分就是靠道德。道德规范方面的礼，指可以作为道德律令来遵循的有关礼的准则，如"礼义""礼教"等方面的礼。孔子说"克己复礼为仁"中的"礼"就指道德行为守则。礼仪表现的内容，是社会文明发展的标志。

礼是抽象的，由一系列制度和规定构成，既是人际间交往的伦理准则，又成为社会的观念和意识，规范着人们的言谈举止。而仪则依据礼的规定和内容，形成一套系统、完整的程序和形式。

第四，礼具有社会属性。

从社会学的角度说，费孝通先生关于"团体格局"及"差序格局"

的解读，很好地解读了礼仪的宗教、道德、法律属性，特别是礼的社会属性。费先生为更准确地区分中国传统社会和现代社会，提出了"差序格局"和"团体格局"概念，其中"差序格局"尤可谓是费先生的独创，并被国际社会学界所接受。关于差序格局和团体格局的区别，先生打了个比方："西方社会以个人为本位，人与人之间的关系，好像是一捆柴，几根成一把，几把成一扎，几扎成一捆，条理清楚，成团体状态；中国乡土社会以宗法群体为本位，人与人之间的关系，是以亲属关系为主轴的网络关系，是一种差序格局。在差序格局下，每个人都以自己为中心结成网络。这就像把一块石头扔到湖水里，以这个石头（个人）为中心点，在四周形成一圈一圈的波纹，波纹的远近可以标示社会关系的亲疏。"每一家以自己的地位作为中心，周围划出一个圈子，这个圈子的大小要依着中心势力的厚薄而定，以己为中心，像石子一般投入水中，和别人所联系成的社会关系不像团体中的分子一般大家立在一个平面上，而是像水的波纹一样，一圈圈推出去，愈推愈远，也愈推愈薄，这样一来，每个人都有一个以自己为中心的圈子，同时又从属于以优于自己的人为中心的圈子。

这种差序格局的形成有以下几种因素：血缘、地缘、经济水平、政治地位和知识文化水平。圈子的大小和上述因素的大小强弱是成正比的。血缘组织越大，圈子就越大，其属性规则以伦理辈分为基础。地缘越是接近就越易形成差序圈子。经济水平和政治地位的高低是圈子形成最重要的因素，它象征着权力支配的大小。文化知识则是农村居民普遍缺乏又普遍渴求的。圈子的形成可能是一种因素的结果，也可能是几种因素的综合作用。

如何保持这样的关系网正常运转？想要在一个"熟人的社会"中保障关系网的正常运转，靠"西洋"传过来的法律是没用的，最有用的办法是依靠老祖宗留下来的传统和一些约定俗成的规矩。费孝通先生为这种规矩和传统起了个总结性的名称，叫作"礼治秩序"。需要强调的是，"礼治"不同于人治，"人治"是一个人或者极少数人掌握了所有的社会权力，进而再通过法律、军事等手段来进行统治，再极端一点来看，接近于我们今天所说的独裁统治，一家独大。而礼治则不然，简单说，就是用礼数来管理日常的生活秩序，约束人们的行为。这也在某种程度上解读了礼仪的道德、法律及社会属性。

除了上面提到的宗教、道德、社会属性，礼是人和动物区分的根本标志，这是礼的根本属性。"鹦鹉能言，不离飞鸟；猩猩能言，不离禽兽。今人而无礼，虽能言，不亦禽兽之心乎？夫唯禽兽无礼，故父子聚麀。是故圣人作，为礼以教人，使人以有礼，知自别于禽兽。"

史蒂芬·柯维先生有一本非常著名的书叫作《高效能人士的七个习惯》。在谈到第一个主动积极的习惯时，他强调，我们要积极主动地去回应这个社会，当我们受到一个外界的刺激，本能就会做出一个反应，这是我们人类和原始的动物都有的属性。但是随着人的成长和心智的成熟，人类受到刺激以后会有独立的价值判断，会懂得依据周围的环境，以及考虑周围的感受来确定是否要对这个刺激做出"合适"的行为和反应。这种价值判断是否也可以定义为"礼"的属性呢？

（二）礼仪认知三关键

我们将"礼仪有别、文质之辩、礼乐皆得"概括为礼仪及其制度认知的三关键。

中华文明是世界上屈指可数的几大原生文明之一，五千年的深厚积淀形成了独特的文化个性。

中华文化与西方文化最大的不同在于，西方文化是宗教文化，认为人有"原罪",人性是恶的,西方人靠宗教和法律管理社会。中国文化不然,中国文化不是宗教文化,认为人性是善的,中国人靠道德理性引领社会。道德理性属于抽象的范畴,不可触及,因而儒家将它具象化,使之转化为修身、齐家、治国、平天下的一系列规范,这就是礼乐制度。

1. 礼仪有别

我们看一段取自《左传·昭公五年》的文字。"公如晋,自郊劳至于赠贿,无失礼。晋侯谓女叔齐曰:'鲁侯不亦善于礼乎?'对曰:'鲁侯焉知礼!'公曰:'何为?自郊劳至于赠贿,礼无违者,何故不知?'对曰:'是仪也,不可谓礼。礼,所以守其国,行其政令,无失其民者也。今政令在家,不能取也;有子家羁,弗能用也;奸大国之盟,陵虐小国;利人之难,不知其私。公室四分,民食于他。思莫在公,不图其终。为国君,难将及身,不恤其所。礼之本末将于此乎在,而屑屑焉习仪以亟。言善于礼,不亦远乎?'君子谓叔侯于是乎知礼。"

鲁昭公继位五年,朝拜盟主晋国,自始至终,进退趋避,有模有样,礼让言谈,相当得体。种种表现,与传说中的鲁昭公大相径庭。晋平公有点纳闷儿,他问大夫女叔齐说:"鲁侯不是也很知礼吗?"女叔齐回答:"他怎么能知礼!"晋平公就说:"这样说就不对了。你看,鲁侯自入晋以来的所言所行,没有违礼的地方,怎么不算知礼呢?"于是,女叔齐进行了较为详细的说明,他说:"鲁侯的表现只能算是'仪',不能说是'礼'。礼是什么?谨守其国,行其政令,无失其民。您看现在的鲁国,政令出自卿大夫之家,不能收回公室;国有贤人,不能任用;违背与大国立下的盟约,欺负莒国;对别国的危难幸灾乐祸,对自己的危难则视而不见;国家被三家分为四份,老百姓只知有卿,不知有君。自己身为国君,将蒙受大难而不知,还在汲汲于学习一些外在、次要的'仪',礼之根本是这样的吗?说鲁侯知礼,真是笑话!"

女叔齐回答晋平公的这番话指出，没有"礼"做根基的"仪"毫无意义，是很富有启发性的。

孔子说"巧言令色足恭，左丘明耻之，丘也耻之"，也是对有仪无礼的痛恨。

2. 文质之辩

"君子质而已矣，何以文为？惜乎夫子之说君子也，驷不及舌。文犹质也，质犹文也，虎豹之鞟犹犬羊之鞟。"这段话出自《论语·颜渊》。

"质"一般解读为品质、素质和本质，事物的本来面目。"文"可以理解为表达修饰，是外在的一些东西。一个人只要内心足够强大和高尚，品德非常正直就可以了，还要外在的表达做什么呢？后面就是对这个问题的回答。你对文和质的理解真的有偏差。你这样说犯的错误，四匹马都拉不回来。如果说"文犹质也"，那么去了花纹的兽皮（鞟）和犬羊的兽皮是一回事吗？本身的质不一样，所以两者当然也不同。

"质胜文则野，文胜质则史。文质彬彬，然后君子。"这句话出自《论语·雍也》。它的意思是，如果一个人只关注内心的成长和品质，而忽略了外在的表达和修饰，他的行为方式可能会粗野；如果一个人只关注外在的形式和表达，忽略了内心的成长，长久相处，你可能会觉得他很虚伪。唯有"文""质"并重、"礼""仪"兼修，"内容"与"形式"匹配且"融合"，符合中庸之道，"文质彬彬"，这就是君子。

因此，礼仪就是君子风范、文质彬彬、内外兼修。

"德辉动于内，理（礼）发诸外。"从另外一个角度来讲，汉语中读音相近的字，意思都可能有联系。礼貌的"礼"通道理的"理"。如果一个人内心的品德熠熠生辉，外在的行为也是有礼貌的，那一定是符合事理的。

3. 礼乐皆得

"凡音者，生于人心者也；乐者，通伦理者也。是故，知声而不知音者，禽兽是也；知音而不知乐者，众庶是也。唯君子为能知乐。……是故，不知声者不可与言音，不知音者不可与言乐。知乐，则几于知礼矣。"这段出自《礼记·乐记》篇文字，很好地解读了声、音、乐的区别，以及何谓"礼"。

中国是世界上乐器、乐理和音乐理论最早的发源地之一。《礼记·乐记》将今人所说的"音乐"区分为"声""音""乐"三个层次。声，没有节奏、旋律，没有审美价值，属于最低层次，连禽兽都能感知；音，相当于今天的音乐，内涵复杂，有健康的，也有不健康的，对人可以产生不同的影响；乐，是内容纯正无邪，节奏和缓典雅，能体现道德理性的乐曲，属于最高层次。推广民众喜闻乐见的德音雅乐，可以陶冶心性、变化气质，因而，"移风易俗莫善于乐"。"礼者，外也。乐者，内也。"礼乐文化的真谛在于，使人内外双修，典雅而有德性。

"乐统同，礼辨异。""乐者为同，礼者为异。同则相亲，异则相敬。乐胜则流，礼胜则离。合情饰貌者，礼乐之事也。礼义立，则贵贱等矣。乐文同，则上下和矣。"由于分属于不同的规范体系，礼乐的功用便产生了"辨异"和"统同"之分。

"乐"就是使大家相同的，那"礼"呢？礼辨异，礼是区别大家的。又有区别又有统一，又有多样又有统一，就和谐啊。所以在周公设计的礼乐制度里，礼和乐是对立统一、相辅相成的。像什么呢？像太极图中的阴阳二鱼。阴阳二鱼是交错在一起的，然后在一个圆里面旋转，同一个圆心，这个圆心是什么呢？是"德"。

"礼乐皆得，谓之有德。德者得也。"得到的"得"通道德的"德"，有德必有得。德是礼仪的灵魂，在礼仪认知的黄金圈里面处于核心位置。

（三）礼仪内涵四层次

1. 德是礼的灵魂

"德"字是个会意字。甲骨文中的德字，左边是"彳"（chì）形符号，它在古文中是表示道路，也是表示行动的符号；右边是一只眼睛，眼睛之上是一条垂直线，表示目光直射之意。所以这个字的意思是：行动要正，而且"目不斜视"，这就是"德"。德字在金文中的会意就更加全面了，"目"下面又加了"心"，就是说：目正、心正才算"德"。在小篆中，仍然是会意：右边的上方变成了"直"，"直心"为"德"。从这个字的构型及演变来看，"德"的"目正、心正、直心"，就已经包含了禁忌，提出了要求，即要遵守一定的思想和行为规范。

"德"的外化即为礼，在心为"德"，发之于心而表现为行为即为"礼"。先秦思想家老子所著的《道德经》一书中说"道生之，德畜之，物形之，势成之。是以万物莫不尊道而贵德。道之尊，德之贵，夫莫之命而常自然。"其中"道"指自然运行与人世共通的真理；而"德"指人世的德性、品行、王道。在当时"道"与"德"是两个概念，并无"道德"一词。道德连用始于荀子《劝学》篇："故学至乎礼而止矣，夫是之谓道德之极"。"道德"和"礼"联系在一起了。

道德是一定社会调整人们之间以及个人和社会之间关系的行为规范的总和。它分为社会公德、职业道德、伦理道德三个方面，以善和恶、正义与非正义、公正与偏私、诚实与伪善等概念来规范人们的各种行为，调整人们之间的关系。道德通过各种形式的教育、说服、引导，以及社会舆论的力量，使人们逐渐形成一定的信念、习惯、传统。

英国哲学家约翰·洛克有过精彩的论述："礼仪是在他的一切别种美德之上加上的一层藻饰，使它们对他具有效用，去为他获得一切和他接近的人的尊敬和好感。没有良好的礼仪，其余一切成就就会被人看成骄夸、自负、无用、愚蠢。"

2. 敬是礼的核心

"礼"的本源就是敬人，"礼"的繁体字为"禮"。据考证，"礼"来源于古代祭祀活动。在甲骨文中，"礼"写作"豐"，即"山""丰""豆"之合。"丰"，古代时指条条的玉石；"山"就是盛玉石的"盆子"；"豆"是放盆子的支架。众多玉石放在盆子里便是"曲"，把盛玉石的盆子放在支架上便是"豊"。"豊"是人们进行祭祀活动用来敬神的，因此后来加上"示"字旁，便演变成繁体字的"禮"，用来表示尊敬的意思。尊敬是"礼"的本义，是礼仪的重点和核心。

人是社会性的动物，只有依存于社会，人才能生存。人类社会只有做到"老吾老以及人之老，幼吾幼以及人之幼""四海之内皆兄弟"，才能走向世界大同。为此，人如何处理与他人的关系，也就是如何处理"己"与"群己"的关系，不仅是人生命题，也是社会命题。

《孝经》明确提出了"博爱"的理念。《礼记》明确反对身份、职业的歧视，认为即使是肩挑、背负、沿街叫卖的小贩，也"必有尊也"。孟子提出把"仁"与"礼"存于心，进而去爱人、敬人，"爱人者，人恒爱之。敬人者，人恒敬之。"以此达到全社会彼此爱与敬的境界。

且，无论何种礼仪形式的规矩，最终都是为了与人良好的沟通，愉快地相处，都是为了向他人表达敬意。礼仪是人际交往中律己、敬人的过程。人们渴望得到别人的尊重，就必须先学会尊重别人。正所谓"欲人施于己者，必先施于人"。

马克思认为"人是社会关系的总和"，每个人都不可能脱离别人的存在而独立生存。人与人的交往是互动的，所以，要想得到别人的尊重，首先必须尊重自己。

自尊不是自卑、自大。自尊是一种自爱、自重。自尊是自重的标准，自重是自尊的条件，要自尊，先必须自重，能看重自己才能摆正自尊的位置。自尊自重，就是尊重自己的生活和价值。

尊重别人其实就是尊重自己。我们怎样尊重他人并从中获得他人的尊重呢？最重要的是要重视他人的存在，注意他人的需求。要敬人之心常存，真诚之意常在。对人不能失敬，不能伤害他人的自尊，侮辱他人的人格，这是礼仪的魂魄所在。俗话说得好，"得人一尺，敬人一丈"，懂得一个"敬"字，人们就会在彼此的尊重中更和谐地相处。

虽然不同的地域、不同的国家、不同的社会制度下构成的礼仪有一定的差异性，但强调以相互尊重为前提，尊重对方，不损害对方利益，同时又持自尊，这是任何一种意识形态下礼仪的共性所在。这也就要求人们应当了解跨文化礼仪的差异性，学会尊重不同文化背景下的礼仪习俗。如强调东方礼仪的谦虚、含蓄、重视亲情、注重群体意识，讲究礼尚往来的同时，也不排斥西方礼仪的率直大方、遵时守信、女士优先等特点。

当然，敬也体现在"敬业"。对客户发自内心的尊敬，通过对工作的"敬"，"工匠精神"加以表达，这当然也是礼。

3. 履是礼的保障

儒家的自我道德实践与精神修养需要他人参与，所谓"夫仁者，己欲立而立人，己欲达而达人"（《论语·雍也》），"立己""达己"需要通过"立人""达人"实现。

鉴于"己"是人际关系的中心点，费孝通先生将儒家思想中的"己"与他人的关系格局称为"差序格局"。他认为儒家的人伦即是"从自己推出去的和自己发生社会关系的那一群人里所发生的一轮轮波纹的差序""孔子最注重的就是水纹波浪向外扩张的推字""中庸里把五伦作为天下之达道。因为在这种社会结构里，从己到天下是一圈一圈推出去的，所以孟子说他'善推而已矣'"。孟子所"推"的东西，就是"仁心",具体一点说就是"恻隐之心",所谓"恻隐之心,仁之端也","恻隐之心"是"推"的起点。孟子认为在外"推"的时候是需要循序渐进的,孟子强调"君子之于物也,爱之而弗仁;于民也,仁之而弗亲。亲亲而仁民,仁民而爱物。""己"作为人际关系的中心点,在其往外推扩"仁心"的时候,首先遇到的是"亲",然后是"民"和"物"。对象不同,施"仁"的方式也不同,即"亲亲""仁民""爱物"。

费先生直接从儒家思想中脱胎的"差序格局"这一概念,其"差"指先后而非程度之差。在"差序格局"中,行动者以"己"为中心,行事交往注重亲情,讲究亲疏远近有别。"差序"指"己"对他人的情感及行动投入有先后,关系越是亲近,"己"的情感及行动投入越是优先,关系越是疏远,"己"的情感及行动投入越是延后,由此构成"差序格局"。维系"差序格局"的就是规矩,就是礼仪。

换一种角度,许慎在《说文解字》中说到"礼者,履也",这个"履"指规矩。美国著名的礼仪学家米莉·波斯特在《西方礼仪集萃》中也这样讲:"表面上礼仪有无数清规戒律,但其根本目的在于使世界成为一个充满生活乐趣的地方,使人变得平易近人。"礼仪是人的一种行为准则,其出发点是宽厚和体谅。

由此看来,东西方都将礼仪理解为一种规矩,一种行为准则,它更明确地表现为人与人在交往中,通过言谈、表情、举止相互表示敬重和友好的行为准则,它体现了时代的风尚和人们的道德品质,体现了人们的文化层次和文明程度。

如在待人接物时,通过言谈、表情、姿态等一定的礼貌行为,一定的"规矩"来表示对人的尊重。比如,使用"女士""先生"等敬语,"恭候光临""我能为您做点什么"等谦语,"哪一位""感谢您的安排""感谢您的帮助""请稍等"这些礼貌语言。

我们还通过礼节来表达礼貌和对他人的尊重。如尊重师长，可以通过见到长辈和教师问安行礼的礼节表现出来；欢迎他人到来可以通过见到客人起立、握手等礼节来表示；得到别人帮助可以说声谢谢来表示感激的心情。

不论是礼貌，还是礼节，这些都是规矩，都是"履"。借助这些礼节，这些"规矩"，对别人尊重友好的礼貌就得到了适当的表达。不掌握这些礼节，这些"规矩"，在与人交往时虽有尊重别人的内心愿望也难以准确表达出来。

4. 仪是礼的表现

仪式中的象征符号有助于营造氛围。特纳（Victor Turner）认为，仪式中存在着"支配性象征符号"，它"在不同的仪式语境中出现，有时候统辖着整个过程，有时候主宰着某些特殊阶段，其意义内容在整个象征系统中具有高度的持续性和一致性"。支配性象征符号可以是具体的物质，也可以是抽象的某种权力。比如在升旗仪式中支配性象征符号是国旗和国歌；在颁奖典礼中支配性象征符号是颁奖曲与红色；在校庆仪式中支配性象征符号是凝练着文化意涵的校标（徽）、校训、校歌；在学位授予仪式上则是象征着学业等级的学位服和帽穗被轻轻一拨的瞬间……由于仪式的支配性象征符号是高浓缩意义的行为符码，所以它能够将道德、规范与强烈的情感刺激紧密相连，在整个仪式氛围中，兴奋的情绪、感官刺激与象征符号一起发挥作用，使得"规范和价值观渗透着情感，粗野的、原始的情感因为与社会价值的联系而变得高贵起来。令人厌烦的道德约束转换成为'对美德的热爱'。"

汶川地震，国家利用古老的仪式来表达哀思，从时间上来看，选择5月19日，与灾难发生日正好距7天，这又与中国传统的"头七"时间一致，表明尊重传统礼俗；从哀悼行为来看，点烛、降旗、鸣笛、默哀这些象征行为既源于礼俗又超越了传统礼俗，显得更为理性与文明。

以特纳的"阈限"概念和"反结构"理论来解释，哀悼仪式过程就是"阈限期"。阈限前代表着正常的结构和秩序，阈限期以仪式的形式打破了常规（比如降旗、鸣笛、默哀这些非常举动）代表着反结构，阈限后则代表调整后新的结构秩序。仪式前、仪式中、仪式后就是一个"结构（日常社会）—反结构（仪式行为）—结构（日常社会）"的社会过程。

又如，因为每天日出的时间不一样，所以天安门每天升国旗的时间也不一样。太阳从地平线上升起的时候，国旗正好徐徐升到顶端。我们通过这种"仪"式表达的是我们对祖国的"礼"。

以上，我们从"德"出发，践行"敬"与"履"，通过"仪"将礼呈现，这正是将礼仪教学的黄金圈法则运用于礼仪认知。即通过WHY—HOW—WHAT的由内而外的思维模式构建礼仪认知的黄金圈（图3-1）。

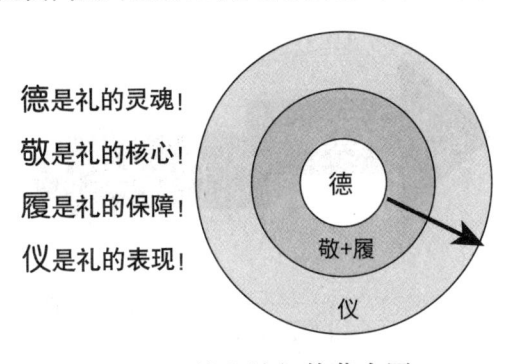

德是礼的灵魂！
敬是礼的核心！
履是礼的保障！
仪是礼的表现！

图3-1 礼仪认知的黄金圈

二、礼仪教学三维度

接下来，我们从个人—职业素养、企业—企业文化、社会—核心价值观，这三个维度来进一步解读礼仪及礼仪教学。

(一) 职业素养维度

从教学及培训的角度来说，站在个人层面讲礼仪，应将礼仪与职业素养提升相结合！

企业文化里面有个非常重要的概念CIS（Corporation Identity System，企业形象可识别系统），它由三个部分所组成，MI（理念）、BI（行为）、VI（视觉）。当然，CIS不等于企业文化，它是企业文化呈现的一种手段。接下来，我们借用CIS模型从个人层面讲解礼仪认知。

从个人形象入手，借用前面提到的礼仪认知黄金圈，运用CIS模型，我们可以将个人的外在形象（VI）理解为"仪"，将个人的能力形象（BI）与"敬"与"履"对应，而一个人的道德形象（MI）自然是"德"的体现，我们将个人的MI、BI、VI结合起来，则可以构成PIS（Personality Identity System，个人形象可识别系统）（图3-2）。

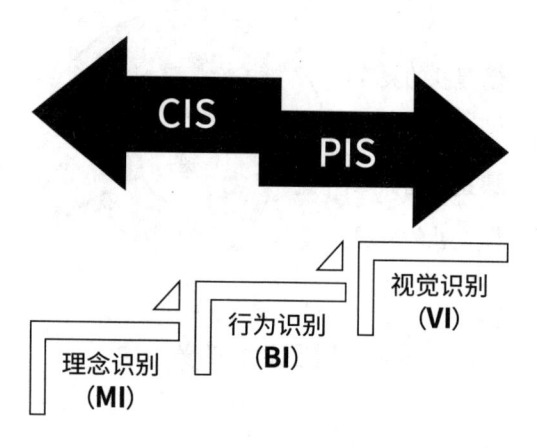

图3-2 CIS与PIS模型

理念识别（MI）是PIS的中心和依据，个人人生价值观和个人发展战略构成的MI，直接关系个人的发展方向及未来的前途，完善而独特的理念识别是行为识别（BI）的依据，行为识别（BI）也是理念识别

(MI)的具体表现，而且也直接关系视觉识别（VI）这一以静态为特征的视觉传达系统。

MI是抽象思考的精神理念，难以具体显现其内涵，表达其精神特质；BI是行为活动的动态形式，偏重过程；VI用视觉形象的表现来进行个性的识别，它的传播力与感染力也是最直接、最有力的，能够将个人识别的基本精神——差异性，充分表现出来。

道德形象（MI）、能力形象（BI）和外在形象（VI），这三个部分是个人形象的总体结构。如果我们将个人形象的这个结构放大至个人层面理解的礼仪，礼仪应该是内在的品德、外在的能力，再加上外貌，也就是"根植于内心的品德，彬彬有礼的行为，恰如其分的形象"。

我们还可引入史蒂芬·柯维先生的观点，他将人的一生分成三个阶段，我们来到这个世界时，没有独立的能力，依赖于父母；从幼儿园到小学再到大学阶段，不断地求知，走向独立；踏入社会，加入集体，要让自己的能量不断放大，价值得以实现，必须要依附于更大的平台，于是走向互相依赖。

从依赖到独立到互赖，史蒂芬·柯维总结出七个让你高效的习惯。比如从依赖走向独立的时候，要养成主动积极的心态、以终为始的习惯，要事第一的时间管理，这样才能够获得个人的成功，从依赖走向独立……

大家应该有所体会，站在个人层面讲礼仪，不是简单地讲"仪"，也不是宽泛地讲"礼"，它的重点是提升个人素养，个人素养在职场体现为职业素养。如果我们能够跳出经验的管道，将礼仪与个人素养、职业素养进行有机地融合，应该能更加有效地帮助到我们的学员，体现礼仪教学的成果。

（二）企业文化维度

从教学及培训的角度来说，站在企业层面讲礼仪，应将礼仪与企业文化结合。

企业文化最初产生于西方管理学界，是企业管理发展到一定阶段的产物。从历史上看，管理科学经历了四个阶段：古典管理理论阶段、行为科学管理理论阶段、管理丛林阶段和企业文化阶段。企业文化是管理理论发展的最新综合，其主要贡献在于其实现了组织目标与个人目标的统一，工作与生活的统一，管理与被管理的统一，约束与自由的统一，物质奖励与精神鼓励的统一等。特别是，企业文化把对人与对物的管理以及被西方历史传统分割开来的人的物质生活和人的精神生活，努力统一于企业管理之中。

1980年，美国《商业周报》首先提出了"Corporate Culture"的概念。在英语中，企业文化还有其他的称谓，如"Enterprise Culture""Company Culture""Firm Culture""Organizational Culture"。20世纪80年代中期，"Corporate Culture"被引进中国。

据不完全统计，自20世纪80年代初美国的一些学者提出企业文化以来，关于企业文化的定义目前已有300多种。《辞海》对企业文化的定义进行了解释，企业文化分为广义的企业文化和狭义的企业文化，前者包括社会发展过程中创造的所有物质和精神财富，后者仅包括社会意识形态方面的制度和组织机构。荷兰学者霍夫斯塔德也对企业文化进行了全面的阐述，他认为，不同的人群形成不同的思维方式，而这种思维方式正是区别于其他人群的重要特征，也就是企业文化的内涵。美国麻省理工学院教授埃德加·沙因关于企业文化的概念界定是，企业文化指的是企业中所有成员信奉的价值观、道德、行为准则的总和，这些内容是在一定的社会经济条件下通过社会实践逐渐形成的。

结构就是企业文化的骨架，即各个要素之间的关系。从层次上来划分有埃德加·沙因教授主张的"三层次理论"。霍夫斯塔德认为企业文化由四个层次构成，从内到外分别是精神层、制度层、行为层、物质层。物质文化是企业文化的最外层，物化即为我们平时的直接感观，即看得见摸得着的硬件；行为是企业文化浅层，比物质文化更近一层，即可以观察和感受的软件；制度文化是企业文化物化的一个转化，是企业文化硬软件的支撑；精神文化体现了企业的精神内涵，通过制度引领企业员工共同的精神行为，推进企业文化的不断发展和完善，从而形成企业的核心文化，核心文化具有一定的推动力和凝聚力（图3-3）。

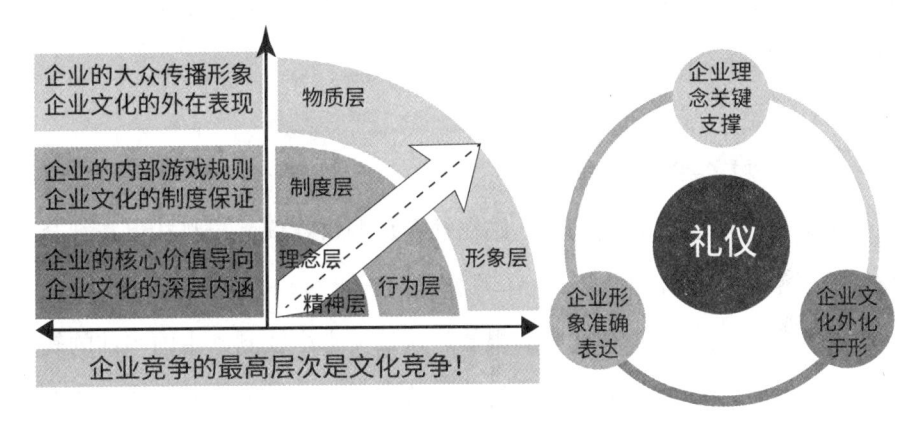

图3-3　礼仪与企业文化

图3-3左边是文化的核心模型，有三个层次：精神层、行为层、形象层。企业的使命愿景构成了理念，理念体现为精神；理念靠制度和行为去保障；制度和行为通过物质或者形象呈现。

图3-3右边是站在企业层面讲礼仪的三个关键点。第一，礼仪是企业理念的关键支撑，我们不一定知道企业的理念是什么，但是通过企业礼仪可以了解到。第二，礼仪是企业文化的外化于形，礼仪是文化的载

体，让我们更加深刻地感受到文化。第三，礼仪是企业形象的准确表达，礼仪构成了对企业文化及形象的清晰描述。

牛根生先生曾说过，文化就是制度和行为的积淀。

也有人总结：一开始，由先知先觉者发起，是少数人改变多数人的游戏（四两拨千斤）；多数人勉强成习惯，习惯成自然，等大家都改变过来了，新来者就成了少数，于是又变成了多数人改变少数人的游戏（千斤拨四两）。

文化就是从四两拨千斤到千斤拨四两的过程！

再如，中国烟草集团公司，秉承"两个利益至上"，通过教（教授）、训（培训）、练（演练）、评（评比）四种方式来实现企业行为规范化、形象标准化和文化品牌化。

（三）核心价值观维度

从教学及培训的角度来说，站在社会层面讲礼仪，应将礼仪与社会主义核心价值观教育相结合。

易中天先生在《中华文明的根基》这篇文章中谈到，中国当前的转型从根本上是文化或文明层面的转型。我们现在核心的问题是建立符合中国国情，既能延续中华传统文化，又适合市场经济的价值体系。

礼仪文化是中国传统文化的核心内容之一，其中蕴含着中国传统文化价值观念的思想精华和道德精髓，因此，科学地阐述中国礼仪文化的思想内涵，分析其转变为价值取向和引导行为规范的路径，将中国礼仪文化融入社会主义核心价值观的培育和践行，以礼仪文化教育促进社会主义核心价值观教育。

习近平总书记提出，要认真汲取中华优秀传统文化的思想精华和道德精髓……使中华优秀传统文化成为涵养社会主义核心价值观的重要源泉。

富强、民主、文明、和谐是国家层面的发展目标；自由、平等、公正、法治是社会层面的价值取向；爱国、敬业、诚信、友善是公民个人层面的价值准则。

三个层次的理念相互联系、相互贯通，实现了政治理想、社会导向、行为准则的统一，实现了国家、集体、个人在价值目标上的统一，兼顾了国家、社会、个人三者的价值愿望和追求。

社会主义核心价值观是"中国梦"的"最大公约数"（图3-4）。

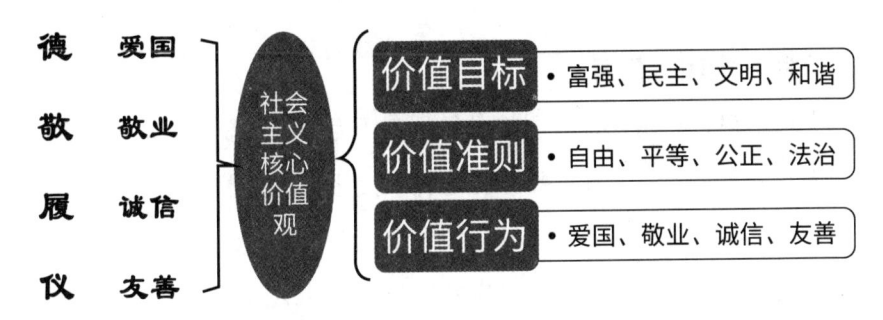

图3-4　礼仪与社会主义核心价值观

站在社会层面讲礼仪，应该把礼仪和社会的核心价值体系联系起来！

三、礼仪分类三要素

在对礼仪的起源及属性，并且从个人、企业、社会层面对礼仪的认知进行了梳理之后，我们面临着礼仪如何分类的问题，这也是目前争论最为激烈的问题之一。

我们看到有以岗位来分类礼仪的，比如教师礼仪、公务员礼仪、空乘礼仪等；有以行业来分类礼仪的，比如酒店礼仪、幼儿园礼仪、金融礼仪、保险礼仪等；有以具体活动来分类礼仪的，比如就餐礼仪、电话礼仪、交通礼仪、书信礼仪等；有以场景来分类礼仪的，比如公共社交礼仪、旅游服务礼仪、会议展示礼仪；等等，不胜枚举。

麦肯锡咨询公司对于分类梳理有一个MEMC法则，即完全穷尽、互相独立。完全穷尽指不遗留，全包括；互相独立指分类出来的要素要互相独立，没有关联。如果借用这个法则，礼仪分类也许应该多维度、全面、系统地考虑分类标准。

（一）中国古代五礼

文献记载，在商代，我国就已经具备了完整的礼制，分成吉、嘉、宾、军、凶五种。"吉礼"指祭祀之礼，处于五礼之首，说明了礼源于祭祀；"嘉礼"是沟通、联络感情的礼仪，嘉有美好的意思；"宾礼"指涉外接待场合的政务礼仪；"军礼"指专门的军队之礼；"凶礼"指面对丧葬、灾祸之礼。

1. 吉礼

吉礼是五礼之冠，主要是对天神、地祇、人鬼的祭祀典礼。《礼记·祭统》说"礼有五经，莫重于祭"。按照《周礼·春官·大宗伯》的说法，吉礼用以"事邦国之鬼神示（祇）"，是祝祈福祥之礼。主要内容有：祀天神（昊天上帝、日月星辰、风师、雨师等）、祀地祇（社稷、五帝、五岳、山林川泽、四方百物等，即诸小神）、祭人鬼（先王、先祖、春祠、夏礿、秋尝、冬烝等）。

2. 嘉礼

嘉礼是与人沟通、联络感情的礼仪。《周礼》说，嘉礼是用以"亲万民"的，主要内容有：饮食之礼；婚、冠之礼；宾射之礼；飨燕之礼；脤（社稷祭肉）膰（宗庙祭肉）之礼；贺庆之礼。

在等级制度下，无论什么礼仪，都随地位的尊卑贵贱而有仪节繁简多寡，不可能对"万民"一视同仁。《周礼》所说嘉礼的几项内容，后代也有不少变化，往往从飨燕饮食、冠、射、乡饮酒、养老优老、帝王庆贺等方面加以介绍。

3. 宾礼

宾礼是接待宾客之礼。《周礼·春官·大宗伯》说"以宾礼亲邦国"，这是讲天子与诸侯国以及诸侯国之间的往来交际之礼。宾礼包括：春见曰朝，夏见曰宗，秋见曰觐，冬见曰遇。时见曰会，殷见曰同。时聘曰问，殷覜曰视。

"时见"是有事而会；"殷见"是众诸侯同聚；"时聘"是有事而派遣使者存问看望；"殷覜"是多国使者同时聘问。后代则将皇帝遣使藩邦，外来使者朝贡、觐见及相见之礼等都归入宾礼。

4. 军礼

军礼是师旅操演、征伐之礼。《周礼·春官·大宗伯》说"以军礼同邦国"，这是讲对于那些桀骜不驯的诸侯要用军礼使其服从和同。军礼包括：大师之礼，用众也；大均之礼，恤众也；大田之礼，简众也；大役之礼，任众也；大封之礼，合众也。

"大师之礼"指军队的征伐行动；"大均之礼"指均土地，征赋税；"大田之礼"，指定期狩猎；"大役之礼"指营造、修建等土木工程；"大封之礼"指勘定封疆，树立界标。后代礼书又有将射礼、軷祭道路、日月有食伐鼓相救等作为军礼内容的。

5. 凶礼

凶礼是哀悯吊唁忧患之礼。《周礼·春官·大宗伯》说"以凶礼哀邦国之忧。"郑玄注说，"哀"是"救患分灾"之意，是以实际的措施抗灾救患，不限于表达哀悯之情。凶礼包括：以丧礼哀死亡、以荒礼哀凶札、以吊礼哀祸灾、以恤礼哀寇乱。

中国古礼分为吉、嘉、宾、军、凶礼五类，从上述介绍可以看出分类的依据更多是依据礼仪活动的场景及目的。

（二）礼仪分类模型

1. 戏剧理论的启示

早在17世纪，英国大文豪莎士比亚就为我们在社会生活中的个人行为和与他人互动的场景描画了一幅生动的图景：人类所生活的世界是一个大舞台，我们每一个人都在努力地按照自己所承担的角色要求去表演一段段悲欢离合的故事，直到我们永远地离开这个世界。到了20世纪，一部分西方社会学家和人类学家便开始把这一基本思想运用到社会研究领域里来，社会学家欧文·戈夫曼就是其中比较有代表性的一位。

如果将米德、库利视为符号互动论的第一代代表人物，布鲁默就是第二代代表人物，而欧文·戈夫曼（Erving Goffman，1922—1982）则是第三代代表人物。与早期的符号互动论者一样，戈夫曼并不关心客观的社会制度和社会结构对人类行为的影响，而是将注意力集中于人与人之间面对面的符号互动。阅读戈夫曼的著作，人们很容易联想到上述莎翁的著名比喻，故社会学界将戈夫曼的理论称为"拟剧理论"或"戏剧理论"。然而，不管戈夫曼的理论表面看多么新颖、有趣，其理论原则与詹姆士、米德、库利等创立的符号互动论是一脉相承的。

不同的是，早期符号互动理论强调人们获得和使用符号的能力，敏锐且正确地指出了人际传播与"物际"传播的重要区别，其研究重点在"符号"。而戈夫曼的拟剧理论关注的是日常生活中人们如何运用符号预先设计或展示在他人面前的形象，即如何利用符号进行表演，并使表演取得良好效果，其研究重点在"互动"，用他自己的话说，就是"在互相直接见面的时候，一个人与另一个人行动的交互影响"。故而，戈夫曼的观点给礼仪教学带来更多的思考！

在《日常生活中的自我呈现》（The Presentation of Self in Every day Life）一书中，戈夫曼较为详细地阐述了这一戏剧思想，并试图用它来解释人们之间互动的动力学。他认为，人与人在社会生活中的相互行为在某种程度上来说是一种表演。我们每一个人就像演员一样，在某种特定的场景下，按照一定的角色要求在舞台上表演给观众看。在整个表演过程中，我们总是尽量地使自己的行为接近我们想要呈现给观众的那个角色，观众看到的是那个表现出来的角色而不是演员本身。当表演结束演员回到后台，他的真实面目才展现出来，才又恢复其本来的自我。而后台是观众所看不到的地方，分隔舞台与后台的屏幕把通过表演展现出来的世界与真实的现实世界隔离开来，也把演员与观众分隔开来，从而造就出一个表演中的世界，使观众暂时忘记现实的存在而全身心地投入这个表演出来的世界中，跟着演员所呈现出来的那个角色去体验另一种生活。

戈夫曼认为，在人类社会生活中，人与人之间的互动过程具有非常明显的表演特性。所以，对表演的理念及过程的研究有助于深刻认识和理解我们把自己理想中的自我形象展示给别人的过程。这一过程首先包括表演者对自己将要表现的角色和具体场景的领悟和理解，因为只有演员充分理解和把握了特定的角色及相应的要求，他才能把自己希望呈现出来的东西准确地传达给观众。如果他想要让观众相信自己表演的真实性，他首先就必须有充分的自信认为自己对场景及自我概念的把握是正确的。其次，这一过程还包括了表演者的表演策略的选择与实施。

可见，在戈夫曼的这一拟剧理论中有两个方面的问题给礼仪及其教学的认知带来很大的启发，其一是表演的实际过程；其二是自我概念。

表演概念的提出是基于这样一种假设，即我们的所有社会性活动和互动行为都是某种类似舞台上的表演行为。表演过程本身包含了表演者和观看者双方的相互预期。表演者的期望普遍来自他对具体场景和角色要求的主观判断，而观看者的预期则大多来自社会规约，即在一定群体内长期以来形成的对某一具体社会位置（Social Status）及相应的角色要求的认同标准。事实上，在实际社会生活的互动行为过程中，互动的双方很少出现纯粹的表演者和绝对的观看者，每一方都随时处于表演者和观看者的双重角色当中，既是表演者又是观看者，表演和观看是一个连续的过程。

2. 构建礼仪分类模型

我们将礼仪定义为一种用以表达规范和尊敬的仪式或活动，它表达了参与者的素养与文明。这源于对礼仪认知黄金圈的解读：WHY——德是礼的灵魂；HOW——敬是礼的核心、履是礼的保障；WHAT——仪是礼的体现。

我们也看到，不论是中国古代的五礼划分，还是现在形形色色、各种标准的礼仪分类，都是建立在对礼仪所呈现的具体行为（活动）的分析基础之上的。自然，行为的外在表现与支配该行为的社会规则之间的关系，成为礼仪分类最为重要的影响因素之一。

文化规则对一个生活群体的成员来说往往是看不见摸不着的东西。法律也是一种社会规约，很多概念也是抽象出来的，但法律毕竟可以写在纸上，形成看得见的文字，更重要的是它还有专门的机构来实施。文化规则完全是靠人们的自觉遵守，但它似乎具有某种无形的力量和强制性迫使每一个生活于该文化群体中的个人去遵守它。要抓住这些无形的东西，只有通过对人们的具体行为模式的观察和理解，即在一定的环境下，观察人们的行为与角色的匹配，这样也对文化规则有了更加具象的理解。

且，礼仪，从社会学的角度，究其根本是一种人与人、人与组织、人与社会的互（活）动。这种互（活）动受到认知、目的及环境三因素的影响。

认知即主体客体之间的角色判断；目的即指主客体行为及活动的目的；环境，微观来说是行为（活动）所处的地点、时间，宏观来讲是行为（活动）对应的政策、形势。

比如主体依据对客体的认知，基于目的，综合环境因素对对方采取的行为，这种行为自然是出于主体对自己角色及客体角色的认知而采取的一种最能与自己角色匹配的行为。

主体的角色认知受目的、对客体的认知、环境的影响，主体的行为要与主体的角色相匹配，主体与角色认知相匹配的行为，自然也就是考虑客体感受的，也是符合礼仪的。

而客体也将依据自己对主体的认知，基于目的，综合当时的环境因素来回应对方的行为。对于客体而言，这种行为与客体的角色认知是相匹配的，也符合礼仪。

大家都是符合礼仪的行为，自然也就是礼尚往来。

且，也可以将主体定义为主方、客体定义为客方；也可依据行为的先后，将第一行为者定义为主方，第二行为者定义为客方。

主客体的"互（活）动"，也就是"角色"与"行为"的匹配程度，成为"礼仪"的评判标准，并直接影响着认知，认知也会反过来影响角色与行为的匹配。当然，"互（活）动"也受到目的的影响，而其效果（角色与行为是否匹配）也会影响着目的能否实现。

环境影响目的的确定，进而影响着互（活）动（角色与行为的匹配程度）；而目的达成的效果影响着环境的状况。不同的环境，认知不同；不同的认知，反过来影响着环境的状况。

在上述分析的基础上，我们可以构建礼仪互（活）动分析框架（图3-5）。角色与行为的互动，如果符合主客体基于认知、环境及目的的需求，则这种互（活）动是符合礼仪的。因此，环境、目的、认知就成了实施礼仪活动必须考虑的3要素，也就成为判断礼仪分类最为重要的三要素。

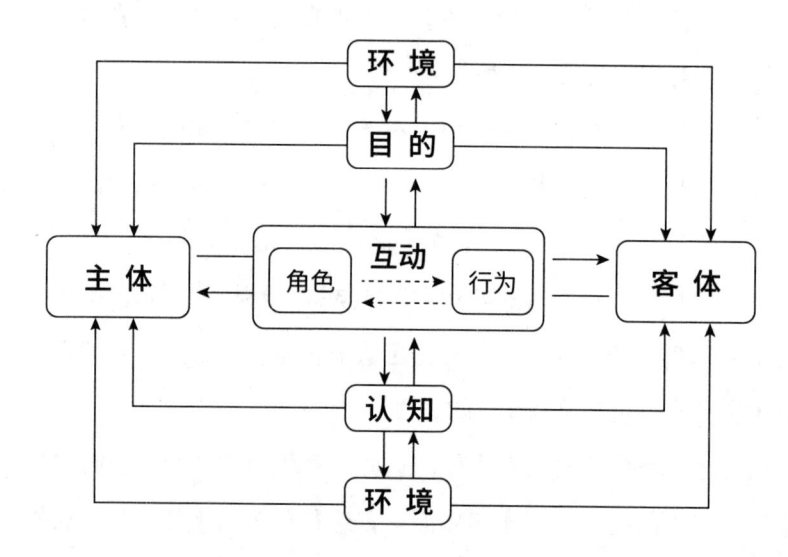

图3-5 礼仪互（活）动分析框架

我们可以以鼓掌这个行为礼仪来解释图3-5。鼓掌这个行为（活动）建立在鼓掌方（主体，也是施礼者），鼓掌的对象（客体，也是受礼者）二者之间。主体遵循"在朝序爵、在野序齿、女士优先、遵守惯例"的原则以及客体行为（也有可能是过往交往的经历）来判断客体的"角色"，形成对客体的角色认知；主体想要表达给客体的情感及欲构建的关系，称为这个活动的目的，比如鼓励、安慰、欣赏、赞许等；主体再依据当时主客体所处的环境，是嘈杂还是安静，是休闲还是正式，是独处还是群体，从而采取和主体所扮演的角色所匹配的行为。这样我们就会看到不同形态、不同场景、不同角色认知下的鼓掌：有的站立起来大力鼓掌并伴随欢呼声；有的手持话筒，不便大力，而用右手轻抚持话筒的左手微笑致意；有幼儿园小朋友，高兴之时将鼓掌的小手高高举过头顶……我们也能看到一些鼓掌动作的延伸，比如斯诺克（STOCK）比赛，对对手一击好球，选手往往会采取轻叩球桌来表示欣赏；音乐会结束，舞台上的乐手轻敲乐器……

但我们一定可以看到，各种形态的鼓掌，最"礼仪"的鼓掌，一定是"目视受礼者"；最"礼仪"的鼓掌一定是角色和行为匹配，并且能与当时的环境、目的融合的。而你也会看到，一旦你的鼓掌符合"礼仪"，对方一定会给你更大的回礼，《礼记》中说，礼尚往来，往而不来，非礼也；来而不往，亦非礼也。

由此，不同的环境下，目的不同，对对方的认知不同，采取的互（活）动也就不同，这也就形成了不同的礼仪分类，我们也就构建了礼仪分类的模型。

礼仪，从社会学的角度，究其根本是一种人与人、人与组织、人与社会的互动。而认知、目的、环境则成为礼仪分类的三个基本要素。

（三）现代礼仪八类

运用前文构建的礼仪分类模型，综合不同环境、礼仪各方的认知及目的，我们将礼仪划分为以下八类（图3-6）：商务礼仪、政务礼仪、服务礼仪、宗教礼仪、民族礼仪、军事礼仪、公共社交礼仪、宾礼。如果要用一个统一的概念来定义，则是"礼仪是用以表达规范和尊敬的一种仪式或活动，它体现了参与者的素养及文明"。

我们将每类礼仪的特点及原则简单梳理如下。

1. 商务礼仪

商务礼仪对应的环境是商务场景，商务礼仪（活动）体现出规范性、信用性、时机性、文化性等特点，遵守尊重、真诚、适度、变通、谦和等原则，用以表达参与各方的文明及素养。具体到操作层面，商务场景对应的"谈判""拜访""签约""招标"等商务活动，都属于商务礼仪讨论的范畴。

2. 政务礼仪

政务礼仪指政务场景下的活动及仪式，用以表达参与各方的文明及素养。政务礼仪的关键在于"尊重、沟通、规范、互动"，特别强调坚持主权平等、注意信用、恪守时间、把握技巧、右上、礼让、惯例、互惠等原则。在本书的礼仪分类规则下，我们将政务礼仪的涉外部分，称为"外事礼仪"；政务礼仪的国内部分，称为"公务礼仪"。

3. 服务礼仪

服务礼仪指服务场景下的活动及仪式，用以表达规范与尊敬，体现了参与方的文明及素养。服务礼仪的重点是"服务"，即"礼仪"是为"服务"而"服务"的。若从行业的眼光来看服务礼仪，则有了"金融服务礼仪""酒店服务礼仪""旅游服务礼仪""医疗服务礼仪""空乘服务礼仪"等。因为行业的特性不同，各行业服务礼仪的侧重点也有差异。从教学及培训的角度来说，职业道德、职业形象、职业规范、职业技巧等，构成了服务礼仪教学的主要内容。

4. 宗教礼仪

宗教礼仪指各类宗教在宗教活动中，用以表达规范与尊敬的仪式及互动，体现了参与方的文明及素养。宗教信仰者为对其崇拜对象表示崇拜与恭敬所举行的各种例行的仪式、活动，以及与宗教密切相关的禁忌与讲究、服饰与节日等，都属于宗教礼仪的范畴。

5. 民族礼仪

民族礼仪的主要形式有诞生礼仪、成人礼仪、婚嫁礼仪、节日礼仪、祭祀礼仪、民俗礼仪等。它是一种悠久的文化传承，是通过文化上的传统一代代传继下来的社会生活方式、社会意识观念、人文精神价值等。在这种社会文化及生活中，体现了参与者的文明与素养，具有规范性、传承性、变异性、融合性、时代性等特点。我们常说"礼从俗来""俗化成礼""入境问俗""入乡随俗"，很多时候就是在强调要遵守交往对象及场合的民族礼仪。

6. 军事礼仪

军事礼仪指军人的礼节、仪式，在军队内外关系中表示敬意，具有严肃、认真、正规、划一的特点。外交活动中的军事礼仪可以体现军威、国威和对外政策，是对来访贵宾的高规格的尊重。军事礼仪主要形式有军旗礼仪、军乐礼仪、阅兵礼仪、各兵种礼仪等。

7. 公共社交礼仪

公共社交礼仪指公共社交场景下用以表达规范和尊敬的活动，表现了参与者的素养与文明，具化为社会交往中必须遵循、掌握的礼节和礼貌行为。

8. 宾礼

宾礼指接待及展示场景下用以表达规范和尊敬的活动（仪式）。奥运会、全运会及各种类似会议的接待及展示都可以归入宾礼。宾礼的具体形式有会议礼仪、展示礼仪、论坛礼仪、专项活动、接待礼仪等，它体现了参与方的文明及素养。值得注意的是，普通老百姓的接待及展示称为宾礼；而代表国家从事外交活动的国家领导人与外交代表从事的接待及展示活动则习惯称为礼宾。当然也有将礼宾归为外交礼仪的，那不属于本书讨论的分类标准，不赘述。

以上的八种礼仪分类，是建立在我们对礼仪活动分析总结出来的礼仪分类三要素基础之上的。比如，以行业来划分的教师礼仪，若考虑到礼仪运用的环境、认知及目的三要素，教师礼仪则会有不同的归类。教师与学生在课堂上遵循的礼仪应归为服务礼仪，教师在课堂上理当为学生服务；在学校行政部门工作的教师，因为工作的关系与政府行政职能部门发生业务联系，可归为政务礼仪；一个在学校就业分配办工作的教师，因为学生的毕业分配与各企事业单位发生业务联系，可归为商务礼仪；教师外出培训学习、参加社会活动，归为公共社交礼仪；若学校承接了省运会等比赛活动或是重大的接待任务，则归为宾礼……

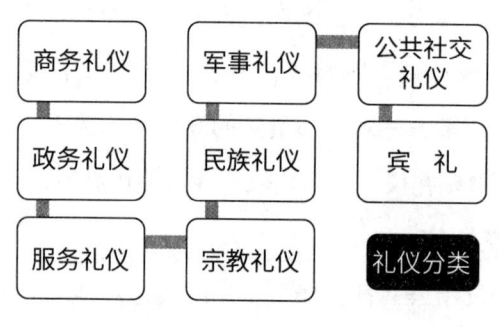

图3-6 现代礼仪八类

四、礼仪运用三原则

礼仪运用的原则建立在礼仪认知的四个层次及礼仪分类模型的解读基础之上，我们总结为礼仪运用三原则，即礼仪运用中，要处理好礼与仪、礼与俗、内与外这三种关系（图3-7）。处理这三种关系的原则是把握好一个度，力求合与和。

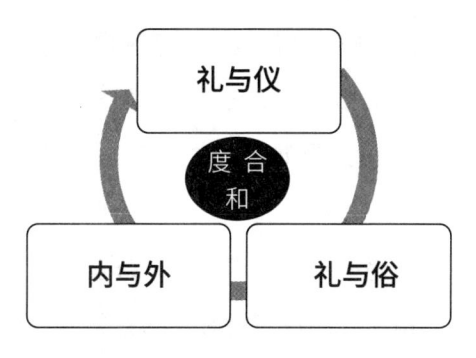

图3-7 礼仪运用三原则

（一）礼与仪的度

礼与仪，就礼仪运用而言，强调内容与形式匹配的度。

以服饰为例。关于服饰，从"做冕旒、染五彩、定亲疏、表贵贱"到五服制度的"别内外、定亲疏、序长幼、表贵贱"，服饰的种种"仪"都是礼的表现。

易中天先生曾解读过中国的五服制度。五服是一种丧葬制度，准确说就是丧服的制度，因为它有五个等级：斩衰（催），齐衰（资催），大功，小功，缌（丝）麻，所以称为"五服"。这五个等级有三大区别：第一是布料不同；第二是做工不同；第三是（穿着）时间不同。那五个等级怎么穿呢？有这样的规定：斩衰是臣为君，君死了做臣的穿斩衰；子为父，父亲死了做儿子的穿斩衰；妻为夫，老公死了老婆穿斩衰。服丧的时间最长，为3年，实际为25个月。古人说数字要注意，往往是有水分的，号称3年实际25个月，24个月就是两年，25个月就是3年。3年之丧实际上就是25个月。第二等齐衰。母亲去世（父亲已死），儿子穿3年；妻子去世，丈夫穿1年；祖父母去世，孙子孙女穿5个月；曾祖父母去世，曾孙曾孙女穿3个月。第三等大功。堂兄弟姐妹、已经嫁出去的自己的姐妹、已经嫁出去的自己姑、丈夫的祖父母等去世，穿9个月。这

81

就是大功。第四等小功。外祖父母（姥姥姥爷）、舅舅、姨妈去世，穿5个月。第五等缌麻。高祖父母、岳父岳母、外甥、外孙、女婿去世，穿缌麻5个月。这就是五服。这也就是"定亲疏"。可见"五服"这种仪式是丧葬之礼的表现。

举个例子来说，当遇有重大灾难事件，公众人物在公开场合应该如何注重服饰礼仪呢？前文提到过智能时代的数据与信息、知识、洞见的关系。作为礼仪老师，如果注意到重大灾难之下，公众人物在公开场合选择的不同的服饰，这只是看到了"数据"；联想起当时的氛围，发现红色领带被深色领带取代，这就是看到了"数据"背后的规律，这叫"信息"；能从《礼记》找到相应的礼仪的诠释，是"知识"的呈现；最后能够得出礼仪是一种智慧表达，这就是一种"洞见"。礼仪教学应该遵循一种这样的思维模式，从数据入手，到信息，再到知识，最后是洞见的呈现。

礼仪运用中，不能简单地采取二分法，将礼仪理解为礼与仪，在运用中重礼轻仪，或是重仪轻礼，都有失偏颇。应该秉承礼仪认识黄金圈法则，从WHY思考，以成果为导向，再注重HOW与WHAT，内容与形式的融合，去理解并运用礼仪。

以礼仪教学活动为例，如果用仪来表示教学的形式，礼来表示教学的内容，内容及形式是一定要匹配，并为教学成果服务的。可见，基于三元论构建的礼仪认知的黄金圈、礼仪教学的黄金圈，是本书的主线。

（二）礼与俗的合

礼与俗，就礼仪运用而言，强调规范与灵活的合。

"礼出于俗，俗化成礼"，所以，实际操作中，"入境问俗""入乡随俗"，也有"客随主便"和"主随客便"之说。不去说56个民族精彩纷呈的民族礼仪，也不用罗列佛教、道教、基督教、伊斯兰教等纷繁复杂的宗教礼仪，单就民俗的复杂，就值得认真学习。而这也成为礼仪教学丰富的素材。"衣食住行访谈送，有所不为有所为"。

"为"与"不为"的标准，往往不能简单地从礼或俗的单方面来考虑，而应该是礼与俗的相合，规范与灵活的配合，自然，这也是三元论。

下面我就"礼者，养也"的观点做一点阐述，礼者，养也，礼体现的是素养、涵养和气养。

"礼者养也"出自荀子的《礼论》第十九，共五段。

第一段指出人生而有欲，欲望得不到满足，就会引起争斗，最后无法收拾。所以先王制定礼义，以满足人们的欲望和要求，礼义就是为了使欲望和外物得以平衡才出现的。

第二段指出礼最突出三种本原：一为天，二为先祖，三为君师。荀子认为，天子的种种礼，突出的是尊敬本原和实用。两者结合，就成为天子礼的表现形式，是最盛大的礼。

第三段认为礼的发展是有过程的，最完备的礼是其形式尽善尽美地代表了人的情感。这样的礼人们是乐于接受的。礼的作用奇大无比，礼所含的启发其深无比，它是为人的最高准则。

第四段指出，礼是用来谨慎对待生死问题的，人不能厚生而薄死。同时，礼又是用来谨慎处理吉凶的，使吉凶各不相掩。此外，礼还是用来取长补短、损有余补不足、表达爱敬、养成良好品行的。人的天性是质野的，而人为的东西（礼）则有漂亮的外在形式。二者合一，则天下大治。

第五段曲尽其详地描述了各种丧礼及其含义。文中指出，在丧礼中始终如一，依礼而行，既体现了孝道，也体现了圣人之道。文中还批评了殉葬的做法，认为"杀生而送死，谓之贼"。

其中，"礼者养也"取自："礼起于何也？曰：人生而有欲，欲而不得，则不能无求；求而无度量分界，则不能不争；争则乱，乱则穷。先王恶其乱也，故制礼义以分之，以养人之欲，给人之求，使欲必不穷于物，物必不屈于欲，两者相持而长，是礼之所以起也。故礼者养也。刍豢稻粱，五味调香，所以养口也；椒兰芬苾，所以养鼻也；雕琢刻镂，黼黻文章，所以养目也；钟鼓管磬，琴瑟竽笙，所以养耳也；疏房檖貌，越席床笫几筵，所以养体也。故礼者养也。"

译文如下。

礼是在什么情况下产生的呢？回答说：人生本来就有欲望，如果想要什么而不能得到，就不能没有追求；如果一味追求而没有标准限度，就不能不发生争夺；一发生争夺就会有祸乱，一有祸乱就会陷入困境。古代的圣王厌恶那祸乱，所以制定了礼义来确定人们的名分，以此来调养人们的欲望、满足人们的要求，使人们的欲望决不会由于物资的原因而得不到满足，物资决不会因为人们的欲望而枯竭，使物资和欲望两者在互相制约中增长，这就是礼的起源。所以礼这种东西，是调养人们欲望的。牛羊猪狗等肉食和稻米谷子等粗粮，五味调和的佳肴，是用来调养嘴巴的；椒树兰草香气芬芳，是用来调养鼻子的；在器具上雕图案，在礼服上绘彩色花纹，是用来调养眼睛的；钟、鼓、管、磬、琴、瑟、竽、笙等乐器，是用来调养耳朵的；窗户通明的房间、深邃的朝堂、柔软的蒲席、床上的竹铺、矮桌与垫席，是用来调养躯体的。所以礼这种东西，是调养人们欲望的。

"合"指运动时全身上下、四肢百骸都能互相配合，协调一致，使全身各部分动作的幅度，运功的快慢，发力的大小及方向，各肢体间的相对位置恰到好处，没有过与不及的情况。"合"是自然的、全面的，它包括内外相合、上下相合、左右相合、前后相合等。

可见，礼与俗的合，也应是自然的、全面的。

（三）内与外的和

内与外，就运用而言，强调自律与包容的和。

站在个人层面，自律是原则，包容是修养，"勿以恶小而为之，勿以善小而不为""己所不欲勿施于人"。站在企业及社会层面，自律是规则，包容是态度，且内外有别，求同存异。

当然，当个人代表的不仅仅是个人形象，还是企业乃至国家形象之时，每个形象、每个行为都是大事，自然沿用的礼仪规则要区别内与外。

东西方在礼仪文化方面的差异就能很好地体现了内与外不同。

西方礼仪强调交际务实，在讲究礼貌的基础上力求简洁便利，反对繁文缛节、过分客套造作。西方礼仪强调实用，表达率直、坦诚。东方人以"让"为礼，凡事都要礼让三分，与西方人相比，常显得谦逊和含蓄。

比如，中国人重视礼尚往来，送礼的名目繁多，并且精心挑选礼物。西方人一般不轻易送礼给别人，除非相互之间建立了较为稳固的人际关系。西方人在送礼形式上也比东方人简单得多。一般情况下，他们既不送过于贵重的礼品，也不送廉价的物品，却非常重视礼品的包装，特别讲究礼品的文化格调与艺术品位。在送别人礼物和接受别人礼物时，表达形式的差异性更加明显。中国人在送礼时，可能他的礼物很贵重，却会说："一点小意思，不成敬意，请笑纳。"接受礼物的时候，通常会客气地推辞一番，再向对方表示感谢，然后将礼物放在一边或装进包里，带回家后才打开看。这是唯恐对方因礼物过轻或不尽如人意而难堪，或显得自己重利轻义，有失礼貌。西方人送礼时，总是向受礼人直截了当地说明："这是我精心为你挑选的礼物，希望你喜欢。"或者说"这是最好的礼物"之类的话。西方人一般不推辞别人的礼物，接受礼物时先对送礼者表示感谢，接过礼物后总是当面拆看礼物，并对礼物赞扬一番。

面对他人夸奖所采取的态度方面，东西方人不相同。面对他人的夸奖，中国人常常会说"过奖了""惭愧""我还差得很远"等字眼，表示自己的谦虚；而西方人面对别人真诚的赞美或表扬，往往会用"谢谢"来表示接受对方的美意。

另外，人际交往的空间距离上，东西方的礼仪形式也是不同的。可以把人际交往的空间距离分为亲密距离、个人距离、社交距离、公共距离四种。中国人崇尚亲密接触，拉拉朋友的手，可以表达亲密之情。如果发现交际对方的衣服上有根线头，中国人会很自然地帮助对方摘掉。在西方人眼里，这都是不礼貌之举。西方人觉得中国人之间过于亲近，而中国人又会觉得西方人过于冷淡、傲慢，过分疏远，是不友好的表现。

东西方礼仪在对待人的身份地位和年龄问题上也有许多观念和表达上的差异。在对待"老"的态度上，东方礼仪一般是老者、尊者优先，凡事讲究论资排辈。西方礼仪崇尚自由平等，崇尚年轻，在礼仪中，等级的强调没有东方礼仪那么突出，而且西方人独立意识强，不愿老，不服老，特别忌讳"老"。如果一个孩子对一位老太太称"奶奶"，中国老太太会很高兴，而美国老太太则会不悦。

在西方文化，特别是美国文化中，等级和身份观念比较淡薄。人际交往中，在称呼和交谈的态度上较少受等级和身份的限制，不像东方文化那样拘礼。熟人相遇一律以平等的"你好"表示问候。祖父母与孙辈之间、父母与子女之间、老师与学生之间都互相直呼其名。中国礼仪则讲长幼有序，尊卑有序。

礼仪运用，最难把握的是度。主体、客体的关系不同、认知不同，礼仪行为的目的、环境、媒介不同，礼仪运用的度则不同，自然，礼仪行为就有区别。度要求站在对方的角度考虑问题，度要求内容和形式、规则与灵活、自律与包容的融合。孔子的弟子有若说："礼之用，和为贵。先王之道斯为美，小大由之。"孔子亦说："君子和而不同，小人同而不和"。

和的观念，强调、肯定多样性的统一，主张容纳不同的意见，于文化的发展确有积极的促进作用。多元的统一，正是中国古代哲学所谓"和"的体现。和，不是不承认矛盾对立，而是认为应该解决矛盾和达到更高的统一。

把握了度，则能互相配合，协调一致，不偏不倚，恰到好处，没有过与不及的情况，达成合，合才能和。合是相合，和是和谐，和谐是美的，也是符合礼仪的。

这章开始的时候，通过一个绘画活动，我们激活旧知。如果各位学员问我：你会用怎样的绘画方式来表达对礼仪的理解？我的回答是我会画一枚古钱。

这枚古钱，一方面，意味着面对厚重的中国传统礼仪文化，我们要继承，要发展；另一方面，古钱的内方外圆，表达了自律与包容的处世态度；再者，一枚古钱，正、反、合，也能很好地诠释三元论的哲学观。

余秋雨先生眼中的文化是"一种变成了习惯的精神价值和生活方式"。作家龙应台对文化的阐释："人本是散落的珍珠，随地乱滚，文化就是柔弱又强韧的细线，将珠子穿起来成为社会。"不难看出，文化与人是分不开的，有人存在的地方就会有文化。

易中天先生说："文明来自野蛮，文明是对野蛮的改造。"当谈到文化和文明的区别的时候，先生说"文化与文明，有什么不同？说到底，文化表现为方式，文明体现着价值。任何文明的背后，都有价值观来支撑。一个人的行为举止，一旦违背这种价值观，就会被视为'不文明'。"

由此，借助德鲁克先生对管理解读的句式，我们将礼仪观总结如下（图3-8）。

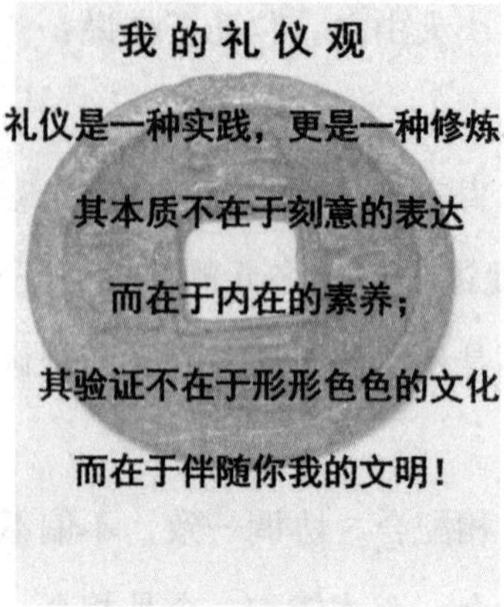

> **我 的 礼 仪 观**
>
> 礼仪是一种实践，更是一种修炼。
> 其本质不在于刻意的表达
> 而在于内在的素养；
> 其验证不在于形形色色的文化
> 而在于伴随你我的文明！

图3-8 我的礼仪观

礼仪是一种实践，更是一种修炼，其本质不在于刻意的表达而在于内在的素养，其验证不在于形形色色的文化而在于伴随你我的文明！

礼仪观的诠释中，"刻意的表达"，对应的是仪，"内在的素养"，对应的是礼，内外兼修、礼仪融合，是我们的信念。

礼仪观的诠释中，"不在于形形色色的文化"，对应的是形式；"伴随你我的文明"，对应的是内容，内容与形式、文化与文明的融合，是我们的追求。

第四章 直击本质

各位老师，以下是教学活动呈现的三种结果。

课程1：培训结束后，学员被培训师的个人魅力所吸引，他们认为他（她）动作优雅、机智风趣，课程设计非常有趣，笑声不断，大家"玩"得很愉快，很长一段时间都忘不了他（她）。

课程2：培训结束后，学员接受大量的信息，培训中谈到了许多观点，也好像学到了很多方法。但这些内容能否在实际工作当中运用，自己没有多大把握。

课程3：培训结束后，学员懂得将培训的内容及方法运用到实际工作当中。

上述三种结果，您认为最成功的是哪一种？如果是单选题，您会选什么？如果是多选题呢？

……

以下是参与培训的学员的现场回答。

第一组：选择哪题不是重点，重点是做出选择的标准？也就是如何定义"教学成功"？

第二组："课程1"看来不错，课程氛围很好，教师很有魅力，这是大家都希望看到的。"课程2"，似乎说出了很多人的现实做法，大家总是在不自觉中，想把更多的信息及观点分享给学员，常见的情况可能是到课程

因理而教 为礼而学：以成果为导向的礼仪教学

快要结束的时候才发现有些环节来不及实施训练，同时内心也有些犹豫，是否在课程中对这些环节更多地让学员运用效果会更好？"课程3"能让学员将所学的内容及方法能运用到实际工作当中去，这看起来很好！但成果的转化，不是课程教学就能解决的，这也许只是一个美好的追求。"

第三组：教学活动由主体（教师或者培训师）、客体（学员），以及教学活动组成，当然这里面要考虑教学目的、教学环节、教学媒介等因素。但案例中，选择不同的结果，可能是源于：你是以学员还是教师为中心？你对教学活动如何理解？你对教学成果如何界定？对这三个问题的不同思考，以及和媒介、环境等因素综合起来考虑，就会产生不同的选择。

第四组：如果是多选题，我们小组认为大家最多的选择可能会是"课程1+课程3"，或者"课程2+课程3"，因为我们追求"课程3"的结果，也非常希望"课程1"或者"课程2"的课堂感受及体验。

第五组：如果站在企业的角度，肯定是选"课程3"。因为企业要的是成果，成果就是绩效。

第六组：我们小组也会选择"课程3"，能让学员将所学的内容及方法能运用到实际工作当中去，但成果的转化，不是课程教学就能解决的。

感谢各组的分享，有几组都谈到了"成果"，那么，请大家思考一下，教学的成果，特别是礼仪教学的成果是什么呢？

一、重新定义学习体验

（一）完整学习体验设计

以本次培训班为例，我们来看看一般的学习体验是怎样的过程。

主办方提前做课程宣传，如果各位老师感兴趣，条件允许，就来报名；然后主办方将学员的相关信息发给我，并告诉我基本的培训需求，我会根据这些信息准备教学；准备充分后，我在约定的时间、约定的地点，按计划的方式实施教学；最后，课程结束，各位回到工作岗位，也许会对课程中学到的内容复习、训练，实施学习成果转化，直至学习获得收益及成果（图4-1）。

| 课程宣传 | 邀请学员/报名登记 | **准备阶段** | **教学"上课"** | 学习内容转化及练习 | 获得收益及成果 |

传统理解上的学习（培训）活动

图4-1　一般的学习体验

一般意义上，我们理解的学习及培训活动往往只指"准备阶段""教学上课"这2个步骤，而并没有包括课程前的预热及课程后的跟进、转化及评估。

而完整的学习体验就是将学习及培训项目转化为收益及成果，这里所说的"完整"，当然包括将传统的"课程前"和"课程后"部分也纳入教学培训过程中。完整的学习体验意味着在学员进入课堂之前，学习已经发生。同样地，课堂课程结束之后，学习也依然在持续，直到学员的绩效得以改善，收益及成果产生，并实施学习及培训评估，以此指导下一个学习及培训阶段的循环。

传统理解上的教学及培训活动（学习项目），非常注重教学活动的实施，认为只有学习体验好，学习效果才会好，学习才能在工作中产生价值。但实际情况是这样吗？

有时候，无论我们如何努力缩短学习和应用的距离，最终仍然与实际需要存在差距；同样，对于学习者而言，学习项目与企业业务发展之间也存在着相应的距离。但实施学习项目阶段的主要目标不仅是让学员完成培训，更重要的是让学员们在培训完后，有愿望运用其所学到的知识，并找到机会来这样做。

站在企业培训的角度，管理层可能不关心具体的学习及培训过程，他们更关心培训能带来什么样的效果。因此，培训时要明确学习收获，不仅是要学习者明白学习有什么收获，更为重要的是要让企业的管理者明白学习项目所能带来的收获，从而为学习项目争取到更加有力的支持。这是因为企业资源有限，学习与培训活动永远在跟其他活动争取资源，如果没有效果，那么学习项目总是第一个被砍掉的。

一次培训是否产生预期效果，在于培训的全流程体验。研究表明，培训前和培训后的工作与培训中的一样重要。对于学习者而言，我们可以将培训前与培训中通称为学习阶段，将培训后称为转化阶段。学习要产生成果及价值，在学习与知识转化阶段都应考虑为学习者设计完整的学习体验所需要的因素。

比如，布鲁姆在《教育目标分类学》里强调"教育目标是指预期的学生学习结果"。布鲁姆把教育目标分为认知、情感和动作技能三个目标领域，并按照由低到高、由简到繁的顺序把每个目标领域再细分为多个层次和水平。其本质就在于完整学习体验的理解及设计。

又如，著名教育心理学家和教育技术学家戴维·梅里尔教授在《首要教学原理》中指出："课程教学设计应该是聚焦于问题（以成果为导向），从激活开始，现有知识要作为新知识的基础被激活，通过例子向学习者演示，然后让学习者去应用新知识，最后到新的知识被综合到学习这个世界当中。"即遵守五项教学原则：①当学习者介入解决实际问题时，才能够促进学习；②当激活已有知识并将它作为新知识的基础时，才能够促进学习；③当新知识展示给学习者时，才能够促进学习；④当学习者应用新知识时，才能够促进学习；⑤当新知识与学习者的生活世界融于一体时，才能够促进学习（图4-2）。这一观点也更加鲜明地强调了学习应注重完整学习体验的设计。

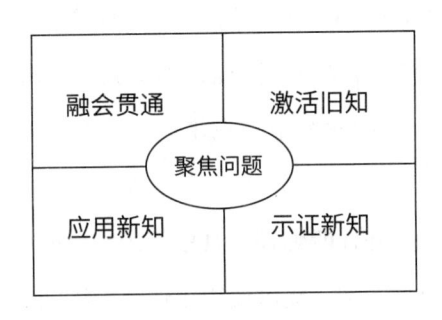

图4-2 首要教学原理

（二）学习阶段优化路径

基于完整学习体验的介绍，在学习阶段，我们应充分考虑学员的个人特点，以使学习项目能够更加适应学员的学习需求。

在学习阶段，学习效果受到多种因素的影响。比如学习是否受到了良好的激励，学员对学习活动的预期价值，学员过往的知识及经验与学习活动的关联性，学员参与学习活动时的情感状态、学习风格，等等。

考虑到这些因素，学习阶段的优化应在以学员为中心的前提下，做到三个确保。

1. 学习阶段以成果为导向，确保学员看到价值

要使学员看到学习项目的价值，一是要点燃学员的学习愿望，二是让学员清楚地明白相关性，二者缺一不可。点燃学习的愿望可以利用利益法、问题倒逼法、标杆法等。利益法就是告诉学员参与这个学习项目可以得到什么；问题倒逼法就是总结学员工作中遇到的问题，告诉学员如果想解决这样的问题就来参与这个学习项目；标杆法主要应用于已经成功实施过的学习项目，让参与过的学员现身说法。让学员清楚地明白相关性就是要将学习项目与学习者的工作、业绩与职业发展联系起来。后文的以成果为导向的VHF法正是这一理念的运用。

2. 学习阶段以工具为保障，确保学员知道如何做

从"知"到"行"需要一个过程，如果我们要求学员最终能在工作中应用学到的知识，我们就要不断强化这个过程。首先我们要提供知识使用的工具，不要只提供理念与概念；其次要保证知识与工具能够与学员的实际工作联系起来，并且能够在工具中使用它；最后要最大化固化学员所学的知识，可以通过考试、提供使用手册、教练辅导、强制应用等方式来固化知识。后文的以工具为保障的SOP法正是这一理念的运用。

3. 学习阶段以行动为路径，确保给予学员知识转化的机会

给予学员机会就是把学习转化列入学员的作业计划与督查范围，以保证学员有机会去做。一是要让学员提供知识转化的计划，由直接主管进行审核，由学习管理者备案。二是要明确转化的目标，由学员、直接主管、学习管理者三者沟通并达成一致。三是要检查转化过程，这要求目标要有阶段性与可衡量，要设置里程碑；计划要有时间性与具体性，要可跟踪与追溯。后文的以行动为路径的PQRI法正是这一理念的运用。

为了帮助学员达到三个确保，我们可以让学员在教学及培训结束后试着回答下述问题。

（1）今天学到的主要知识点是什么？

（2）这些知识点支持或强化了我已有的哪些认知？

（3）我将如何使用这些知识点？这些知识点促使我重新思考或修正的习惯或行为有哪些？

（4）这些知识点能给我及企业带来的价值是什么？

（三）转化阶段优化要素

1. 知识转移与成果转化

知识转移的思想可以追溯到1941年Shannon & Weaver的沟通理论，他们将沟通模式形容为线性程序，即沟通开始于信息源，终于接受源。

从信息观点看，知识转移=知识传达+知识接收。知识转移的过程主要包括知识的发送过程和知识接收的过程，这两个过程会由知识发送方以及知识接收方共同来完成，完整的知识转移过程同时实现了知识的发送与吸收。

从沟通观点看，知识转移是知识发送者与知识接收者之间的沟通过程，涉及情境转移，即确保原有知识在另一种情境继续使用，实现了知识由一个地方、一个占有者向另一个地方、需求者的转变。这种转变，需要知识发送者有意愿及能力将自身知识表达出来，以演讲、教授、文字形式与他人沟通；也需要知识接收者有意愿及能力通过倾听、模仿、阅读等方式对知识进行吸收。

从学习观点看，知识转移的过程是一种不断循环巩固的过程，也是动态更新过程，是学习的重要组成部分。知识转移的过程是一种"教学相长"的过程，知识发送方需要指导知识接受方如何将已有知识与所接受的新颖知识实现有效整合，只有当知识接受方对所获知识充分理解和接纳后，才意味着知识转移的成功实现。

从知识转移过程看，知识转移主体、转移内容、转移媒介及转移情境均为影响知识转移效果的重要因素。知识转移是知识接收者通过与知识发送者的互动和各种媒介所获得知识的过程，并对知识进行内化、应用与创新的过程。

比如行动学习中，只有当小组陈述者提出自己所疑惑的问题后，学习教练及小组支持者在与其互动沟通、共同行动，促进其反思、判断并产生新的行动计划时，才会发生知识从情境或他人向小组陈述者转移。

2.影响成果转化的3要素

1984年迈克尔·波特教授在《竞争三部曲》中提出价值链模型：所有产生价值的活动组成企业的价值链，这些活动又分为基本活动及辅助活动。其中关键的战略性活动，可以称为战略环节。

借用迈克尔·波特的价值链模型，我们可以来梳理一下礼仪教学及培训活动的价值链（图4-3）。

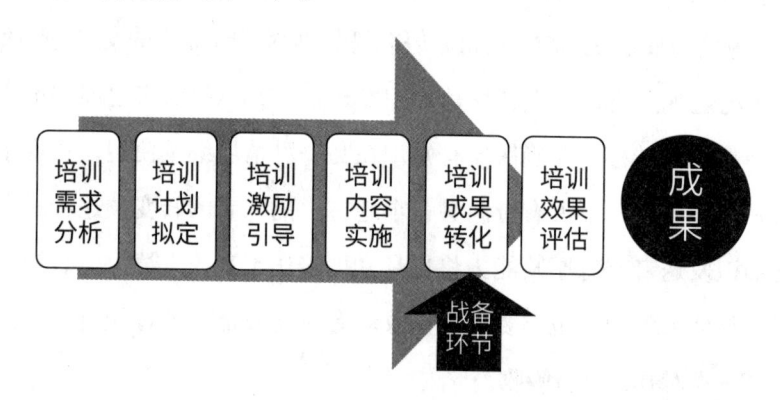

图4-3 礼仪教学及培训活动价值链

培训需求分析、培训计划拟定、对学员进行培训引导和激励、培训内容实施（现场授课）、成果转化和效果评估，这些活动构成了礼仪教学培训活动的价值链。而衡量这些活动的价值以培训最终产生的成果为标准，礼仪教学培训活动中，教学（培训）成果转化就是我们的战略环节。

影响教学（培训）成果转化的因素主要集中在学员的个人特征、教学及培训活动设计和组织环境3要素。

第一，学员的个人特征。

（1）动机。影响学员转化动机的相关因素，涵盖了工作效用与职业效用两个不同的方面。从工作效用来说，即学员感知的培训在推动既有工作目标按时实现方面的有用性，而职业效用即学员感知培训在达到职业目标方面的有用性。

（2）自我效能感。自我效能感并不等同于一人的实际能力，而指个体对其行为能力的信心与评估，如学习后的愉悦与充实感。

（3）个人能力。个人能力比较强的学员往往可以更好地学习、接受培训内容，并且能够主动寻找、创造运用培训所学的机会，从而提高自己的工作绩效水平。

第二，教学及培训活动设计。

（1）同因素理论。同因素理论认为，培训转化只有在学员执行的工作与培训中所学的内容完全相同时才会发生。能否尽可能进行转化，主要取决于材料、任务与其他方面的学习环境和与工作环境之间的相似性。工作、学习环境二者的相似性一般包括两个衡量尺度：一是物理环境逼真，二是心理环境逼真。就物理环境逼真而言，即培训时的各项条件和实际工作条件二者之间的相同程度。就心理环境逼真而言，即学员对培训过程中的任务和实际工作过程中的任务一视同仁的程度。

（2）认知转换理论。认知转换理论也是基于学员个人能力对教学（培训）成果转化影响而进行的研究。该理论认为，培训能不能转化主要取决于学员恢复所掌握技能的能力。所以，可以对学员采取提供富有意义的相关材料这种策略，以增加学员把实际工作过程中遇到的情况和所掌握技能有机结合的机会，进而提升培训转化的概率。此外，向学员提供对所掌握技能予以编码记忆的能力，如此一来学员们便能够轻而易举地对这些能力予以恢复。最后需持续地对学员学习状况予以监控与反馈。从认知转换理论的角度来看，可以鼓励学员思考学习培训所掌握的内容于实际工作操作方面的可能性运用。为数不少的培训让学员将工作中存在的问题准确找出来，接下来再讨论对培训内容予以运用的可能性。经过不断练习，可以让员工找出一定的线索，进而增加其对培训内容予以回忆并将其在工作中予以运用。此外，培训过程中的操作练习可以让学员理解所掌握的培训内容与实际应用二者间的联系，这样一来便能够在需要时快速回忆培训过程中所掌握的技能。

第三，组织环境。

组织环境是由企业环境中的典型特征和员工对这些特征的感知相互作用而产生的一种氛围结果。迁移氛围作为环境特征的具体内容强调了组织社会支持系统与反馈系统对培训迁移的影响。

此外，组织文化、企业管理制度、战略规划导向等间接因素也能很大程度影响培训转化。

考虑到上述影响培训成果转化的三个要素，在知识转化阶段的优化需要做到如下几点。

首先，持续跟进学习效果。

（1）设定合理目标。不要期望一个学习项目能带来翻天覆地的改变，也不要期望改变发生在一夜之间。目标的设定要合理，既要符合SMART原则，也要有一定的时间区间并且分阶段设定。

（2）收集并分析数据。在跟进的过程中，根据设定的目标及数据收集来源与方式进行数据收集分析，找到其与目标的差距，分析产生差距的原因。

（3）适时提醒。此时的提醒并不一定非要以量化的数据为基础，而是在数据收集与分析的过程中，按照一定的时间间隔提醒学习者应用学到的知识。

（4）保证学员对自己及团队负责。任何的学习能否产生良好效果最终取决于自驱力，因此，在跟进过程中一定要采取多种措施树立学员的自信心、责任心，使其担负起学习转化的责任。

（5）及时反馈。及时将数据与分析结果、改善及行动建议反馈给学习者。

（6）落实结果。一是要兑现目标完成后的承诺，二是要树立达到结果标杆，从而促进进一步落实知识的应用及绩效的改进。

（7）借助IT能使跟进轻松落地。想要借助IT进行学习效果跟进，首先要建立学员相关信息及学习相关信息的数据库，并以此数据库为基础建立智能提醒系统，通过IT系统为学员提供在线指导、辅导与反馈，在学员与相关人员之间进行知识与经验的分享以及根据设定的目标等进行跟踪管理。

其次，积极提供行动支持。首先是以学习者为中心提供各种支持。

（1）为学习者创建应用所学知识的环境，这个环境包含硬环境与软环境。所谓硬环境就是应用所需设施、设备等硬件资源，软环境指应用所需氛围、制度、流程以及指导手册等软性工具支撑。

（2）将应用过程中需要的人力资源以学习者为中心进行配置，如直接上司、同事、教练等。

（3）采取具体的行动支持。所谓行动支持就是为学习者提供行动要点提示、过程指导与反馈、在线或者面对面的辅导等具体跟进行为。

最后，以效果评估来促进学习。

站在企业培训的角度，衡量学习培训效果的目的是为管理者提供继续投资培训的信心，并未持续的项目改进寻求契机。应避免：只衡量活动而非效果；或者仅以单纯的培训人思维评估培训效果，而不是站在绩效改进、业务辅助的角度上思考企业应该衡量什么效果。

二、重新定义教学活动

（一）精益教学设计6问

实践证明，只有我们关注了成果，学习项目才能够争取到各方的有力支持。这要求我们要以成果为导向，设计更精益的教学。由此，我们提出精益教学设计6问。

第1问：教学及培训的目的及成果是什么？

第2问：目的及成果对应的业务需求是什么？

第3问：这种业务需求对应的具体结果是什么？

第4问：实现这个具体结果对应的行动和行为是什么？

第5问：要让学员掌握这些行动和行为，学员需要掌握哪些知识和技能？

第6问：针对学员要掌握的知识及技能，教学活动应设计哪些主题和内容？

教学精益设计6问，显然是教学黄金圈法则在教学设计阶段的具体运用。首先聚焦于成果（WHY），并通过抽丝剥茧式的提问，将结果具化为业务需求，将业务需求具化为业务结果，将业务结果具化为行动和行为（HOW），从而帮助明确教学及培训需要设计的具体主题及内容（WHAT），这是以成果为导向的礼仪教学的前提条件。具体操作流程可用图4-4表示。

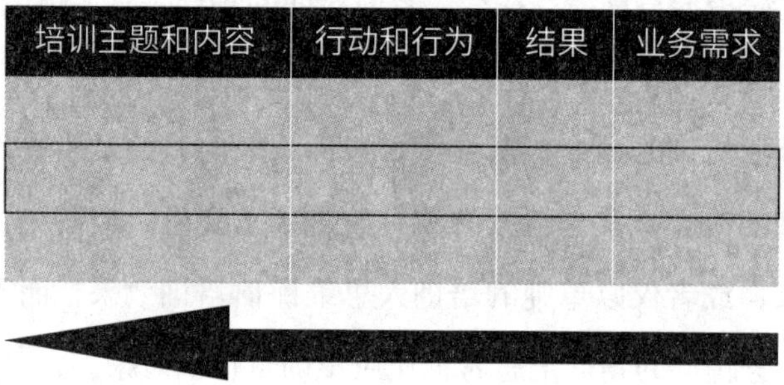

培训主题和内容	行动和行为	结果	业务需求

图4-4　基于教学精益设计6问的课程研发

比如，很多时候，委培企业并不明确培训目的及成果。有为了培训而培训的，有对培训成果期望过高的，凡此种种。上面的提问，可以帮助委培企业看到成果，看到业务需求及结果到底是什么，再由此设计需要改变的知识及技能，从而明确培训的主题内容，这也可以称为"动态培训需求"明确。

动态培训需求就是针对委培企业及对象的实际情况及业务需求，精益地明确培训需求。而静态培训需求，一般是针对岗位或者宽泛的能力素质模型设计的通用类培训需求。

各位老师可以两人一组，展开精益教学设计6问的练习。我想大家一定能够感受这种层层递进的提问技巧的威力。

丰田精益生产的"追问五个为什么"，也是通过这种层层递进式的提问，达到掌握事情真相的目的。

（二）礼仪教学的黄金圈

我们再次强调，以成果为导向的教学黄金圈，简而言之就是从希望学习带来什么样的成果（WHY）开始，再思考如何围绕这些成果设计学习项目和流程（HOW），再细化如何在过程中优化学习内容及体验（WHAT），由内而外、以终为始逆向思考，而不是简单地从学习的主题内容及如何实施（HOW和WHAT）开始（图4-5）。

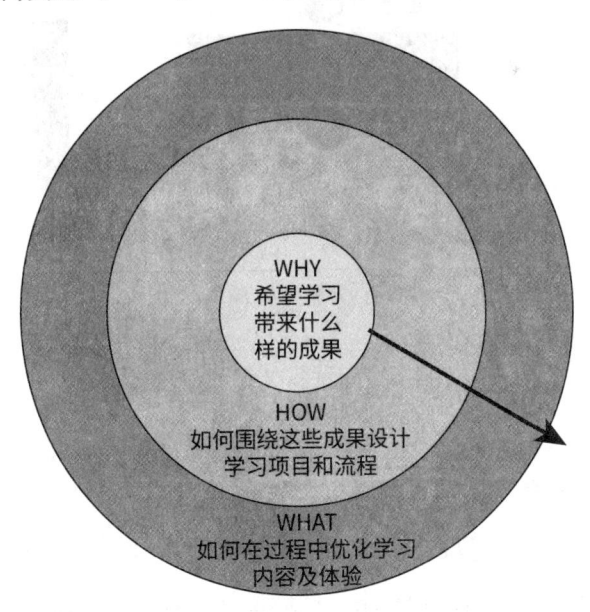

图4-5 以成果为导向的教学黄金圈

下面我们通过一个面试礼仪的案例，来讲解以成果为导向的教学黄金圈法则的运用。

某五星级酒店招聘管培生，整个面试分为三个部分：第一部分为行为测试，第二部分为语言测试，第三部分为技能测试。现在展现的是面试中的行为测试题，行为测试场景见图4-6。

这是一间教室，教室中间摆放桌子、椅子等物品。考官坐在桌子后面，学员可以坐在与考官对面的这张椅子上。这个教室的窗户开着，风把桌上的一些文件吹到了地上。所有参与面试的学员在教室外面候场。从外面进入这间教室有一扇内外方向开启的推拉门，门边有一位引导员。学员根据引导员叫到的号码拿着自己的简历走进去……

请问如果你是参与面试的应聘者，该怎样表现才能通过这个行为测试呢？

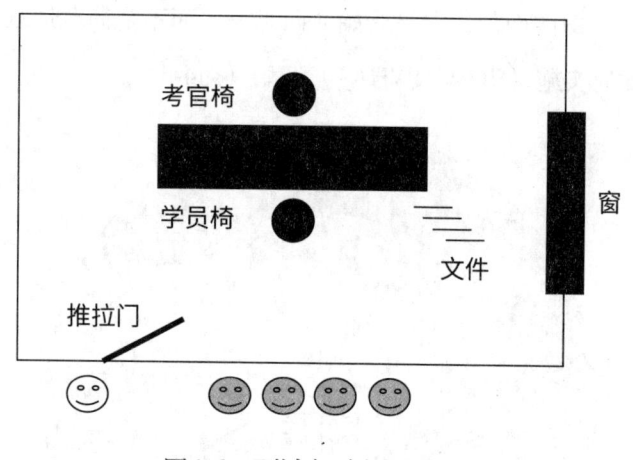

图4-6 面试行为测试场景

以下是现场学员的回答。

第一组：我们组的意见是捡起文件，放到桌上。如果文件是在另外位置，询问考官是否可以捡起来，然后询问考官是否可以关窗。

第二组：推门进去之后，首先打招呼。然后顺手捡起脚下的文件。

要注意蹲姿，双手接触，面部带微笑的表情。

第三组：我们组想补充一点，如果在酒店里面，客户东西掉在地上，工作人员要先征求客人的意见才能碰东西。

第四组：毫无疑问，先敲门，进去后，礼貌问候，目视考官，做自我介绍。再询问地上的文件是否需要帮助拾起。

第五组：我们的观点和前面几组基本一致，但是，文件我们不主张拾起。同时，我们会注意采用退行的方式走出教室。

第六组：先敲门，进去后自我介绍，不拾起文件，更不会关窗。

感谢各组学员的参与，我们先来看另外一个案例，场景介绍见图4-7。

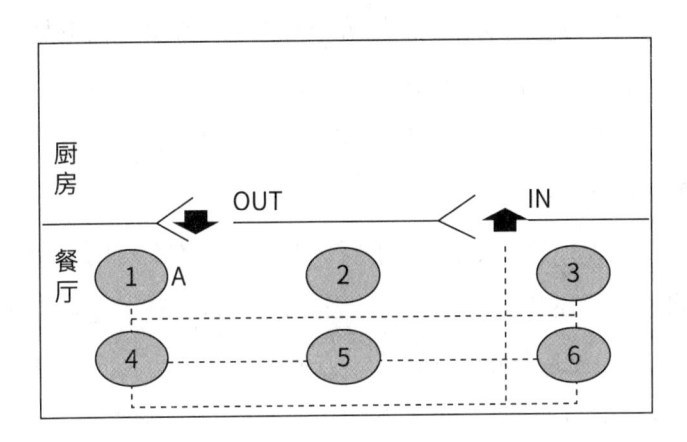

图4-7　西餐厅服务案例示意图

这是一间五星级酒店餐厅及厨房的布局图，大家可以看到餐厅和厨房的面积几乎达到了1比1。为了保证厨房的气味不会窜到餐厅，影响客人就餐，因此厨房通到餐厅设置了两扇推拉门。推拉门以开门方式分有两种有内外推拉门和平行推拉门两种，从材质分有透明的和不透明的两种。这里设置的是不透明的内外推拉门，而且还是双层的，以起到隔音、隔热、隔味的效果。其中，图片中左边的这扇推拉门，餐厅规定是由厨房出到餐厅的，右边的这扇门是从餐厅进入厨房的，我们分别用OUT和IN来表示。这样，餐厅就形成了一个服务路线（如图中的虚线部分），也就是所有进入厨房的人员必须走右边的IN门，所有从厨房出到餐厅的人必须走OUT门。

场景介绍完毕，我们来看实例。这个餐厅有6张台。A是名新来的实习生，还没有完成入职培训，因为餐厅缺人手，他就被分配到1—号台服务。餐厅里一般非特殊制作的菜肴上菜时间限定在15到20分钟。1号台的客人点了法式蜗牛浓汤，15分钟以后菜还没上，于是客人提出赶时间，让A去催菜。A自然就采取了就近原则，选择离他最近的OUT门进入厨房。毫无疑问，这是违反我们刚刚介绍过的餐厅服务路线的规定的。更麻烦的是，面对双层的内外推拉门，A采取的是推而不是拉的方式，他推门而入，没想到门后正好一位传菜员从厨房端菜出来。自然，一起严重的餐厅事故就发生了……

所以，回到刚刚面试礼仪中的行为测试，其实关键的一个考点是：你采取的是推门还是拉门的方式？因为，推（PUSH）意味着push the trouble，推门是把麻烦推给了别人，方便留给了自己；而拉（PULL）意味着把方便让给别人。作为服务行业的一名从业者，将方便让给客户，这是基本职业操守。而将方便让给客户，自然只能采取拉而不是推的方式。

强调一点，不是说敲门示意、礼貌问候、自我介绍、帮助他人等这样的行为动作不重要，而是，PUSH还是PULL，是这个行为测试最关键的考点，也就是说这个动作错了，就是一票否决。

我们站在学员的角度，运用黄金圈法则思考该怎么通过这个行为测试。

- 我在参加什么单位的面试，这家单位对人才的需求，特别是对学员行为的需求是什么？（这是从WHY入手）

- 为了要测试这样的行为，这家单位会采取什么样的方式进行测

试？（这是思考HOW）

- 这样的测试要求的行为是什么，针对这样的行为我该怎样表现？（这是思考WAHT）

现在站在教学的角度，运用以成果为导向的黄金圈教学法则来思考这个案例。

- 这家企业选拔人才的标准是什么？设计这个行为测试的目的是什么？（从WHY入手）
- 这样的标准对应到的行为测试，内容会是什么？（由WHY到HOW）
- 依据这样的测试内容，教学该设计哪些内容？（聚焦到WHAT）

可见，不论是从学员的角度还是从教学的角度，由内而外、以终为始的黄金圈法则都能指导参与者采取正确有效的行为。

（三）构建案例双S模型

礼仪教学中，案例是效果非常好的素材之一。通过上述面试礼仪的案例，我们介绍构建案例的双S模型。

1. 案例构建的STAR模型

STAR，即Situation、Task、Action和Result四个英文单词的首字母组合（图4-8）。

图4-8 构建案例的STAR模型

STAR模型原是结构化面试当中非常重要的一个理论。

S表示情境，也就是在面试中要求应聘者描述他在所从事岗位期间曾经做过的某件重要的且可以当作我们考评标准的事件发生的背景状况。

T表示任务，即是要考察应聘者在其背景环境中所执行的任务与担任的角色，从而考察该应聘者是否做过其描述的职位及其是否具备该岗位的相应能力。

A表示行动，是考察应聘者在其所描述的任务当中所担任的角色是如何操作与执行任务的。

R表示结果，即该项任务在行动后所达到的效果，通常应聘者求职材料上写的都是一些结果，描述自己做过什么，成绩怎样，比较简单和宽泛。

比如，在面试中，当你让应聘者讲出一件通过学习尽快胜任新的工作任务的事件，你可以运用STAR原则追问。

（1）这件事发生在什么时候？（S）

（2）你要从事的工作任务是什么？（T）

（3）接到任务后你怎么办？（A）

（4）你用了多长时间获得完成该任务所必需的知识？（深层次了解员工学习能力等）

（5）你在这个过程中遇到困难了吗？（了解坚韧性，以及处理事件的灵活性）

（6）你最后完成任务的情况如何？（R）

上面是STAR原则在面试中的运用，我们发现这种结构化的方式用于构建礼仪教学案例是非常简洁、清晰的。

我们运用STAR原则来分析一下前面介绍的餐厅服务员错误推门的案例。

• 这个餐厅有6张台。A是个新来的实习生，还没有完成入职培训，因为餐厅缺人手,他就被分配到1号台服务。餐厅里一般非特殊制作的菜肴上菜时间限定在15到20分钟。1号台的客人点了法式蜗牛浓汤,15分钟以后菜还没上。(这是介绍案例发生的场景——Situation)

- 于是客人提出赶时间,让A去催菜。(这是案例中A的任务——Task)

- A自然就采取了就近原则,选择离他最近的OUT门进入厨房。毫无疑问,这是违法我们刚刚介绍过的餐厅服务路线的规定的。更麻烦的是,面对双层的内外推拉门,A采取的是推而不是拉的方式。(这是案例中A的行动——Action)

- 他推门而入,没想到门后正好是传菜员从厨房端菜出来。自然,一起严重的餐厅事故就发生了……(这是案例中A的行动带来的结果——Result)

2. 构建案例的SCQA模型

芭芭拉·明托在《金字塔原理》中提出的SCQA模型是一个"结构化表达"工具(图4-9)。

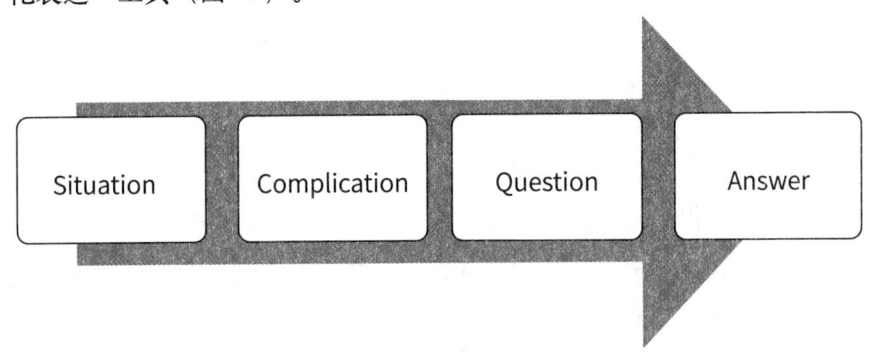

图4-9 构建案例的SCQA模型

SCQA模型代表的意思如下。

S(Situation)情境——由大家都熟悉的情境、事实引入。

C(Complication)冲突——实际情况往往和我们的要求有冲突。

Q（Question）疑问——怎么办？

A（Answer）回答——我们的解决方案是……

S情境陈述的通常是大家都熟悉的事，普遍认同的事，事情发生的背景。由此切入既不突兀又容易让大家产生共鸣，产生代入感，然后引出冲突C。Q是疑问，是根据前面的冲突从对方的角度提出其所关心的问题，最后A解答，是对Q的回答也是接下来我们要表达的中心思想。

大家感兴趣的话，可以借助SCQA模型将刚刚餐厅发生的案例重新描述一次。而且，你也会发现很多电影剧本的写作，采用的也是SCQA模型。

三、礼仪教学的本质思考

（一）礼仪教学的矩阵分析

礼仪是一种人与人、人与组织、人与社会的互动。意识及行为是影响互动行为的两个要素，由此，我们可以从意识及行为两个维度构建礼仪教学的矩阵分析模型（图4-10）。

意识是行为的指导，是一种行为的判断及决定，采取何种行为、行为的尺度由意识决定，我们用有意识、无意识来区别，或者是错误的意识与正确的意识，即"有礼"和"无礼"来区别。行为指具体的动作，"无"行为既代表了无的本意，也可以用来表示错误的行为。我们用有行为、无行为来区别，或者是错误的行为与正确的行为，即"有仪"和"无仪"来区别。因此，从意识及行为的双维度，则可以有四种情况。

第一种是无意识无行为。原生态野蛮生长，随心所欲，想怎么做，就怎么做。谈不上"礼"，更没有"仪"。以进出无人驾驶的电梯为例，懂得谦让，遵守进出电梯的秩序这是基本素养，但"无意识无行为"的人则会横冲直撞，没有"规矩"。"无意识无行为"也是没有素养、不懂规矩的体现。

第二种是有意识无行为。强调一点，这里的无行为，也包含错误行为。还是用电梯进出先后顺序为例，意识中有了"秩序"（礼）这个概念，懂得进出电梯有"先后"一说，却不知道进出无人驾驶的电梯，除了"秩序""先后"的规则，还有"安全"的考虑，而采取了客人先进的方式，此谓有意识无行为，或有意识错行为。当然，值得肯定的是，"礼"的意识增强了。

第三种是有意识有行为。这个阶段，意识更加增强了，只是还没有固化，养成习惯。每到动作之处，可能会若有停顿，思考一下该采取哪种行为。虽是刻意为之，但已是很大的进步。以电梯进出先后顺序为例，虽然动作不是很流畅，但是不会做出错误的动作。

第四种是无意识有行为。无意识有行为，就是养成了习惯。如同一名驾驶多年的司机，他是不会去思考刹车和油门的位置，以及该怎样采取动作的。如同大家都说的"习惯成自然"。

习惯真的成自然吗？不见得！如果不加以刻意的训练，习惯不会自然形成。像前文的PUSH和PULL的动作，可能人本能的动作，都会采取PUSH，推卸、躲避，从自我出发，这似乎是人之常情；但考虑到扮演的角色，及场景、目的等因素，也就是从无意识上升到有意识，再到正确地采取PULL，而不是PUSH，这是需要行为的刻意训练的。

当然，我们也要认识到：在某种文化和环境下养成的无意识有行为，即习惯，也可能在文化及情境变更下，又成为无意识无行为了。

比如在中国、美国及英国的文化中，OK的手势意味着"好""稳妥""没问题"；在法国和比利时，它表示为"零"或"没有价值"；

在土耳其、希腊、巴西和德国部分地区，OK手势是一种极具侮辱的冒犯性手势。如果在一种文化情境下养成了用OK手势表达"好"的习惯（无意识有行为），当文化及情境切换时，这种习惯则可能是"无意识无行为"的粗鲁动作了。因此，意识行为的矩阵分析模型，揭示了礼仪习惯养成在不同的文化情境下具备动态地螺旋式上升的特性。

借用意识行为的矩阵分析模型，我们可以看到：礼仪教学是帮助学员由无意识到有意识（解决礼的问题），从无（错）行为到有（正）行为（解决仪的问题），由无意识无行为转变为有意识有行为，而最终是否能让学员达到无意识有行为（解决礼仪兼修、习惯养成的问题），这个还需要以成果为导向的知识转化。

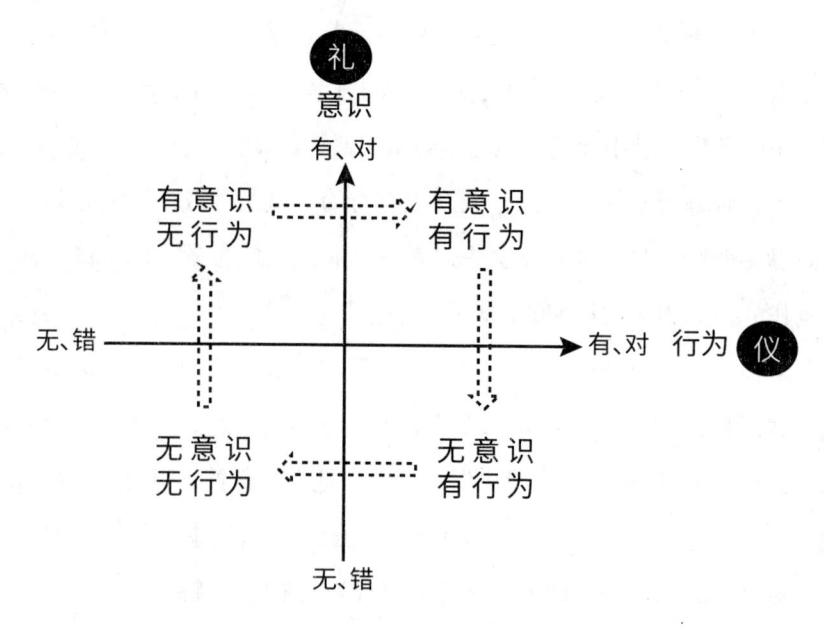

图4-10 礼仪教学矩阵分析模型

如果无意识有行为是礼仪教学的成果，那么，以成果为导向的礼仪教学，就不能只停留在学习阶段，还应该更关注成果转化。

（二）礼仪教学与习惯养成

如果没有实现由"有意识有行为"向"无意识有行为"的转化，礼仪教学则没有体现成果。

"无意识有行为"也称为习惯。什么是习惯，不同的工具书从不同的角度进行了解释。从辞源上考察。在汉语里，习惯最早也写作"习贯"。甲骨文"习"：从羽从日，有日日不间断、振羽以飞的意思。小篆"习"：从羽，本义作"数飞"解，乃鸟类屡次振羽学飞之意。在此，"习"就具有努力不断、继续学习的意思。"贯"本作"钱贝之贯"解，乃古代串钱串贝所用之绳索，故有循序不间断之意。

由此可见，古人对于习惯现象的知觉始于观察鸟类的学飞过程，而后逐渐发展为两种基本含义。

其一，习于旧贯，习于故常。《汉书·贾谊传》中记载，孔子曰："少成若天性，习惯如自然"，即指人经过一定时间形成的惯常行为。其二，长时间养成的不易改变的生活方式。班固所著的《后汉书》之《司马穰苴司马法上天子论》中有："习贯成，则民礼俗矣"，即指人们在较长时间里养成的共同的生活方式。

在现代汉语中，"习"字主要有以下几种意思：①鸟类频频试飞；②学习；③复习，温习；④积，重叠；⑤了解、熟悉；⑥习惯，习染；⑦亲近，亲信；⑧教，训练。而"惯"字主要有两种含义：①习惯，习以为常；②纵容，迁就。

《现代汉语词典》里是这样解释"习惯"的：①常常接触某种新的情况而逐渐适应，如习惯成自然等；②在长时期里逐渐养成的、一时不容易改变的行为、倾向或社会风尚，如好习惯、不良习惯等。

《美国传统词典》中对"习惯"的定义是：①一种重复性的、通常为无意识的日常行为规律，它往往通过对某种行为的不断重复而获得；

②思维和性格的某种倾向；③一种习惯性的态度和行为。

我们可以看出，习惯一旦养成则具有自动性、情绪性及双重性的特点。自动性，即自动化的反应倾向、活动模式或行为方式；情绪性，即自动化的动作或行为，还包括思维、情感等方面内容；双重性，即在满足某种需要的过程中，起到积极和消极的双重作用，所以，行为习惯可以分为良好行为习惯和不良行为习惯。

良好行为习惯需要在反复练习或耳濡目染中形成并巩固下来，主动、自愿将某种意识和行为形成较稳定的、自动化的，且具有正确导向价值的反应倾向和行为方式。

在心理学界和社会学界，对行为习惯受什么因素影响和决定历来有不同的看法，主要分为四个理论派别：个人决定论、环境决定论、互动论、交互决定论。个人决定论认为个人内部的本能、需要、驱力、特质、认知结构等决定人的行为。个人决定论强调个体单方面的决定因素，忽视了环境对人行为的影响。环境决定论认为人是环境的产物，控制了环境就可以控制人的行为。互动论认为环境和人彼此作为独立因素，联合起来影响和决定行为。交互决定论认为个人的和环境的因素并不能独立发挥作用，两者是相互决定的，主张行为、环境、个人内在三者互相影响、交互决定，构成一种三角互动关系。

人类的行为是否会受到其所处环境的影响？无论是环境决定论、互动论还是交互决定论，对这一问题都是肯定的。人是外部环境的产物，必须依靠社会群体、社会组织而存在。人们处在某种环境中，和环境相融合，受到环境刺激后，会不假思索地做出反应。人们所在的工作单位是对人们影响最多、最大的社会组织，它不仅关系人们的个人抱负和前途发展，还直接影响人们及其家庭的现实生活。因此，周围环境对人们的行为具有暗示性和诱导性，人在环境影响中会不断适应和改造环境。

良好习惯（Habit）的养成除了有一个易于习惯养成及固化的环境，还取决于以下三点。首先，你要有正确的态度和意愿（Attitude），愿意做某种行为；其次，你要懂得为什么要这样做，以及做什么，也就是了解相应的知识（Knowledge）；再者，你还需要掌握相应的技能（Skill），也就是知道具体怎么做（图4-11）。

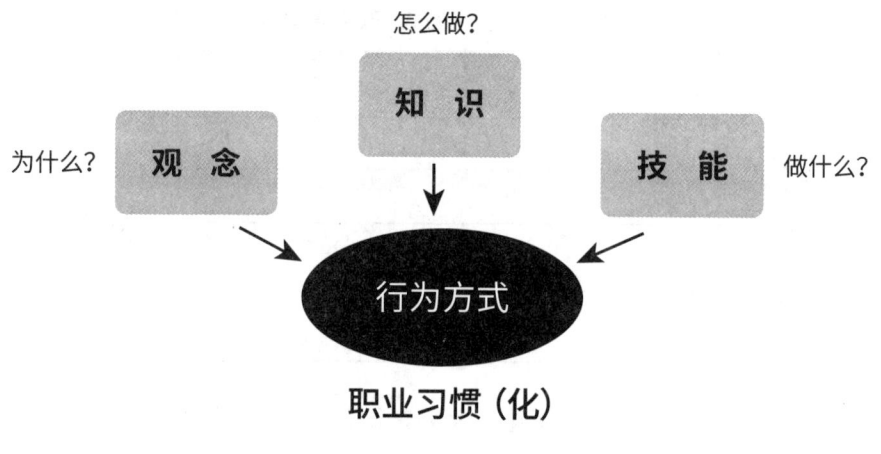

图4-11 职业习惯养成

布鲁姆把教育目标分为认知、情感和动作技能三个目标领域。结合礼仪教学活动，我们认为情感指是否愿意做，认知强调做什么及为什么，而动作技能指怎么做。在一定环境下，情感、认知、动作技能达成的成果体现为习惯。

以前面的面试行为礼仪教学为例，要达到的教学成果就是让学员掌握好的习惯（Habit），养成拉门而不是推门的习惯。因此首先应让学员有将方便留给客人、以客为尊的意识（Attitude）；其次，要让学员掌握相应的动作（Skill），就是正确地拉门而不是推门；最后，还要给学员讲清楚一些相应的知识（Knowledge），比如不同的场景下，应该是敲门还是叩门，节奏是"两短一长"还是"三短"，自报身份的基本要素等。

这里的意识（A）侧重的是礼，技能（S）与知识（K）强调的是仪。礼是内容，具体怎么教（HOW），仪是形式，具体教什么（WHAT），礼与仪的匹配，也就是HOW与WHAT的融合，则是礼仪的成果（WHY）。这也就构成基于礼仪教学黄金圈的AKSH模型（图4-12）。

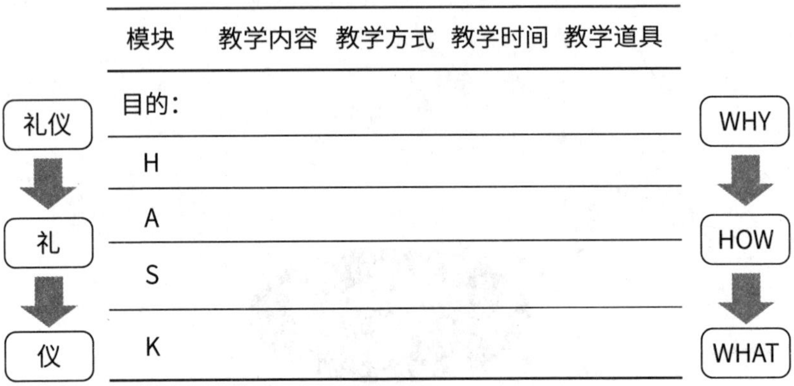

| 模块 | 教学内容 | 教学方式 | 教学时间 | 教学道具 |

礼仪 → 目的： → WHY
H
礼 → A → HOW
S
仪 → K → WHAT

图4-12 基于礼仪教学黄金圈的AKSH模型

如果我们将礼喻为"知"，仪喻为"行"，"礼"与"仪"的融合，也就是"知行合一"才是"礼仪"。

知行合一在知识意义上的展开，要点在于把"知"与"行"都看作是一个过程，并强调它们在过程上的统一性。正是在这种过程的意义上，"知""行"本质上就成为同一过程所展开的两个方面，是你中有我，我中有你，不相分离的，如同"礼""仪"，本质上也是礼仪活动过程的两个方面一样。

知到真切笃实处即是行，行到明觉精察处即是知！

礼到真情实感处即是仪，仪到发自肺腑处即是礼！

（三）礼仪教学与素质教育

礼仪教学注重与养成教育结合才能实现以成果为导向的知识转化。以学校教育为例，养成教育要综合多种教育方法，从行为训练入手，最终达到全面提高学员的"知、情、意、行"，形成良好行为习惯的目的。在内容上做到"三化"，即内容规范化、要求细目化、过程序列化。在途径上做到"四个一致"，即学校内部要一致，家庭内部要一致，家庭与学校教育要一致，学校、家庭和社会教育要一致。养成教育的有效方法包括训练法、言教法、身教法、境教法、实践锻炼法、指导自我教育法、疏导法、正强化法、负强化法、制约法、评价法、活动法，其中以训练法为主，辅以其他方法。

林格在其主编的《决定孩子命运的12个习惯》一书中以养成教育理论为基础，通过叙述养成教育序列化训练方案的过程，探讨了如何运用养成教育的四种方法，即榜样法、训练法、层次目录法和家校合作法，培养决定孩子命运的12个良好习惯。这12个习惯包括：把一件事情做到底；孝敬父母；做事有计划；坚持每天锻炼身体；用过的东西放回原处；干干净净迎接每一天；耐心听他人说话；自己的事情自己做；微笑待人；说了就一定要努力去做；认真写字；在错误中反思自己。

日本和韩国都十分重视文明礼仪养成教育。学校设置各种道德课将道德教育内容从不同层次、深度和侧面渗透到日常教学里，使学生在交流、讨论、视听、角色扮演和实际锻炼等过程中，形成必要的行为规范。如日本学校的垃圾课培养了学生良好的卫生习惯；友爱课则帮助学生理解人格尊严，自觉尊重他人。韩国让教师和幼儿"在布满韩式家具的礼仪室里，一起穿上鲜艳的民族服装，让儿童学习如何倒茶，如何双手捧着茶杯恭恭敬敬地向客人敬茶。通过教授待人接物的方法，进行传统的民族礼仪教育。"

因理而教 为礼而学：以成果为导向的礼仪教学

在法国，小学养成教育是"公民道德教育课"中的一项重要内容，其目的是让学生学会自我评价，自觉地养成良好的行为。具体做法是，各个班级学生先通过小组合作会议，制订各小组的生活规则，再逐渐将这些规则由小组内推进到班级和学校范围内。各组通过合作会议将"能做到的行为准则"按时间顺序列出来，在实施过程中，按照由浅入深、循序渐进的原则，逐步细化准则，提出更高、更具体的要求。对学生执行行为准则的过程，采用行为检查表的方式进行评价，并定期将学生的自我评价结果同教师的评价结果加以比较，确保评价的客观性和行为准则养成教育的有效实施。

德国十分重视民族习惯教育。"在家庭中，小孩子从懂事起就被要求遵守礼仪，站有站相，坐有坐相；当孩子再大些时，如果家中有来客，孩子要参加迎送，行礼致意，并大大方方地回答客人提出的各种问题。""在学校里，道德教育内容则比较广泛，包括：个人行为的道德教育，如礼貌、诚实、正直、纪律、劳动习惯等；人际关系的道德教育，如群体观念、助人为乐、尊重他人的劳动、协作精神等；社会和职业的道德教育，如社会公德、爱护公物等。这些内容主要通过宗教教育和公民课实施。"

联系到国内的素质教育，我常这样认为，现在说领导或员工的素质低，其实所谓素质低，就是缺乏职业意识。要提高领导或员工的素质，只有大规模地、长时间地、扎扎实实地、认认真真地进行这几十年来社会上、职场中不存在甚至没有听说过的职业人教育。

为什么这样说，因为职业人教育，职业化教育，可能是当下我们在教育及培训工作中最缺乏的。

不去点评"匠人精神"的缺失，不去抱怨诚信观念的淡薄，当你看到很多"令人尴尬"的行为前面冠以"中国式"的前缀时，比如"中国式过马路""中国式广场舞"……你就会知道我们真正缺什么？真正缺什么教育？"富"不一定"贵"，"富"也不一定"强"，唯有个体的素质得到真正提升的时候，才是整个民族真正的"富贵"与"富强"。

什么是职业人（化）教育？如果用一棵职业树来比喻：职业素质是职业树的根，职业能力是职业树的干，职业技能是职业树开的花、结的果，职业发展则是职业树的树冠。

首先，职业素质，也就是职业树的根。我们往往只见到了树在地面上的部分，而它的根系和地面上的部分几乎是等长的，在环境恶劣的地方，树根的长度甚至是地面部分的3到5倍。素质分为显性素质和隐性素质，你能成为一棵草，还是成为一棵参天大树，很多时候是先天素质决定的。

其次，职业技能，也就是树开的花、结的果。比如学员在学校里面获得的各种资格证书，这只不过是获得了种种技能，有职业技能并不一定代表有职业能力。

再者，职业能力，也就是树干。树干吸取职业树根的营养和水分，通过树干的管道传送，催化出职业技能，开花结果。树干不仅仅是一种通道，更是一种能力。个体的学习力、创新力、沟通力、应变力，往往能弥补职业素质的不足。职业能力强的人，即便换了职业环境，同样也能很快适应。

最后，职业发展，也就是树冠。树冠也就是当个体找到职业锚后最终构建的树的形态。

毫无疑问，职业人（化）教育是个很庞大的课题，但教育的基础需要从职业素养的提升切入，如同一棵职业树，"根深才能蒂固，枝繁才能叶茂"。

由此，礼仪教学，以成果为导向的礼仪教学，是职业素养提升的一条基本的路径。

职业人教育从职业素养的提升入手！职业素养的提升从礼仪教学培

训开始!

1998年"五四"青年节前夕,江泽民同志在北京大学考察工作时向青年学生提出"努力为中华民族的伟大复兴贡献自己的智慧和力量"。

2009年,胡锦涛同志在国务院第五次全国民族团结进步表彰大会的讲话中提出"要大力增强我国各民族对中华民族的归属感,对中华文化的认同感,对伟大祖国的自豪感"。

2012年,习近平同志在参观《复兴之路》展览时提出"每个人都有理想和追求,都有自己的梦想。现在,大家都在讨论中国梦,我以为,实现中华民族伟大复兴,就是中华民族近代以来最伟大的梦想"。

将礼仪培训升华为素质教育,在继承中发展,在发展中求变,在求变中升华,迎接中华民族伟大复兴!

这是以成果为导向的礼仪教学的本质思考,责任担当!

第五章　转型创新

身处知识经济的智能时代，以成果为导向的礼仪教学，既要系统梳理礼仪及礼仪教学的知识框架，又要直击本质地思考礼仪及礼仪教学的成果追求，更要有继承中发展、发展中求变、求变中升华的转型创新。我们将通过以下内容的梳理、思考，寻找以成果为导向的礼仪教学转型创新实践的方法论。

一、转型创新三问

我国早在甲骨文中就已出现了"教"与"学"二字。把这两个字连接为一体，成为"教学"，最早出现于《书·商书·兑命》，"学然后知不足，教然后知困。知不足，然后能自反也；知困，然后能自强也。故曰：教学相长也。"这里的"教"与"学"实际上都是指教师的行为，是说教师的"教"与"学"是辩证的、对立统一的，是相互依赖、相互促进的。

真正指教师的"教"和学员的"学"的"教学"一词，出现在宋朝欧阳修的文献中。欧阳修在为胡瑗先生作墓表时曾写道："先生之徒最盛，其在湖州学，弟子来去常数百人，各以其经传相传授，其教学之法最备，行之数年，东南之士，莫不以仁义礼乐为学。"这里"教学之法"中的"教学"与我们今天的含义接近。

"教学"在英文中有不同的表达：teach、learn、instruct、teach and learn。尽管"教""学"在形式上并未像汉语连接得那样紧密成为一个词，但由于二者在意义上密不可分，所以在英文教育文献中经常见到二者的合成形式。教育学者史密斯说："教学这个词自古以来就同学习结下不解之缘。"

教学的定义有多少种恐怕是很难说清楚的，但我们不得不承认这些教学的定义对我们科学地认识教学活动具有重要的启示。近年来出版的许多教学论专著对教学这一概念做了探讨，从不同角度、不同价值关注，对教学概念做了见仁见智的阐述。当不同的观点放在一起，便为进一步认识教学的概念提供了认识阶梯，我们就能从不同观点的碰撞中发现问题，对教学的内涵产生更深入的认识。但众多的定义也可能给我们带来无所适从的尴尬和价值追随的困难。

身处知识经济的智能时代，如果我们沿用工业时代的教学思维，即便采用了新的教学技术及手段，依旧不能提供应得的教学成果，我们有必要对教学进行反思。因此，我们运用前面介绍的黄金圈法则，进行由内而外、以终为始的思考来重新认识教学：教学为什么？教学怎么做？教学做什么？

（一）教学为什么

追溯与反思近现代的教学，我们可以看到，教学更多的是知识的灌输和技能的训练，而不是心灵的陶冶。教学完全不是灵魂转向的艺术，而更多的只是人才培养的批量生产。老师对学员耳提面命，学员对教师恭顺有加。某种程度上，传统的教学是一种无个性的教学或者泯灭个性、压抑个性的教学。

教学的终极关怀是成人，但其所要成就的绝不是被同一个模子浇铸出来的、毫无特色的人；教学的最终指向是人的全面发展，但绝不是每个个体的平均发展。既然任何一个个体都是作为一个独特的存在物而诞生、而存在，以人的发展为终极关怀的教学就不应，也不能去忽视甚至漠视个体的独特存在这一客观事实，更不能把本来是独特存在的个体培养成没有独特性、没有个性的个体。若是如此，教学则从根本上背离了其根本宗旨，也无非成了一个模式化与程序化的摧残人的机器，其培养出的人也只能是标准的、整齐划一的产品。

"人性不是一架机器，不能按照一个模型铸造出来，又开动它毫厘不差地去做替它规定好了的工作，它毋宁像一棵树，需要生长并且从各方面发展起来，需要按照那使它成为活东西的内在力量的趋向生长和发展起来。"

唯有以此为导向的教学才是真正为人的教学，才是以成果为导向的教学，才是本真的教学。

（二）教学怎么做

1. 用交融做教学

交融即教学过程中情与境的交汇融合。没有情，教学就会变得沉闷单调、枯燥乏味；没有境，教学就会变得抽象干瘪、空洞无物；没有情与境的有机结合，教学就会变得事倍功半、美感全无。

通过情与境的交融，教师便把原本仿佛是冷冰冰、干巴巴、暮气沉沉、枯燥乏味的教育内容活化起来，以鲜活感人的声音、色彩、造型、节奏、形状、线条、韵律、构图等给人以悦耳悦目的感受。

通过情与境的交融，教师一方面以感性的方式传达深奥的道理，使其易于为学员所理解与接受，从而架起学员智慧发展的阶梯；另一方面以学员原有的经验学习为基础，在"书本世界"与"生活世界""理论世界"与"现实世界"间架起一座情感的桥梁。

情境交融以形象、逼真的仿真环境和妥当的、适切的情感气氛冲击着传统的、单一的"书本教学"，使学员在接触和感受生动直观的感性材料的过程中掌握知识的真谛。通过情与境的交融，教师将教育目标、教育内容与教育手段有机地结合起来，形成一种天造地合、水乳交融的和谐，达到教育艺术的最佳境界。

2. 用对话做教学

在课堂教学中，我们可以把教师角色定义为"导游""主持人""导演""舵手"等，但更为重要的是，不管定义什么角色，教师都应该在课堂教学中营造一种"对话情境"。

高质量的课堂取决于高质量的对话，对话不是简单地问答。对话教学是对话的时代精神在教育领域的反映，对话不仅仅指教师和学员通过语言进行的讨论或争鸣，更主要的是指师生之间平等的心灵沟通。对话教学中的对话，不限于纯粹的言语形式，而是师生双方敞开心扉的互动交流，是信息的交换、智慧的碰撞。

对话教学以师生心理世界的开放为特征，以互动的方式，语言交融，心灵交流，师生双方均从对话中获得道德和理性的升华。

3. 用创造做教学

虽然教师在教学过程中有着被动性的一面，要受到教育规律和种种客观因素的制约。但同时教师又有着主动性的一面，他们能利用各种有利条件和主体因素，对教学活动做出最佳选择，使之促进师生的发展与完善。这就是创造，是教师对自身、教学内容、教学对象、教学过程的创造。

同时，学员在教学过程中也进行着创造，这不仅体现在其在教师引导下对知识的选择、消化和重组，而且体现在其用书本知识解决实际问题的探索中，每个学员作为一个独立的个体，都在创造性地"学习"。

（三）教学做什么

1. 教学做分享

教学过程应该是双方共同在场、互相吸引、互相包容、共同参与以至共同分享的过程。师生之间的这种相互作用，说明两者的关系是一种互主体性关系，这不仅指两者即两个主体在教学中的相互作用，而且指两者形成了互主体性关系即主体间性，这样，相对于对方，谁也不是主体，谁也不是对象，谁也不能控制谁、操纵谁，或者强行把意志、意见强加于对方。

在"分享"的过程中，教师是"教学共同体"中与学员平等的一员，然而他是"平等中的首席"。他不是知识的灌输者，不是行为的约束者，不是思想的主宰者，但他在"分享"中发挥着其他参与者（学员）无与伦比的"精神指导"和"人格引领"作用。师生关系的本质是教育性的，因而"我们相信，在这样的师生关系中，学员体会到平等、自由、民主、尊重、信任、友善、理解、宽容、亲情与关爱，同时受到激励、鞭策、鼓舞、感化、召唤和指导，形成积极的、丰富的人生态度与情感体验"。

2. 教学做生成

教学就是学员在教学过程中建构自己知识体系的过程，是学员在教学过程中知识的生成，而不是教师把学科知识的体系和学科知识灌输给学员。

作为学习者，学员在学习内容、学习方法等方面接受教师的指导。作为建构者，每一个学员在学习过程中都依据自己不同的知识储备和生活经验对所学的内容进行选择、评价、重组和整合，进而把知识变成真正属于自己的一种能力乃至一种信念。在这个过程中，学员主动地就知识质疑、对教师发问、向权威挑战都是理所当然的。在这里，至关重要的是教师应尊重学员独立思考的权利。学员由生疑、质疑，再到思疑、解疑，整个过程充满了积极求知的主动精神。

3. 教学做统一

教学是科学还是艺术？这个问题如同我们经常思考管理是科学还是艺术一样。

一种观点认为，教学是一门艺术，而不是科学。主要原因是教学涉及人、人的感情和人的价值观念，而这些方面是科学鞭长莫及的。

另一种观点认为，教学应当是一门科学，是一门行为科学。主要原因是我们可以将教学的诸种因素、变量分析出来，揭示变量间的关系和规律，以有效控制教学过程。

以成果为导向的礼仪教学认为：教学既是科学，又是艺术。一方面，教学的根本任务是促进人的身心的充分发展。教学必须建立在对人的身心发展规律的充分认识的基础上，必须遵循人的身心发展规律，以人的身心发展规律为研究对象，这构成了教学的科学基础。另一方面，教学又是一种艺术化的存在，充满了教师与学员之间、学员与学员之间认知的、情感的和价值观念的冲突。教学是一种富有创造性的活动，仅靠科学还不能充分把握教学的本质，教学还需要艺术的基础。在教学中，当教师与学员的主体性、创造性充分发挥出来的时候，教学就成为科学与艺术的统一。

二、三大教学理论

百年来，教学理论研究范式呈现三个主要的转变，即行为主义——认知主义——建构主义。

简而言之，行为主义观点认为学习是"刺激—反应"的联结，认知主义理论则主张"学习是知识获得",建构主义认为"学习是建构知识,是意义的制定"。

行为主义教学理论、认知主义教学理论、建构主义教学理论,这三大理论构成了以成果为导向的礼仪教学创新实践的理论基础,指导了礼仪教学创新实践的基本方法,我们有必要对其进行综述。

(一) 行为主义教学理论

行为主义教学理论是20世纪初出现的一个重要的教学理论流派,它应用行为主义心理学的研究成果,在一定程度上反映了教学的规律,直到今天,在很多方面仍对教学实践产生积极的影响。

(1) 鉴于学习就是刺激与反应之间的联结,那么教学的艺术就在于如何控制与强化教学的过程。关于客观世界的知识的传授是可以控制和强化的,这是教育的基本目标,由此派生出程序教学、计算机辅助教学等教学方式。

(2) 鉴于重视强化对学习的作用,在教学中要注意把学员的学习情况及时反馈回去,使学员得到相应的强化。

行为主义教学理论的典型代表就是美国学者斯金纳提出的程序教学理论。程序教学指将教材分成连续的小步子,严格按照逻辑编成程序的一种自动教学模式。

但是,行为主义教学理论是以行为主义心理学为基础的,而行为主义心理学是以动物为实验对象提出的心理学观点,有些很难直接迁移到人的身上。它强调外显行为的变化,无视学习者对知识的理解以及内部心理过程。它可以解释低级学习活动,但不能解释人的高级思维过程。因此行为主义教学理论在20世纪60年代以后受到诸多的批评和挑战,一种新的教学理论开始出现并成为主导的理论,这就是认知主义教学理论。

（二）认知主义教学理论

认知主义教学理论以认知心理学为基础。认知心理学对教学产生的深刻影响，主要表现在以下几个方面。

（1）学习应是有意义的学习而不是机械学习。

（2）头脑中原有的知识结构是学习的基础，强调原有知识结构对新知识的同化作用。

（3）积极的学习心态是学习效果的保证。

在这些影响之下，认知主义教学理论提出了一些基本的主张。

1. 在教学内容上强调知识结构

与行为主义心理学不同，认知心理学认为学习不是刺激与反应之间的联结，而是知识的重新组织。所谓"知识结构"，在教学中指的是某一知识领域内事实、概念、观念、公理、定理、定律等的组合方式。认知主义教学理论关注知识是如何在人的大脑中形成知识结构的，强调用直观的形式向学习者展示学科内容结构，让学习者了解教学内容中涉及的各类知识之间的相互联系。

2. 在教学方法上提倡发现法

发现法强调学习中的顿悟和理解。认知心理学认为，任何学科都可以用理智上忠实的形式教给任何年龄阶段的任何学员。发现不只局限于发现人类尚未知晓的事物的行动，而是包括用自己头脑亲自获得知识的一切形式。在发现学习中，学员是一个积极的探究者。教师的作用是要形成一种学员能够独立探究的情境，而不是提供现成的知识。

3. 强调内部动机和有意义学习

内部动机强调的是基于学习者本身的需求而提出的内在动机。发现学习可以激发学员探究的热情和兴趣，这就是内在动机产生的前提。有意义学习过程的实质是符号所代表的新知识与学习者认知结构中已有知识的适当观念建立非人为的和实质性的联系。这就为区分机械学习和有意义学习提供了明确的划分标准。发现学习和接受学习都可以成为有意义学习的形式，关键是学习材料本身必须有逻辑意义，合乎非人为的实质性的标准，而且学习者必须具有有意义学习的心理倾向，也就是将所学的新知识与自己头脑中原有的适当知识观念加以联系的倾向。

（三）建构主义教学理论

建构主义的根源是行为主义和认知主义。20世纪初行为主义理论在美国发展起来，代表人物主要是华生、斯金纳等。行为主义指出，学习是通过多次练习不断地强化形成有效的动作反应。教学注重相应环境的创建，然后利用环境的影响和刺激促进习惯的养成，进而促进学习的进行。

20世纪20年代认知主义理论的出现，在某种程度上否认了行为主义的观点。代表人物有布鲁纳、加涅等。20世纪40年代布鲁纳提出"以学习者为中心"的理论，后又提出"认知—发现"理论，强调学员内部的认知结构，认为学习是学员主动提取知识的过程。这为心理学服务于教学提供了明显的基础。

20世纪60年代，加涅的信息加工理论注重学习加工和教师的引导作用。认知主义认为学习不是刺激和反应的简单形式，而是一个复杂的认知过程，这为建构主义的发展打下了一定的根基。皮亚杰在20世纪70年代提出结构主义和建构观。他认为认知结构是主体从低到高的能动地建构过程。维果斯基的认知发展理论，注重"活动"和"社会交往"的关键性等。这都为20世纪90年代建构主义的提出和成长注射了营养液。

在皮亚杰建构观等的感染下，建构主义总结了不同的认知理论进而发展起来。建构主义注重情境的创设，注重学员的主体地位和教师的引导作用。在不断的成长下，建构主义分为了多个流派，持续地影响着教育事业。

受建构主义知识观和学习观的影响，建构主义教学理论呈现以下特点。

1. 关注知识是如何从一种动态的互动中形成的，认为知识是认识主体主动建构的，而不是被动接受的

在建构主义视野里，世界是客观存在的，但是对于世界的理解和赋予意义却是由个体自己决定的。建构主义教学由此认为，知识不是被动接受的，而是学习者积极建构的；学习是学习者个体主动建构知识的行为；要重视学习者先前所建构的知识和经验。在强调学习者的自我发展的同时，并不排斥外部的引导，但是反对简单的、直接的知识传递。

2. 重视学员的学习得以发生的要素

真正的学习需要四个要素的支撑，它们是情境、合作、对话和意义建构。情境也就是学习活动发生的场景，学习总是在特定情境中发生的，情境影响着认识主体对知识的建构；合作强调社会互动对意义建构的作用；对话是经验和智慧分享，尤其是社会文化团体的影响不可忽视；意义建构也就是形成对事物的性质、规律以及事物之间的联系的理解与认识。

3. 教学方式上强调以学员为中心，要求教师和学员转变传统角色

建构主义教学理论不仅要求学员由外部刺激的被动接受者和知识的灌输对象转变为信息加工的主体、知识意义的主动建构者，而且要求教师要由知识的传授者、灌输者转变为学员主动建构意义的帮助者、促进者。根据这种要求，建构主义的教学模式强调学员经验的重要性，要求教师提供一个相关的知识建构的环境，提出了一系列的教学模式，如支架式教学、抛锚式教学和随机进入教学等，这对传统教学模式的变革具有很大的启发。

（1）支架式教学（Scaffolding Instruction）。

根据欧共体"远距离教育与训练项目"（DGX Ⅲ）的有关文件，支

架式教学被定义为:"支架式教学应当为学习者建构对知识的理解提供一种概念框架(Conceptual Framework)。这种框架中的概念是为发展学习者对问题的进一步理解所需要的。为此,事先要把复杂的学习任务加以分解,以便于把学习者的理解逐步引向深入。"很显然,这种教学思想是来源于苏联著名心理学家维果斯基的"最邻近发展区"理论。维果斯基认为,在儿童智力活动中,对于所要解决的问题和原有能力之间可能存在差异,通过教学,儿童在教师帮助下可以消除这种差异,这个差异就是"最邻近发展区"。换句话说,最邻近发展区定义为,儿童独立解决问题时的实际发展水平(第一个发展水平)和教师指导下解决问题时的潜在发展水平(第二个发展水平)之间的距离。可见儿童的两个发展水平之间的状态是由教学决定的,即教学可以创造最邻近发展区。因此,教学绝不应消极地适应儿童智力发展的已有水平,而应当走在发展的前面,不停顿地把儿童的智力从一个水平引导到另一个新的更高的水平。

建构主义者正是从维果斯基的思想出发,借用建筑行业中使用的"脚手架"(Scaffolding)作为上述概念框架的形象化比喻,其实质是利用上述概念框架作为学习过程中的脚手架。如上所述,这种框架中的概念是为发展学生对问题的进一步理解所需要的,也就是说,该框架应按照学生智力的"最邻近发展区"来建立,因而可通过这种脚手架的支撑作用(或称"支架作用")不停顿地把学生的智力从一个水平提升到另一个新的更高水平,真正做到使教学走到发展的前面。

支架式教学由以下几个环节组成。

• 搭脚手架。围绕当前学习主题,按"最邻近发展区"的要求建立概念框架。

• 进入情境。将学生引入一定的问题情境(概念框架中的某个节点)。

• 独立探索。让学生独立探索。探索内容包括:确定与给定概念有关的各种属性，并将各种属性按其重要性大小顺序排列。探索开始时要先由教师启发引导（例如演示或介绍理解类似概念的过程），然后让学生自己去分析。探索过程中教师要适时提示，帮助学生沿概念框架逐步攀升。起初的引导帮助可以多一些，以后逐渐减少——越来越多地放手让学生自己探索。最后要争取做到无须教师引导，学生自己能在概念框架中继续攀升。

• 协作学习。进行小组协商、讨论。讨论的结果有可能使原来确定的、与当前所学概念有关的属性增加或减少，各种属性的排列次序也可能有所调整，并使原来多种意见相互矛盾，且态度纷呈的复杂局面逐渐变得明朗、一致起来。在共享集体思维成果的基础上达到对当前所学概念比较全面、正确的理解，即最终完成对所学知识的意义建构。

• 效果评价。对学习效果的评价包括学生个人的自我评价和学习小组对个人的学习评价。评价内容包括：自主学习能力，对小组协作学习所做出的贡献，是否完成对所学知识的意义建构等。

（2）抛锚式教学（Anchored Instruction）。

这种教学要求建立在有感染力的真实事件或真实问题的基础上。确定这类真实事件或问题被形象地比喻为"抛锚"，因为一旦这类事件或问题被确定了，整个教学内容和教学进程也就被确定了（就像轮船被锚固定一样）。

建构主义认为，学习者要想完成对所学知识的意义建构，即达到对该知识所反映事物的性质、规律以及该事物与其他事物之间联系的深刻理解，最好的办法是让学习者到现实世界的真实环境中去感受、去体验（即通过获取直接经验来学习），而不是仅仅聆听别人（例如教师）关于这种经验的介绍和讲解。由于抛锚式教学要以真实事例或问题为基础（作为"锚"），所以有时也被称为"实例式教学"或"基于问题的教学"。

抛锚式教学由这样几个环节组成。

- 创设情境。使学习能在和现实情况基本一致或相类似的情境中发生。

- 确定问题。在上述情境下，选择出与当前学习主题密切相关的真实性事件或问题作为学习的中心内容（让学生面临一个需要立即去解决的现实问题）。选出的事件或问题就是"锚"，这一环节的作用就是"抛锚"。

- 自主学习。不是由教师直接告诉学生应当如何去解决面临的问题，而是由教师向学生提供解决该问题的有关线索（例如需要搜集哪一类资料、从何处获取有关的信息资料以及现实中专家解决类似问题的探索过程等），并要特别注意发展学生的"自主学习"能力。自主学习能力包括：确定学习内容表的能力（学习内容表指完成与给定问题有关的学习任务所需要的知识点清单）；获取有关信息与资料的能力（知道从何处获取以及如何获取所需的信息与资料）；利用、评价有关信息与资料的能力。

- 协作学习。讨论、交流，通过不同观点的交锋，补充、修正、加深每个学生对当前问题的理解。

- 效果评价。由于抛锚式教学要求学生解决面临的现实问题，学习过程就是解决问题的过程，即由该过程可以直接反映出学生的学习效果，因此对这种教学效果的评价往往不需要进行独立于教学过程的专门测验，只需在学习过程中随时观察并记录学生的表现即可。

（3）随机进入教学（Random Access Instruction）。

由于事物的复杂性和问题的多面性，要做到对事物内在性质和事物之间相互联系的全面了解和掌握，即真正达到对所学知识的全面而深刻的意义建构是很困难的。往往从不同的角度考虑可以得出不同的理解。为克服这方面的弊病，在教学中就要注意对同一教学内容，要在不同的时间、不同的情境下，为不同的教学目的、用不同的方式加以呈现。换句话说，学习者可以随意通过不同途径、不同方式进入同样教学内容的学习，从而获得对同一事物或同一问题的多方面的认识与理解，这就是"随机进入教学"。

显然，学习者通过多次"进入"同一教学内容将能达到对该知识内容比较全面而深入的掌握。这种多次进入，绝不像传统教学中那样，只是为巩固一般的知识、技能而实施的简单重复。这里的每次进入都有不同的学习目的，都有不同的问题侧重点。因此多次进入的结果，绝不仅仅是对同一知识内容的简单重复和巩固，而是使学习者获得对事物全貌的理解与认识上的飞跃。

随机进入教学的基本思想源自建构主义学习理论的一个新分支：弹性认知理论（Cognitive Flexibility Theory）。这种理论的宗旨是要提高学习者的理解能力和他们的知识迁移能力（即灵活运用所学知识的能力）。不难看出，随机进入教学对同一教学内容，在不同时间、不同情境下，为不同的目的、用不同方式加以呈现的要求，正是针对发展和促进学习者的理解能力和知识迁移能力而提出的，也就是根据弹性认知理论的要求而提出的。

随机进入教学主要包括以下几个环节。

- 呈现基本情境。向学生呈现与当前学习主题的基本内容相关的情境。
- 随机进入学习。取决于学生"随机进入"学习所选择的内容而呈现与当前学习主题的不同侧面特性相关联的情境。在此过程中教师应注意发展学生的自主学习能力，使学生逐步学会自己学习。
- 思维发展训练。由于随机进入学习的内容通常比较复杂，所研究的问题往往涉及许多方面，因此在这类学习中，教师还应特别注意发展学生的思维能力。其方法是：第一，教师与学生之间的交互应在"元认知级"进行（即教师向学生提出的问题，应有利于促进学生认知能力的发展而非纯知识性提问）；第二，要注意建立学生的思维模型，即要了解学生思维的特点（例如教师可通过一些问题来建立学生的思维模型，比如"你的意思是指？""你怎么知道这是正确的？""这是为什么？"）；第三，注意培养学生的发散性思维（可通过提出一些问题来达到，比如"还有没有其他的含义？""请对A与B做出比较""请评价某种观点"）。

• 小组协作学习。围绕呈现不同侧面的情境所获得的认识展开小组讨论。在讨论中，每个学生的观点在和其他学生以及教师一起建立的社会协商环境中受到考察、评论，同时每个学生也对别人的观点、看法进行思考并做出反应。

• 学习效果评价。包括自我评价与小组评价，评价内容与支架式教学中相同。

由以上介绍可见，建构主义的教学方法尽管有多种不同的形式，但是又有其共性：即它们的教学环节中都包含情境创设、协作学习（在协作、讨论过程中当然还包含"对话"），并在此基础上由学习者自身最终完成对所学知识的意义建构。这是由建构主义的学习环境所决定的。建构主义的学习环境包含情境、协作、会话和意义建构等四大要素。既然上述各种教学方法都是在建构主义学习环境下实施的，那就不能不受到这些要素的制约，否则将不称其为建构主义理论指导下的教学过程。

三、无深度交互，无教学创新

（一）教学创新三要素

教学要素是一个完整教学过程的基础组成部分，教学要素的明晰有助于更好地开展教学。对于教学过程具体有哪些要素组成，学术界一直存在争议，具有代表性的观点有三要素说、四要素说、五要素说、六要素、七要素说以及三三构成说（表5-1）。

表5-1　多种教学要素观

教学要素观点	教学要素
三要素	教师、学生、教材
四要素	教师、学生、教学内容、教学手段
五要素	教师、学生、教材、工具、方法
六要素	教师、学生、教学内容、教学工具、时间、空间
七要素	教师、学生、目的、内容、方法、环境、反馈
三三构成说	三个构成要素（学生、教师、内容）
	三个影响要素（目的、方法、环境）

谈到教学方法，《教育大辞典》有广义、狭义之分：广义是可用于一切学科的教学理论、方法、实践的统称；狭义指师生在规定的教学任务和活动中共同使用的教与学的方式、手段。

但无论哪种说法，教学方法都包含以下几个要素。其一，目的（Purpose）：达成学习目标、完成学习任务。其二，人物（People）：参与教学活动的教师、学员。其三，事件（Process）：在教学活动过程中发生的事件。

通常，教学设计者在明确目标和内容之后，需要针对教学对象，考虑采用什么样的教学方法开展教学以达到好的教学效果。

基于此，可将教学方法归为三类：以教师为主，以学员为主，以师生互动为主。一些教学方法强调语言，一些强调感知欣赏，还有些强调实际训练或引导探究（表5-2）。

表5-2 实际教学中教学方法的分类

区分角度	具体维度	说明	对应教学方法
活动主体	教师为主	整个教学活动以教师为主开展	讲授法、演示法、分层教学法
	学生为主	整个教学活动以学生为主开展	参观法、练习法、实验法、项目教学法、实习作业法、欣赏教学法、情境教学法、发现法、任务驱动式教学法、问题教学法
	师生互动	整个教学活动充分体现师生互动	问答法、讨论法、读书指导法、案例教学法、体裁教学法、学导式教学法
外部形态	语言	主要通过言语传递和交流获得知识	讲授法、回答法、讨论法、读书指导法
	感知欣赏	主要通过学生自己感知欣赏获得知识	演示法、参观法、欣赏教学法、情境教学法、体裁教学法、案例教学法
	实际训练	主要通过学生实际训练获得知识	练习法、实验法、实习作业法
	引导探究	主要借助教师的引导，学生自主探究获得知识	项目教学法、任务驱动法、分层教学法、问题教学法、学导式教学法、发现法

我们将表5-2中提到的教学方法的具体内涵及特征，总结如表5-3。

表5-3 教学方法的内涵及特征

编号	教学方法	内涵	特征
1	讲授法	教师通过简明、生动的口头语言向学员系统地传授知识，发展学员智力的教学方法	（1）叙述或描述知识的方式 （2）说明和论证概念、原理、公式、定理的方式 （3）系统分析的方式 （4）论证完整课题的方式
2	问答法	又称谈话法，教师和学员以口头问答的方式进行教学的教学方法	（1）引导性谈话 （2）传授新知识的谈话 （3）复习巩固知识的谈话 （4）总结性谈话

续表

编号	教学方法	内涵	特征
3	演示法	教师在课堂上通过展示各种实物、直观教具，或进行示范性实验，让学员通过观察获得感性认识的教学方法	(1) 实物、模型、标本、图片的演示 (2) 幻灯片、录像、电影等演示 (3) 音乐、体育、劳技等示范性动作或操作的演示
4	参观法	教师根据教学任务的要求，组织学员到工厂、农村、展览馆、自然界和其他社会场地，通过对实物和实际现象的观察和研究获得知识的教学方法	(1) 感知性参观 (2) 验证性参观 (3) 总结性参观
5	练习法	学员在教师的指导下，巩固、运用知识，形成技能和技巧的教学方法	以已有知识、技能为基础，进行重复性的、反复的操作
6	实验法	学员在教师指导下，利用一定的设备、仪器，开展独立活动，通过实际操作和观察获得知识的教学方法	(1) 感知性实验 (2) 验证性实验
7	讨论法	在教师指导下，学员以全班或小组为单位，围绕教材的中心问题各抒己见，通过讨论或辩论活动，获得知识或巩固知识的教学教学方法	需要学员具备一定的基础知识、理解能力、独立思考能力
8	发现法	又称探索法、研究法，是学员学习概念和原理时，教师只提供一些事例和问题，让学员积极思考，独立探究，自行发现并掌握相应的原理和结论的教学方法	(1) 特点：花费时间多，不适于太简单或太复杂的内容 (2) 条件：教师要进行适当的设计，提供条件支持和引导
9	实习作业法	教师根据教学大纲要求，组织学员在校内外一定场地运用已有知识进行实际操作或其他实践活动，以获得一定知识和技能技巧的教学方法	相较于练习法和实验法，其实践性、综合性、独立性、创造性更强
10	读书指导法	教师指导学员通过阅读教科书和课外读物获得知识，养成良好读书习惯的教学方法	既强调学员"读"，又强调教师指导

续表

编号	教学方法	内涵	特征
11	欣赏教学法	在教学过程中,教师指导学习者体验客观事物的真善美的教学方法	(1) 艺术美和自然美的欣赏 (2) 道德行为的欣赏 (3) 理智的欣赏
12	模拟教学法	一种行为引导型的教学方法,具体指在教师的指导下,学员模拟某一角色或在教师创设的情境中,进行实践能力训练的典型的互动教学法	教师创设情境、学员模拟
13	情境教学法	在教学过程中,教师有目的地引入或创设具有一定情绪色彩的形象作为主体的生动具体的情境,以引导学员的态度体验,从而帮助学习者理解教材,并使学习者心理机能得到发展的教学方法	(1) 生活展现的情境 (2) 图画再现的情境 (3) 实物演示的情境 (4) 音乐渲染的情境 (5) 表演体会的情境 (6) 言语描述的情境
14	案例教学法	起源于苏格拉底对话法,广泛应用于英美法学教育,指借由案例作为师生互动核心的教学方法,即借由案例为教材,结合教学主题,通过讨论、问答等师生互动的教学过程,让学员领会与教学主题相关的概念或理论,并培养学员高层次能力的教学方法	强调作为教材的案例与教学主题以及教学过程相结合;强调师生互动及学员主动学习的教学过程
15	项目教学法	通过一个完整的"项目"工作进行教学活动的教学方法,将项目以需要完成的任务的形式交给学员,由学员自己按照实际工作的完整程序进行,包括收集信息、制订计划、决策、实施、检验成果、评估总结等	(1) 关键是设计和制订项目的工作任务 (2) 教学过程中学员独立完成、具体负责 (3) 教学过程中教师指导、答疑解难
16	任务驱动式教学法	以建构主义教学理论为基础,是以既能激发学员学习动机,又与教学内容紧密结合、富有趣味性的任务为载体,学员通过完成某项任务获取知识与技能的开放式、探究式教学方法	(1) 把教学任务设计成一个或多个具体任务 (2) 学员主动、独立完成任务 (3) 教师适当引导

137

续表

编号	教学方法	内涵	特征
17	体验教学法	以语篇教学为例，把体裁和体裁分析理论运用到课堂教学中，围绕语篇的图示结构开展教学活动，其宗旨是让学员了解属于不同体裁的语篇具有的不同交际目的和篇章结构；让学员认识到语篇不仅是一种语言建构，而是一种社会的意义建构；让学员既掌握语篇的图示结构，又能理解语篇的建构过程，从而帮助学员理解或创作属于某一体裁的语篇	（1）在文学类课程教学中涉及较多 （2）涉及文体分析、语篇分析 （3）目的是研究语篇的交际目的和语言使用策略
18	PBL教学法	PBL (Problem-Based Learning) 即以问题为基础的学习，教学中始终围绕"问题是学习的起点，也是选择知识的依据"这一中心展开，教学过程是"先问题，后内容"	基本程序： （1）提供问题情境 （2）引导学员发现并提出问题 （3）启发学员分析和解决问题
19	问题教学法	以解决问题为重点，以充分调动学员的主动性、积极性为前提，以发展学员的思维能力和创造能力，教会学员怎样学习为目的的教学方法	有两种基本模式： （1）教师直接提出问题 （2）教师只创设问题情境，启发学员自己发现问题，并分析和解答问题
20	学导式教学法	学导式教学法针对传统教学法的种种弊端，在原先朴素的思想基础上，吸收有关学科的理论与各方面的意见提出，主张"学为主体，导为主线，智能开发为核心，全面发展为目标"，尽量在教学中发挥教师与学员两方的积极性，使教师的主导作用与学员的主体作用优化地结合起来	（1）特点：自学加引导，学在导前，先学后教 （2）过程：自学—解疑—精讲—演练
21	分层教学法	在学员知识基础、智力因素和非智力因素存在明显差异的情况下，教师有针对性地实施分层教学，从而达到不同层次教学目标的教学方法	包括学员分层、教学目标分层、作业分层、课外辅导分层等

续表

编号	教学方法	内涵	特征
22	互动教学法	运用于高校课堂教学中，可以表现为多种具体教学方法，包括问答法、案例教学法、讨论法和情境教学法等	强调师生充分互动
23	参与教学法	一套完整的、要求学员参与教学的教学体系，包括讨论法、谈话法、游戏法和情境教学法等	强调学员充分参与

因而，教学方法的创新，应以成果为导向，围绕目的（Purpose）、人物（People）、事件（Process）这三个要素展开。

我们将人物（People）表示为学员及教师，将事件（Process）表示为教学活动，将目的（Purpose）表示为成果，则可将教学方法创新三要素总结为图5-1。

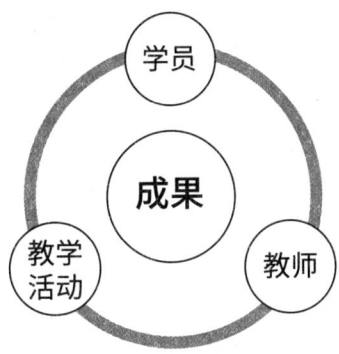

图5-1 教学方法创新三要素

（二）无交互，不教学

交互一词出自计算机术语，原指参与活动的对象可以相互交流，双方面互动。计算机中，当开始播放某文件（多媒体程序）时，编程人员可通过指令控制该程序的运行，程序接收指令后做出相应的反应，以上的行为过程被计算机领域视为交互。教学中的交互即为教学交互。从计算机术语中的交互,可以看出交互必有的特征:存在交互主体、有反馈、双向的过程。

从社会学角度看待交互,多视为交往。社会学认为每个个体都不是独立存在的,都是通过社会性的交往与其他个体或者环境发生相互的作用。那么,教学交往就是教学交互吗?

高质量的教学交往,其社会性要求交往是两个或两个以上的主体间的活动;同时交往双方存在差异,以便于更好地理解和珍惜差异性;交往的双方积极接纳对方并乐于倾吐自我;存在自由对话。

教学活动将交往对象局限于教学这个环境,双方为完成卓有成效的教学活动而进行双边交流。教学交往指"在教学过程中,以具有一定意义的语言为中介的人与人之间相互影响、相互促进的活动",其目标是达到教学相长的结果。从教学交往的概念可以看出教学交往实为教学交互的一个途径,主要是依托于语言中介的教学交互。

依据交互的对立面为"独立学习"来定义交互的内涵:交互特指学生与教师或是教育工作者之间的交流。至此,又涉及新的概念——交流。同时会让人思考新的问题:教学交流就是教学交互吗?

交流是信息交换的过程。萧伯纳曾说过,你有一种思想,我有一种思想,彼此交换,我们都有两种思想,甚至更多。在彼此交流过程中,信息被复制,成为对方新的知识储备。同时交流还存在一个信息导向性的问题,有输出端与输入处。那么,教学交流就是教学信息抑或是知识的流出与流向问题。

从教学交往、独立学习的内涵,可以看出教学交互指发生教学的双方为了达到教学效果而相互作用的过程,这一过程涉及行为、言语、符号等一系列显性与隐性信息的相互表达与转化。教学交互是教师与学习者、教学资源以及教学环境之间的相互作用,最终目的是实现有意义的学习。

（三）教学深度交互模型

1. 教学交互内容

智能时代，交互的主要内容是数据、信息、知识和智慧。数据指未经过处理的原始数字；信息是经过处理的数据，其本身具有一定的价值；知识是对信息提炼深化后的成果；智慧由知识内化而成，它主要体现用知识进行创造、判断等，着眼于运用知识创新创造、解决实际问题。

具体到教学中，教学交互内容为教学内容、图式框架和自我意识，三者之间并不具有明显的界限。

教学内容包括原始数据、信息、知识；图式框架包括处理过的信息、知识和智慧；自我意识则包括知识及智慧（图5-2）。

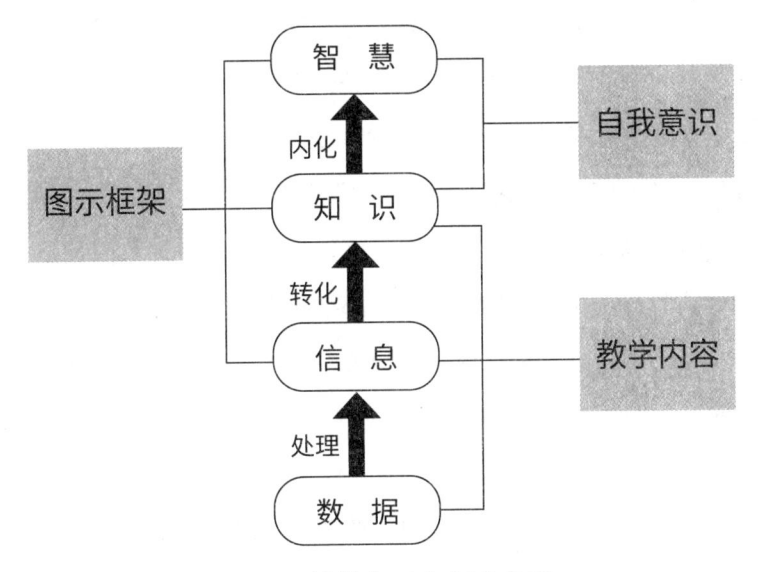

图5-2　教学交互内容示意图

（1）教学内容。

教学内容作为交互的基本要素，占据教学交互大部分内容。教师通过教学内容的传递，向学习者阐述教学目标，使得教学交互的效果偏向教学目标或者是学习者最终行为的改变符合教学目标的要求。教学内容作为外显的知识，可以被清晰地表述和有效地转移，是能够被明确表达的资源。

在教学交互过程中，主体与资源之间、交互主体之间发生物理的交互，即信息的获取、对话的发生，同时伴有外显的行为特征。值得注意的是，教学内容也具有隐性交互的功能，能够使主体产生概念交互等深层次的交互。隐性交互的发生依赖于交互主体对交互内容的内化吸收后的再表达，在这个过程中教学内容变得更加丰富，内容自身也更优质，更具有创造性。

（2）图示框架。

教学交互主体在未发生交互之前，都具有自己的图式框架，这一框架是个体对世界的知觉、理解和思考方式的总和。这种图式框架具有固定性与相对的稳定性。当教学交互行为发生时，外界向主体传递图式框架中的新概念时，主体站在自身图式框架角度，对外来的概念进行审视，同时与自身图式框架对比，这时主体的图式框架发生一定程度的波动。

当主体明确外来概念对自身图式框架不具有威胁性，而且是其需要接纳的，这时通过顺化，调节自己内部结构以适应新概念。若是外来新概念对主体的图式框架造成威胁，颠覆主体的框架，主体就会摒弃该种概念，对交互的行为做出消极的回应或者不回应。

（3）自我意识。

心理学上将意识定义为现实的心理现象的总体，是个人直接经验的主观现象，广义的意识表现为知、情、意三者的统一。其中，知可以理解为认识；情指情感，是人类对客观事物的自我感受；意指意志，主要体现在个人的毅力与信心等精神状态。自我意识主要指交互主体在教学交互过程中情感和认知的交互。

教学交互的过程中，交互主体在心灵交互层向对方传递自身的认识、情感。认识是交互一方主体主动了解客体或交互主体知识的行为，通过外在行为或是表征符号显示，例如言语、表情、动作等；情感是态度在生理上一种较复杂而又稳定的生理评价和体验，具体表现为喜欢、仇恨、厌恶等。情感可以通过主体的肢体语言以及外在的特征性表情体现。

教学交互的过程中自我意识的交互体现了交互的深度，每一次深度交互的发生都伴随着交互主体情感与态度的变化，有些外显的行为可以体现，而内隐的意识则是无法观测的，但利用可穿戴技术与视频记录的数据，通过长久的数据挖掘与推测也可以对内隐的情感与态度加以了解。

2. 教学深度交互模型的构建

教学交互应该关注交互最终的走向，关注交互结果，也要关注交互的过程。教学深度交互层次模型如图5-3所示。

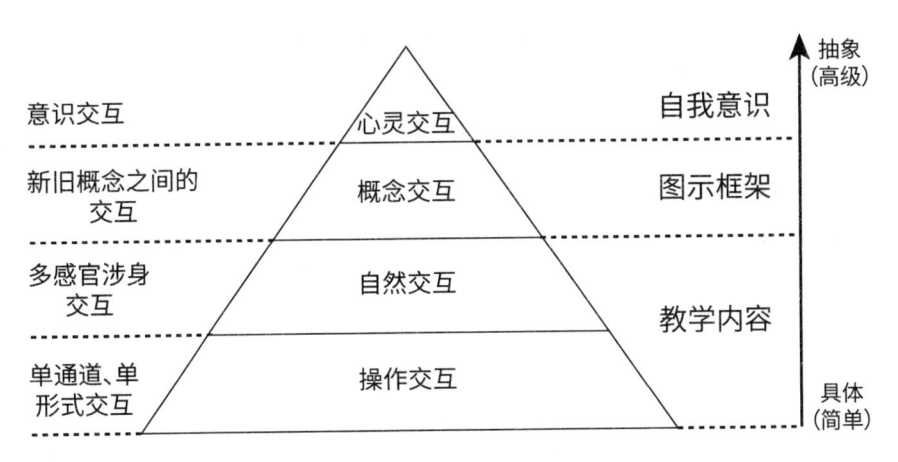

图5-3 教学深度交互层次模型

（1）操作交互。

学习环境中最底层也是最基础的交互是操作交互，这一层面的教学交互是互为主体的教师与学习者利用学习资源和学习工具进行交互；交互主体通过操作设备，与媒体进行交互；也存在教师与学习者两大主体与学习资源、学习工具的交互。

操作层面的交互仅限于单通道和单形式的交互，主要依赖于媒体的交互属性，涉及人的意义建构较少。在这一层面上，知识信息的流转是线性的输入—存储—体现，属于简单的主客体关系。

（2）自然交互。

自然交互在自然物理状态下或是依托学习环境中的技术设备支持，消除人所处环境和教学系统之间的界限，人可以使用眼睛、耳朵、皮肤、手势和语言等各种感觉器官直接与环境或者是环境中的其他主客体发生交互。这种层次中的交互强调交互主体的涉身性，把身体看作一种通过随情境而变化的载体，体现环境中生活和栖息的方式。

相较于操作交互，自然交互涉及多重感官与多种形式的交互，交互的形式与交互的复杂程度更为突出。认知活动则深深地根植于身体与环境的互动中。

（3）概念交互。

学习环境中的概念交互涉及环境中两大主体，即教师与学习者。外界的操作交互与自然交互最终都是通过概念交互，形成教师或者学习者的知识图式。

图式指个体对世界的感受、理解和思考的方式。建构主义把图式看作心理活动的框架或组织结构。在认知发展的过程中，学习者的认知经历同化、顺化和平衡三大过程，将新认知纳入原有认知框架中。

概念交互也具有相同的过程。概念交互存在两种方式，一种是其他主体通过互动交流，向主体传递新概念；另一种是主体在学习过程中自我习得新概念，自我新旧概念的交互。学习者或者教师接收到新的概念，这时需要依照自身原有的旧概念图式对新概念进行"过滤"和改变。当原有旧概念对新概念不能进行解释同化时，交互主体需要对新的概念框架加以修改或重建，最终实现概念层的再平衡状态。在这一过程中，交互主体需要对新概念具有清晰的客观认识，对新概念进行感知与辨别，同时还需要对原有的概念框架进行客观性的反思，实现自我新旧概念的交互。

(4) 心灵交互。

我们与他人之间的交互大多是心智上的交互，而不是仅仅局限于身体上的交互。涉身认知提倡身体在交互中的作用，心灵不再以一种独立的实体与身体截然对立分离。心灵不再是独立存在的属性，而是作为更复杂的互动奠基、根植和嵌入于身体体验活动中。心灵的本质是意向性，指诸如感知、信念等指向某个对象（或事态）的特性。现实社会是发展存在和发展意识交互作用的过程。值得注意的是，意识并不等同于意向性，意向性是意识的本质属性。

深度交互的心灵交互层，交互主体在充分认识自我与他我的存在，达成主体间互识后通过把自己放在他人地位上的"移情作用"，进入包含他人的知识领域，形成更高层的意向性的自我。这一过程中主体的交互和他人生活的意向性交互渗透。交互主体通过类比性知觉和"移情作用"进入他人世界，进入对方的精神境界，感受对方的内心世界，能将心比心地去体验对方的感受，并对对方的感情做出恰当的反应，形成一种更高层面上的主体交互渗透及先验生活意向性的交互渗透，从而达到心灵共识。

由教学深度交互模型的分析可知：操作交互与浅层次的自然交互可以归于工具的交互，属于外在交互；深层次的自然交互、概念交互以及心灵交互归于深度交互行为，属于内在交互。虽然深度交互层次模型将交互分层表示，但在实际发生过程中，四个层次都是相互交错、相互影响的。交互的内在价值在于改变自我、实现学习者自身的全面发展，是知识的内化过程；外在价值体现在于改变他人、改变事物，是知识外化的过程。其中改变他人是交互主体在交互内容上达成共识，寻求共同的价值取向，实现自身与他人能力与思维上的高层次提升；改变事物则是创新创造，激发创生能力。

以成果为导向，以三大教学理论为基础，构建教学深度交互模型，围绕学员、教师以及整个教学活动这三个教学方法的创新要素，我们强调了礼仪教学创新应遵循四个原则，即：以成果为导向，以学员为中心，以行动为路径，以工具为保障（图5-4）。

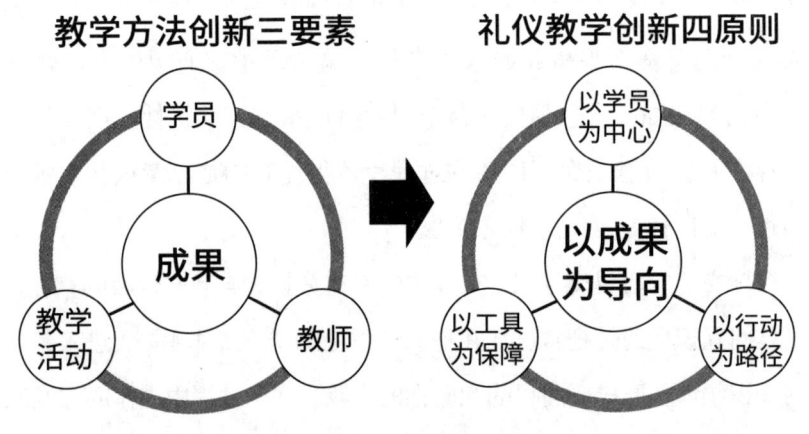

图5-4 礼仪教学创新的四原则

由此开发的"以成果为导向的VHF法""以学员为中心的TPO-R法""以行动为路径的PQRI法""以工具为保障的SOP法"是前文综述理论及观点在礼仪教学创新活动中的具体运用。

运用篇

第六章　以成果为导向的VHF法

知之者不如好之者，好之者不如乐之者。（《论语·雍也》）

一、为什么——以成果为导向

（一）授人以渔还是授人以欲

在教学创新基础部分，我们谈道：教学方法包含目的、人物、事件三要素。对这三要素不同的理解及运用，则有了具备不同特点的教学活动。教学及培训中，我们常常听到一些这样的说法："授人以愚、授人以愉、授人以誉、授人以鱼、授人以渔、授人以欲"。请各组分别谈谈对这些说法的理解。

第一组：授人以愚，体现的是以教师为主导，教学是一个从无到有的过程，但不应该是"填鸭式"教学的体现。

第二组：授人以愉，愉，愉悦。愉悦来自感受及评价。授人以愉，更多的是强调教学的体验，认为教学体验好，教学就一定能产生价值。

第三组：授人以誉，誉，荣誉。侧重教学中对学员的鼓励及营造一种积极的团队学习氛围，强调学员的积极参与是教学成果呈现的关键。

第四组及第五组：我们两组都认为，授人以鱼与授人以渔，前者侧重的是传授知识，后者强调的是既要传授知识，更要注重掌握知识学习的方法的传授，但两者都是强调通过外部的力量来促使学员学习。

第六组：授人以欲，欲，欲望，内驱力。强调赋能学习者，认为学习的过程，不仅仅是教与学的活动，更重要的是调动学习者的内在动力，自主、自动、自发地学习。授人以欲自然不同于授人以愚、愉、誉、鱼、渔，它是教学及培训的高境界。我们组认为它体现了礼仪教学的成果。

感谢各组的回答。请问各位老师参加过多少次开学典礼？请大家回忆一下有哪一次的开学典礼让你至今还记忆深刻，回味悠长？

在《看电影学礼仪》一书的序言部分，我记录了《蒙拉丽莎的微笑》这部电影关于开学典礼的片段。

当初春的阳光投射在校园的青草坪上，当嬉戏的小鸟被教堂的钟声惊起，当全体教师盛装出现在举办开学典礼的教堂，当满怀憧憬的学子相互簇拥，熙熙攘攘赶赴教堂，卫斯里女子学院的开学典礼即将举行。

学员们都是盛装出席，他们的学号被别致地印在了自己佩戴的一顶顶小帽上。一位女同学快步走向教堂门口，自信地拿起校工递过来的锤子，庄严地敲响了教堂的门。

校长："是谁敲响了知识殿堂的大门？"

学员："我，一位普通的女性。"

校长："你在追寻什么？"

学员："通过苦学唤醒我的灵魂，将我的一生奉献给知识。"

校长："那么，欢迎你，所有和你怀有同样抱负的女性都将受到欢迎，现在我宣布新学年开始。"

伴随着悠扬的管风琴声，莘莘学子步入教堂。

教堂外放飞的白鸽如同这群年轻的生命，在清风中格外矫健……

开学典礼怎么可以做成这样?

没有空洞的说教,没有死板的演说,没有固定套路的流程,没有虚张声势的宣传。

有的只是那样一个精巧设计的场景:一个女生代表拿起一把锤子。

有的只是那样一个震撼人心的对白:是谁在敲响知识殿堂的大门?

然而,开学典礼确实被导演设计成为了这个样子。

之后,我和很多朋友都讨论过这个片段,都有过这样的交流:从幼儿园算起,你经历过多少次开学典礼?在那么多次开学典礼中,有哪一次让你难忘?至今回想,你都会心情激动或者泪流满面。那些开学典礼的片段,令你难忘的是哪些人?哪些事?哪些音乐?抑或是哪些精心设计的流程?

再将这个话题深入,和礼仪结合起来。礼是什么?仪是什么?礼仪是什么?

如同《蒙娜丽莎的微笑》所演绎的那个片段,那些精心设计的场景、震撼人心的对白是"仪",那些需要观众细细体会的,对知识的尊重、对新学期的期待、对新生活的憧憬,则是"礼"。

礼是内涵,仪是外在;礼是核心思想,仪是表达方式;礼是规范、是尊敬、是修养,仪则是规范的各种约定、尊敬的具体体现以及修养的直接表达。

请大家设想一个场景:本期教学结束,开学之际自然少不了开学典礼。第一堂礼仪课,您的课程主题是仪式、典礼,我们是否可以提前布置一个作业,让学员自发地设计一个"令他记忆深刻"的开学典礼流程?衡量这个开学典礼流程是否达标的关键指标是"学员乐意参与、感受意义重大、回忆持续难忘"。

运用黄金圈法则思考,这样的教学活动我们要追求的成果是什么?这样的教学活动设计是"授人以欲"吗?"授人以欲"是礼仪教学活动追求的成果吗?我们到底该怎样理解"授人以欲"?"授人以欲"又有哪些具体的手段去实现？

激励理论中，马斯洛需求层次理论从一个方面揭示了激励的原理，因此我们坚信内驱力产生的作用远远大过"胡萝卜或者大棒"的外驱力，教学培训亦然！

学员唯有真正被触碰内心，自动自主自发地学习，才是最高效的。授人以鱼不如授人以渔，授人以渔不如授人以欲！

（二）布鲁姆教学法与意义建构

1. 布鲁姆教学目标分类

教学目标指预期的学员学习结果。布鲁姆把教学目标分为认知、情感和动作技能三个目标领域，并按照由低到高、由简到繁的顺序把每个目标领域再细分为多个层次和水平。

（1）认知领域的教育目标。

认知目标按照由低级到高级的水平共分为六级。

第一级：知识（Knowledge）。这里的知识指对先前所学内容的回忆，包括对具体事实、方法、过程、理论等的回忆。这是学员通过对观念、材料或现象的再认识或者回忆而获得的对知识的记忆，是教师要求学员习得的行为。这是最基础的目标，可以通过提问、作业、测验，对学员掌握知识的情况进行检测。

第二级：领会（Comprehension）。领会指理解交流内容中所含文字信息的各种指标、行为或反应。领会有多种表现方式，基本的有三种：第一，转化，指个体把交流内容转换成其他交流形式，如术语；第二，解释，即从多个方面、多个层次对交流的内容予以阐发，如信息的结构、层次表述，各部分意义、彼此之间关系等；第三，推断，包括根据对交流内容中描述的趋势、倾向或条件的理解做出估计或预测，也包括对内涵、后果等进行推断。

第三级：应用（Application）。应用以领会为基础，但二者的标志不同。领会的标志在于，当说明抽象概念的用途时，能使用该抽象概念；运用则指在没有说明问题解决模式的情况下，能使用抽象概念于适当情境。显然，应用比领会的要求更高级。如果说领会侧重于理解，是内隐行为，应用则是外露的表现。

第四级：分析（Analysis）。分析指把复杂的材料分解成各个组成部分，以便弄清各种观念的有关层次，或者弄清所表达的各种观念之间的关系。分析代表了比运用更高的智能水平，因为它既要理解材料的内容，又要理解其结构。

第五级：综合（Synthesis）。分析与综合是两种紧密联系，又比领会和运用更高一级的技能。分析有三个层次，一是把材料分解成各个组成部分，或对材料予以分类；二是弄清各部分之间的关系；三是识别出把材料组合在一起，使之成为一个整体的组织原理、排列和结构。综合与分析相反，它是把各要素组合为一体的带有创新性的技能。虽然领会、运用、分析也涉及要素的组合和意义的构建，但它们往往是局部的，不完全的，而综合则是整体性的。综合予以区分，可分为三个亚类，即独特的交流、计划或操作程序、抽象关系。

第六级：评价（Evaluation）。评价是为了某种目的，对信息各层面做出判断，如准确性、有效性、经济性、满意度等。依据不同目的和不同标准，可做出不同的评价。

(2) 情感领域的教育目标。

情感领域的教育目标按照由低级到高级的水平共分为五级。

第一级：接受或注意。指学习者愿意注意某特定的现象或刺激（选择性注意）。它分为三个亚类。第一，觉察（Awareness），指学习者意识到某一情境、现象、对象或事态；第二，愿意接受（Willingness to receive），指学习者愿意承受某种特定刺激而不是去回避；第三，有控制的或有选择的注意（Controlled or selected attention），指自觉地或半自觉地从给定的各种刺激中选择一种作为注意的对象而排除其他无关的刺激。

第二级：反应。指学习者主动参与，积极反应，表示出较高的兴趣。它分为三个亚类。第一，默认的反应（Acquiescence in response），指学习者对某种外在要求、刺激做出反应，但是还存在一定的被动性；第二，愿意的反应（Willingness to respond），指学习者对于某项行为有了相当充分的责任感并自愿去做；第三，满意的反应（Satisfaction in response），指学习者不仅自愿做某件事，而且在做了之后产生一种满意感。

第三级：评价或价值化。指学习者确认某种事物、现象或行为是有价值的，学习者将外在价值变为他自己的价值标准，形成了某种价值观、信念，并以此来指引其行为。它分为三个亚类。第一，价值的接受（Acceptance of a value），即接受某种价值；第二，对某一价值的偏好（Preference for a value），指不仅学习者接受某种价值，而且这种价值驱使着、指引着学习者的行为，同时，这种价值被学习者所追求，被学习者作为奋斗目标；第三，信奉（Commitment），指个体坚定不移地相信某种观念或事业，自己全力以赴地去实现这种他自认为有价值的观念或事业，并且他还力图使别人信服这种观念、参与这项事业。

第四级：组织。指学习者在遇到多种价值观念呈现的复杂情境时，将价值观组织成一个体系，对各种价值观加以比较，确定它们的相互关系及它们的相对重要性，接受自己认为重要的价值观，形成个人的价值观体系。它分为两个亚类。第一，价值的概念化（Conceptualization of a value），即通过使价值特征化，使各种价值能够联系在一起；第二，价值体系的组织（Organization of a value system），指学习者把各种价值（可能是毫无联系的价值）组成一个价值复合体，并使这些价值形成有序的关系。

第五级：价值与价值体系的性格化。指学习者通过对价值观体系的组织，逐渐形成个人的品性。各种价值被置于一个内在和谐的构架之中，并形成一定的体系。个人言行受该价值体系的支配，观念、信仰和态度等融为一体，最终的表现是个人世界观的形成。达到这一阶段以后，行为是一致的和可以预测的。这个领域也包括两个亚类。第一，泛化心向，指一种在任何特定的时候都对态度和价值体系有一种内在一致的倾向性。第二，性格化，指外在价值已经内化为学习者的最深层的、整体的性格，包括他的世界观、人生观等。

（3）技能领域的教育目标。

技能领域的教育目标按照由低级到高级的水平共分为七级。

第一级：知觉。指运用感官获得以后可用于指导动作的相关信息。

第二级：定向。指从生理、心理和情绪等方面做好活动的准备。

第三级：有指导的反应。指对某一动作技能的模仿和尝试。

第四级：机械动作。指能以某种熟练和自信水平完成动作。

第五级：复杂的外显反应。指能熟练操作复杂的动作。

第六级：适应。指技能的高度发展水平，即学员能根据具体情境修正自己的动作。

第七级：创新。指根据具体情境的需要创造出新的动作，这里强调以高度发展的技能为基础的创造能力。

根据布鲁姆目标分类模型不难看出，我们首先应明确教学成果，其次区分出教学内容归属的领域，再次选择对应的教学方式。

2. 教学要完成意义建构

教学要以成果为导向，强调学习过程的最终目的是完成意义建构（而非简单地完成教学目标）。

在传统教学设计中，教学目标是高于一切的，它既是教学过程的出发点，又是教学过程的归宿。通过教学目标分析可以确定所需的教学内容和教学内容的安排次序。教学目标还是检查最终教学效果和进行教学评估的依据。

在建构主义学习环境中，由于强调学员是认知主体，是意义的主动建构者，所以是把学员对知识的意义建构作为整个学习过程的最终目的。在这样的学习环境中，教学设计通常不是从分析教学目标开始，而是从如何创设有利于学员意义建构的情境开始，整个教学设计过程紧紧围绕"意义建构"这个中心而展开，不论是学员的独立探索、协作学习还是教师辅导，学习过程中的一切活动都要从属于这一中心，都要有利于完成和深化对所学知识的意义建构。

在学习过程中强调对知识的意义建构，这一点无疑是正确的。但是，在当前建构主义学习环境的教学设计中，往往看不到教学目标分析这类字眼，"教学目标"被"意义建构"所取代，似乎在建构主义学习环境下完全没有必要进行教学目标分析。这种看法则是片面的，不应该把二者对立起来。因为"意义建构"指对当前所学知识的意义进行建构，而"当前所学知识"这一概念是含糊的、笼统的。某一节的课文内容显然是当前所要学习的知识，但是一节课总是由若干知识单元（知识点）组成的，而各个知识单元的重要性是不相同的：有的属于基本概念、基本原理（是教学目标要求必须"掌握"的内容）；有的则属于一般的事实性知识或当前学习阶段只需要知道还无须掌握的知识（对这类知识，教学目标只要求"了解"）。可见，对当前所学内容不加区分一律要求对其完成"意义建构"（即达到较深刻的理解与掌握）是不适当的。

因此，我们建议：在进行教学目标分析的基础上选出当前所学知识中的基本概念、基本原理、基本方法和基本过程作为当前所学知识的"主题"（基本内容），然后围绕这个主题进行意义建构。这样建构的"意义"才是真正有意义的，才是符合教学要求的。

（三）以成果为导向的授人以欲

以成果为导向的教学，以建构主义理论为基础，以认知心理学、行动学习法等理论和模型为指导，选择适合教学培训项目需求的添加元素（素材），并保证添加元素（素材）的专业化实施，每一类添加元素（素材）都能够满足教学培训过程中学员的身体及心理诉求，针对学员状态性个体特征在授课或研讨中间来进行安排，并能够结合教学培训主题来提升教学培训效果，从而达成"授人以欲"。

这样设计的原因有两点。第一，理论和实践均表明，教学培训活动存在学习容易疲劳、记忆力下降和精力分散等问题。人的注意力曲线呈倒"U"型，通过在教学培训过程中穿插使用各种"添加元素"可以缓解教学培训的紧张感、疲劳感，有效地解决教学培训中注意力不够集中的问题，增加学员的教学培训参与度和积极主动性，增强教学培训整体效果。第二，教学及学习的体验好，是实现教学成果的条件之一。除了要考虑外部环境、教学及培训的技术手段，激发学员的内驱力，使其自动自发自主的学习应该是教学培训，特别是礼仪教学培训追求的成果。

如同我们强调的黄金圈法则一样，由内而外，由WHY至HOW至WHAT，才是有持续生命力的学习。

因而，我们将以成果为导向与授人以欲加以结合，提出以成果为导向的VHF法（图6-1）。

图6-1 以成果为导向的VHF法

1. VHF法的解读

有调研显示，人的感官在接收信息时起的作用有很大的不同（图6-2）。

我们怎样学习：人通过**感官**获取信息

	感觉	信息百分比
1	味觉	1%
2	触觉	1.5%
3	嗅觉	3.5%
4	听觉	11%
5	视觉	83%

图6-2 不同感官与接收信息的百分比关系

在教学培训活动中，应注意不同的感觉在获取信息时所起的作用是有差异的，在运用各种感觉媒介时，既要力求全面，又要有所侧重。

VHF在这里有两层意思。一层是指在教学活动中，要通过大量的视觉活动（V-Visual）、听觉活动（H-Hearing）和情感活动（F-Feeling）来激发学员的兴趣，让其主动自发地学习。另外一层意思指在教学活动中，视觉活动、听觉活动、情感活动等教学手段要大量频繁地运用

（Very High Frequency），一般以18至20分钟为一个周期来切换使用（研究显示注意力集中时间为18至20分钟为一周期）。

通过VHF法的综合运用，优化教学体验，激发学员兴趣，实现情感交流，以此来启发学员，让其自己产生内在学习欲望，自主自发地去学习，实现"授人以欲"。

2. VHF法的内容

某种程度上，我们可以将VHF理解为教学活动中的元素（素材），即教学活动中运用的教学方式、采用的教学媒介等，我们将其归纳为调节类、运动类与互动类元素（素材），从观察到具体的经验，再到抽象的概念，聚焦于教学内容。

（1）调节类元素（素材）。在礼仪教学培训中，可体现为包括音乐欣赏、冥想放松和心理调适等，用于调节学员心理状态，调整教学培训气氛和秩序，并对学员保持教学培训和工作生活中的心理平衡协调提供指导。

（2）运动类元素（素材）。在礼仪教学培训中，可体现为包括太极养生、瑜伽健身和韵律健身等，用于调节学员身体状态，缓解教学培训身心疲劳，并对学员保持教学培训和工作生活中的身体健康提供指导。

（3）互动类元素。在礼仪教学培训中，可体现为包括室内拓展和教学培训游戏等，用于调动学员的教学培训积极性和参与度，完整掌握教学培训内容，并对学员保持教学培训和工作生活中的团队合作精神提供帮助。

通过添加元素影响学员的状态性个体特征，有效解决或避免了传统教学培训中存在的影响教学培训效果的不利因素。教师不再只扮演"讲师"的角色，更多扮演"讲师+教练"的角色；学员也不再只扮演"听众"的角色，而是积极投入教学培训思考和体验，更多扮演"听众+运动员"的角色；激发学员对教学培训的积极性、主动性和参与性，将教学培训活动串联成一个紧紧围绕教学培训主题的整体，提升了教学培训效果。

3. 礼仪教学元素（素材）的三个标准

授人以欲的VHF法所添加的教学元素（素材），要服务于教学内容。与教学内容主题相关，且和学员的过往经历相关是衡量教学元素（素材）与教学内容是否匹配的基本要求。除此之外，礼仪教学元素的选择还应考虑以下三个标准。

（1）经典。

"经典"二字体现为：素材应是（或体现）经典时刻、经典人物、经典活动等。

比如，中餐礼仪培训中，《红楼梦》中贾母为林黛玉接风的晚宴的场景就是经典素材。

贾珠之妻李氏捧饭，熙凤安箸，王夫人进羹。熙凤忙拉黛玉在左边第一张椅子上坐了，……迎春便坐右手第一，……旁边丫鬟执着拂尘、漱盂、巾帕。……外间伺候之媳妇丫鬟虽多，却连一声咳嗽不闻。……寂然饭毕，各有丫鬟用小茶盘捧上茶来。……早见人又捧过漱盂来，……盥手毕，又捧上茶来。

贾府乃钟鸣鼎食之家，为外孙女接风洗尘之宴讲究排场和气氛，讲究程序和规矩。你看，先是待客之礼，座次的安排，因为贾母接待外孙女，所以王熙凤、李纨作为孙媳妇捧饭、安箸，甚至连王夫人都要进羹，伺候贾母用膳。陪客有迎春、探春、惜春，迎春年龄虽比黛玉大，但因黛玉是客人，所以黛玉座次尊于迎春。其次是用餐礼仪，贾府用餐讲秩序、讲礼节、讲规矩，阖风肃严；外间伺候的媳妇丫鬟也是训练有素，不仅司职不紊、配合默契，而且规矩极严，自觉遵守，故能一餐"寂然"。再次是餐后礼仪，餐后的"善后"也层次井然：漱口、盥手、吃茶，林如海作为探花，还是五侯之后，当然于今式微，所以黛玉要察言观色，暗中熟习这烦琐的各种规矩。

中餐礼仪培训中，利用上述这样的"经典"素材，既生动又有说服力!

（2）权威。

"权威"二字体现为：组成素材的要素，比如人员、机构、场景等，以及素材的来源是"权威"的。

比如行为礼仪中的握手礼仪培训，就常用尼克松总统访华和周恩来总理握手的素材。

美国总统尼克松访华，这是中美关系史上的一件大事，中国为此做了充分准备。1972年2月21日，美国总统尼克松抵达北京，受到周恩来总理等中国领导人的欢迎。当美国总统尼克松同他的夫人走下飞机时，在一片掌声中，尼克松快步上前，急忙伸手向周恩来迎去，主动同周恩来热情握手。摄影师快速摄下了尼克松和周恩来将要握手的瞬间。后来，尼克松写道："当我们的手相握时，一个时代结束了，另一个时代开始了。"

握手礼仪培训中，用到上述素材，可谓是"小握手，大历史"，能让学员更好地理解礼仪的意义，激发自主学习的意愿。

（3）亲历。

"亲历"二字体现为：礼仪培训中用到的最佳素材是讲师亲身经历的，这样的素材更可信、更有说服力。

下面用笔者参加"南航空姐面试选拔"的案例加以说明。

面试中，评委问了面试者一个通联礼仪的基本问题，"打电话谁先挂？"

评委：40号选手，你好。

选手：你好。

评委：相关的礼仪知识你平时有没有涉及？有没有去学习？

选手：有，我大一的时候曾任学校礼仪队队员。

评委：好，那我问你一个日常的电话礼仪。

选手：好。

评委：我们打电话的时候，一般谁先挂？

……

各位老师，这个问题你的答案是什么呢？

第一组：对方先挂。

第二组：尊者先挂。

第三组：主叫先挂、尊者先挂。

第四组：对方先挂、尊者先挂。

……

我们继续看面试现场面试者的回答。

选手：我觉得还是应该先打电话的人先挂电话。

评委：您打给我，您先挂？

选手：对，因为打电话必然是有些事情要说，当您说完了，也许您有别的事情要忙，所以肯定是您先挂电话。

评委：我如果还有话想说呢？那我给您打过来？

选手：不需要。如果您还有想说的话，那我会继续耐心等候，而且我相信您也会给我一些提示语，证明您想继续说下去。

评委：一般情况下打电话是尊者先挂，今天我是评委，您是选手，这种情况下，我是尊者，那我应该先挂，不是您先挂。如果我们俩是一般的朋友，年龄相仿，中间没有所谓的评委选手或者是上级下级的区别，则是女士优先，女士可以先挂。

……

打电话到底应该谁先挂？

尊者先挂。因为尊者有优先决定权。

何为尊者？

在朝序爵、在野序齿。同时你也可以说女士优先，女士先挂，女士

161

也为尊者。

如果两位男士级别一样，年龄一样，这时候谁先挂？

遵守惯例，主叫先挂。如果我打电话有事找你，我说完了自然就挂电话。

所以，尊者先挂（在朝序爵，在野序齿，女士优先），遵守惯例。这两条原则涵盖了基本的次序规则。

可见，通联礼仪培训中，用到"亲历"的培训素材，最有说服力。

所以，我们强调礼仪培训素材的选取要遵循"经典""权威""亲历"三个标准，这样才能激发学员的学习兴趣，做到授人以欲。

二、怎么做——以成果为导向

追求"授人以欲"以成果为导向的VHF法，以建构主义、场域理论为支撑，强调教学实施的用户思维，借鉴经验之塔的教学启示，通过学习环境的精心设计、音乐媒介、课件制作、呈现技巧，以唤醒学员内在的、自主自动自发的学习欲望，实现教学成果。

（一）用户思维指导教学设计

每次教学（培训）过后，我们都会让学员以"培训（教）师，我想对你说"为题，围绕教学（培训）及教学（培训）后的各种感受，给培训（教）师写几句话。以下是我们根据这些年来学员的反馈，整理统计的一些主要内容。

（1）我们所了解的，或是我们已有的经验，会影响我们学习新东西以及学的好坏。所以，请让我们尽可能多学习一些新东西。

（2）如果我们在学习中运用尽可能多的工具，就会学得很好。所以，请更多使用录像、手把手、案例研讨等工具。

（3）我们想学的东西就会学得很好，我们必须要了解为什么要学习这项工作、任务或程序。所以，请告诉我为什么要完成这项任务。

（4）如果我们想知道为什么，我们也就想了解问题的解决办法。我们要找出解决办法，对问题的说明往往可以引起他/她们的兴趣。

（5）如果是我们亲身经历的情况，就很容易学好。所以，如果我们在教学培训过程中做些不同的工作，有些亲身的体验，我们的积极性将被充分调动起来。

（6）我们希望有机会对所学的知识加以练习，这样可以使自己了解学习的结果。所以，请多给我们机会"尝试"吧！

（7）我们希望有一个充满乐趣的学习环境，挑战、鼓励以及表扬都可以让我们积极投入。所以，请用心来塑造这个环境吧！

（8）我们对自己和他人都有一个标准，所以，请不要要求我们"空杯"。不是我们不愿意"空杯"，而是"空杯"很难。如果，可以利用这一点来提高我们更大的积极性，对工作标准清楚地交流，会有利于创造和保持一个良好的教学培训环境。

（9）我们来培训，是想要和大家一起来交换意见，想要别人认同我们的价值，也想要使自己也成为管理队伍中的一员，尽管我们是新手。

我们可以看到：以上这些描述，集中在教学环境设计、学员心理把握、教师及学员角色定位、教学手段、教学目标等方面。这些因素，有些是我们关注的，有些却并没有在意；有些我们能一直放在心上，有些却时常忘记。试想一个教学活动，如果不曾全面深刻地了解用户的心理及需求，成果怎么会体现？也就是说，如果没有"用户思维"，好的教学内容和教学形式是无法呈现的，自然也就不能授人以欲。

（二）经验之塔丰富教学手段

1946年，美国教育技术专家埃德加·戴尔在他的《视听教学法》一书中，研究了录音、广播等视听教学手段在教学中的应用，提出了"经验之塔"理论。

经验之塔模型谈到，我们有做的经验，有观察的经验，有抽象的经验。此外，埃德加·戴尔还研究了经验是怎么得来的，有的是直接方式，有的是间接方式。比如说做的经验可能会给学员带来更加直接、更加深刻的理解。经验又可分成有目的的直接经验、设计的经验和演戏的经验。

埃德加·戴尔将各种经验，依据抽象程度分为三大类（抽象的经验、观察的经验和做的经验）、十个层次，构成"经验之塔"（图6-3）。

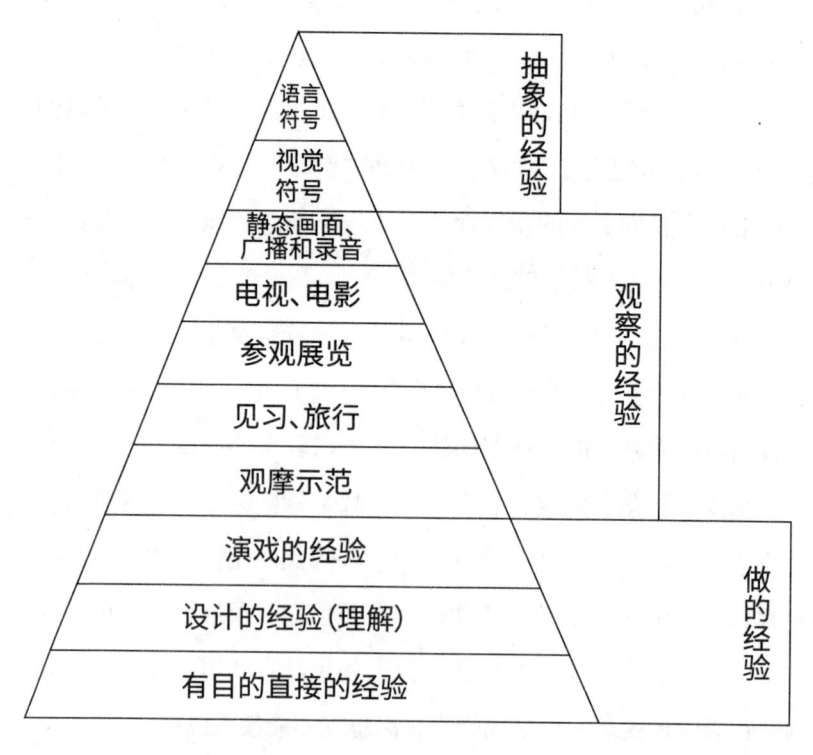

图6-3 经验之塔教学理论

1. 做的经验

（1）有目的直接的经验。指直接地与真实事物本身接触取得的经验，是通过对真实事物的看、听、尝、摸和嗅，即通过直接感知获得的具体经验。

（2）设计的经验。指通过模型、标本等学习间接材料获得的经验。模型、标本等是通过人工设计、仿造的事物，都与真实事物的大小和复杂程度有所不同，但在教学上应用比真实事物易于被领会。

（3）演戏的经验。指把一些事情编成戏剧，让学员在戏中扮演角色，使他们在尽可能接近真实的情境中获得经验。参加演戏与看戏不同，演戏可以使人们参与重复的经验，而看戏是获得观察的经验。

2. 观察的经验

（1）观摩示范。看别人怎么做，通过这种方式可以知道一件事是怎么做的，以后便可以自己动手去做。

（2）见习、旅行。可以看到真实事物的各种景象。

（3）参观展览。展览是供人们看的，使人们通过观察获得经验。

（4）电视、电影。银屏上的事物是真实事物的替代，通过看电视或看电影，可以获得一种替代的经验。

（5）静态画面、广播和录音。它们可以分别提供听觉的与视觉的经验，与电影、电视提供的视听经验相比，抽象层次更高一些。

3. 抽象的经验

（1）视觉符号。主要指图表、地图等，已不是事物的实在形态，是一种抽象的代表（如地图上的曲线代表河流，线条代表铁路等）。

（2）语言符号。语言符号是一种抽象化了的代表事物或观念的符号。包括口头语言与书面语言的符号。

比如在设计开学典礼那个教学活动中，我们让学员参与设计一个记忆深刻的开学典礼，就是直接的经验；接下来是观察的经验，我们让学员看一段《蒙拉丽莎的微笑》电影片段；我们最后那段对礼仪解读的文字，就是抽象的经验。

通过上面的介绍，我们得到如下结论。

第一，学习者开始是在实际经验中作为一名参与者，然后是作为一名真实事件的观察者，接着是作为一名间接事物的观察者（提供一些媒体来呈现这些事件，观察到的是真实事物的替代者），最后，学习者观察到的是一个事件的抽象符号。戴尔认为，学员积累了一些具体经验，并能够理解真实事物的抽象表现形式，在这个基础上，才能有效地参加更加抽象的教学活动。

第二，"经验之塔"中最底层的经验最具体，越往上升越抽象，但不是说任何经验都必须经过从底层到顶层的阶梯，也不是说高一层的经验更有用。划分阶层是为了说明各种经验的具体或抽象的程度。

第三，位于"经验之塔"中层的视听媒体，较语言、视觉符号更能为学员提供具体和易于理解的经验，并能冲破时空的限制，弥补其他直接经验方式的不足。

第四，教学应从具体经验下手，逐步升到抽象的经验。有效的学习之路应该充满具体经验。传统教学最大的失败，在于使学员记住许多普通法则和概念时，没有具体经验作为支柱。

第五，教育教学不能止于具体经验，而要向抽象和普遍发展，要形成概念。概念可供推理之用，是最经济的思维工具，可把人们探求真理的智力简单化、经济化。

值得注意的是，很多人容易将"经验之塔"与"学习金字塔"混淆。

"经验之塔"是戴尔在《教学视听方法》中提出的"Cone of Experience"，我们将其译为"经验之塔"，主要用以指导教学中媒体的选择和使用。"学习金字塔"是美国国家训练实验室提出的"Learning Pyramid",我们将其译为"学习金字塔"。该理论将学员的学习方法从塔底到塔尖分成7层,并标出了采用每一种学习方法学员在两周后的保持率。从模型对比中不难发现,"经验之塔"研究的是教学媒体的选择与学员经验的关系,而"学习金字塔"研究的是教学方式对教学效果的影响。

戴尔的"经验之塔"中明确回答"教学活动必须有规则地从塔的底部向顶端(直接经验向抽象经验)过度吗?"绝对不!我们是根据特定的学习情境,特定学员的需要和能力来选择最合适的学习经验(媒体)。

通过"经验之塔"和"学习金字塔",你会发现当你和别人分享、教授他人的时候,记忆的保存率是最高的,达到了90%;如果只是传统的讲授,你的记忆保存率在24小时以后只有5%。因此,教学方式越多样,教学的效果越具体,学员的记忆力就越高。

而且,教学活动中,有多媒体运用的教学体验要比单一的体验好,看一段伴随语音讲解的图像或动画要比看只有文字解释的图像或动画的学习体验好。这说明在学习的过程中,知识可以通过听觉和视觉双重通道进入人脑,然后人脑再进行信息的记忆加工(图6-4)。

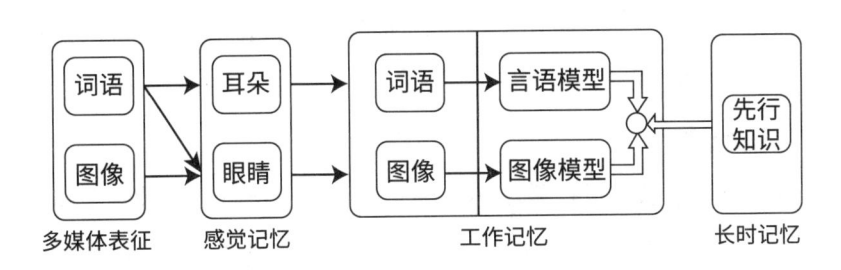

图6-4 多媒体学习的认知理论模型

首先,在人脑中,声音和视频、图片等提供的图像经过后先形成感觉记忆;之后加工处理到了工作记忆阶段,形成了言语模型和图像模型。这两个模型和我们现有的知识经验等整合后形成了有意义的学习。比如，微课不仅可以提供图片、视频、文本等视觉上的信息，还可以提供音频、语音讲解等言语信息，两者同时结合使用，就可以更好地促进教学的进行，并让记忆保存率在一个比较高的水准。

（三）深度交互优化环境设计

对学习本质的关注一直是当今社会重点聚焦的问题，在关注学习本质的同时，适合学习的环境也成为研究焦点。适合学习的环境要求在这种环境中发生的学习能够体现学习的内在本质，并且这种深层次的本质能够得以充分发挥。

学习环境是支持学习者学习的重要条件，我们常认为是学习环境的家庭、学校、社会学习环境，实际是学习者学习的物理空间。

在这里，我们先聚焦学习环境作为外部条件的支持，该如何有效地进行设计。

学习环境是一个由多种要素构成的复杂的整体系统，学习环境与教学活动息息相关，环境的优劣直接影响教学活动的进程。结合学习环境的特点和功能期望，一般来说，学习环境的设计应以深度交互为宗旨，遵循如下基本原则。

1. 系统性

这一原则要求在设计教学环境时，用系统思维来塑造教学环境。我们应从整体上对教学环境的各个方面进行调整和规划，以便把各种环境因素有机地打造成为一个系统，发挥最佳效益。比如现场环境空间的合理分配，现场环境装饰与主题的统一，环境装饰各部分的互相呼应等。

2. 交互性

这一原则要求我们关注交互应成为教学活动的主体。教学环境的塑造应为学习者带来全新的教学体验，为教学交互的发生提供实践场域与服务支持。但目前教学环境下的教学交互存在停留于浅层交互、未能关注深度交互的机制的现象。

研究显示，教学活动中，教师与学习者这两大交互主体，在学习环境中存在着不同的教学交互模式。深度交互催生深度思维，深度思维引发深度学习，深度学习再次促进深度交互。故交互性应成为教学环境设计的重要因素。

3. 针对性

这一原则要求我们在设计教学现场环境时，要针对特定的教学目的有意通过或突出教学环境的某些特性，形成特定的环境条件来影响学员，人在改变环境的同时，环境也在改变着人。为了达成特定的教学目的，根据具体的情况，可以适当突出或增强环境的某些特性或要素。比如教学现场场地的布置，就可以分为剧院式（长排方型）、岛屿式（鱼刺型）、U型等多种形式，不同的布置方式有不同的特点，也适用于不同的教学目的，表6-1做了简单的对比。

表6-1 教学现场布置列表

场地布置方法	适应人数（人）	优点	缺点
传统排行（教室型）	40~200	适合大型、传统型的培训	培训环境封闭，不利于培训和学员沟通
长排方型	30~50	适合以中型组织为单位的培训	培训环境较为封闭
圆形	10~30	学员可以彼此观察，适合游戏等开放的培训方案	不利于培训师和学员沟通
单一矩形桌	10~20	适合研讨等半开放的培训方案	不利于培训师和学员沟通
单一通道型	20~40	利于培训内容的传授	不利于培训内容的记录

续表

场地布置方法	适应人数（人）	优点	缺点
双通道型	30~80	利于培训内容的传授；适用于大型培训	不利于培训内容的记录
开放的长方形	10~20	适合研讨、游戏等半开放的培训方案；利于培训师和学员沟通	没有明显的缺点
U型桌椅排列	10~20	适合研讨、游戏等半开放的培训方案；利于培训师和学员沟通	没有明显的缺点
U型椅子排列	10~20	适合研讨、游戏等半开放的培训方案；利于培训师和学员沟通	不利于培训内容的记录
多圆桌型	40~60	适合以小型组织为单位的培训	不利于培训师和学员沟通

实际教学中，场地空间大小、参加人数多少、教学活动流程、教学音视频设备摆放位置等，都会对教学环境的布置产生影响。

比如，参加培训的学员人数比较少，而教学现场空间又比较大，这时如果按剧院式（长排方型）布置，则会显得教学现场很空，教学氛围不易营造。如果采取U型等能尽量利用现场空间的布置，则会显得现场比较充实。

4. 艺术性

马克思说过，音乐是人类的第二语言。但很多时候，在教学活动中，其实是极少使用这个第二语言的，即便有，也大多只是在课程开始前等候的时间放小段音乐。

其实音乐在教学培训中，特别是礼仪教学培训中，非常重要。无论是开场、中场还是结束时，教学音乐的使用都对调节人的情绪，烘托现场气氛起到很重要的作用。例如，音乐可以起到引导情绪、画龙点睛、润滑衔接等作用；可以引发想象、渲染环境气氛、引发生理及心理共鸣的潜力；还可以引发思考、增加行动力、改善学习能力、辅助冥想、传递教学培训效果……

（1）暖场音乐宜轻松柔和。

暖场的时候可以以轻松柔和的音乐为背景，这样可以拉近与受训者之间的距离。古人云"亲其师而信其道"，在柔和轻松的音乐中暖场，会达到这样的效果。这一类型的音乐，专辑有理查德·克莱德曼的钢琴曲、《班得瑞》《神秘园》；音乐有《献给爱丽丝》《安妮的仙境》《春野》《柔如彩虹》（Richard Clayderman）等。

（2）开场音乐宜激情振奋。

在教学培训前，我们可以用激情的、奋进的、快节奏的音乐让受训者的精神都为之一振，为整个教学培训铺垫好轻松、活跃的气氛，以此更容易、更快接近主讲内容精神。这一类型的音乐有《步步高》《把握每个瞬间》《超越梦想》等。

（3）课中音乐宜营造氛围。

教学培训中的音乐，可以引导受训者跟着教师的思维走，营造一个平时难以营造的意境，可让教学培训效果达到事半功倍的作用。教学培训中可运用的音乐，大致可分为三种。

• 激励型音乐。以富有节奏感的音乐为主。当教学培训进入高潮的时候，为了使内容更具感染力，此时配上音乐，增强语言的力量。比如《烈火青春》等。

• 中性型音乐。只是为了增加感情成分，配合分享教师的语音、语调、语感，使之声色圆润，将学员带进一种境界。比如《秋日私语》等。

• 煽情型音乐。往往有些教师会在台上控制自己的情绪，本来该抒发宣泄可以起到非常好的感性作用的情绪，活生生被咽下去了，如果这时候能够发挥音乐的作用，使用一些感人的音乐，想必能到达到良好的视听感觉效果。最主要的是,学员能够感同身受,非常容易引起共鸣。这个环节也会很容易成为一场教学培训的亮点。

(4) 中场休息宜温馨舒缓。

一场教学培训下来,除了教师很辛苦,受训者同样也不轻松,因为大家都是用心在聆听,全神贯注在学习,所以中间的休息也是为接下来紧张的教学活动做一个短暂的调节。这时候的音乐尤为重要,舒缓优雅的音乐让人短暂缓解疲劳;活泼轻快的音乐让人精神抖擞,思维活跃;可以来点爵士乐,说不定会触动大家的舞蹈细胞,可以有点劲歌,全然地放松每一个细胞,消除疲倦感。

(5) 活动结尾宜延伸效果。

在学习结束时穿插相关的歌曲,可趁热打铁,进一步加深学员的情感体验,使学员感到韵味无穷,余音绕梁。这一类型的音乐包括《步步高》《蜗牛》《相亲相爱》《怒放的生命》《阳光总在风雨后》《飞得更高》等。

在教学活动中,音乐是氛围营造剂的一种。音乐之入也深,其化人也速。音乐巨人贝多芬说过,音乐是比一切智慧、一切哲学更高的启示。由此可见,音乐对于增加受训者体验确实起到了催化剂的影响作用。但要注意,使用音乐手段要当用则用,不应勉强,用得恰如其分,才会收到意想不到的好效果。

(四) 麦拉宾法则提升呈现效果

20世纪70年代初期,美国心理学家阿尔伯特·麦拉宾通过实验提出"麦拉宾法则"。其主要内容是,我们评断一个人,根据语言得到的信息(谈话内容、言词的意义)占7%,从听觉得到的信息(声音大小、语调等)占38%,通过视觉得到的信息(外在、表情、动作、态度等)占55%。因此"麦拉宾法则"也称"7-38-55法则"(图6-5)。

非语言沟通
93%

通过视觉得到的信息
55%

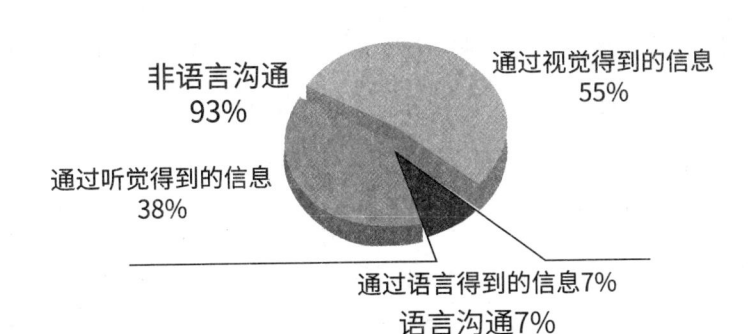

通过听觉得到的信息
38%

通过语言得到的信息7%
语言沟通7%

图6-5　麦拉宾法则

也就是说，我们对别人的第一印象，超过五成由"视觉接收的信息"决定。可以总结为"信息的效果＝7%的文字＋38%的音调＋55%的面部表情及动作"。在某种特殊情况下，肢体语言不但可以单独使用，甚至还可以表达出自然有声语言难以表达的思想感情，直接代替自然有声语言。这一法则值得所有教师及有志于高效沟通的人士重点关注。

教学活动的本质就是一种沟通活动，衡量沟通活动成功与否的标准就是沟通各方是否达成了共识。由此，我们有必要重点介绍PTT这个概念。

PTT是Presentation的缩写，Presentation的本义是The way in which something is offered, shown, explained, etc. to others。

PTT指有效地通过有声及无声语言（肢体语言）、课件PPT等形式对内容进行呈现，实施高效沟通的方式。这里，我们聚焦肢体语言及课件PPT设计进行介绍。

1. 教师的肢体语言

恰当地运用肢体语言，能够帮助教师将教学内容和意思表达得更生动、更清晰、更准确，在有限的课堂时间里最有效地激发学员学习的主动性和积极性，起到优化教学的作用。

肢体语言（Body language）又称形体语言，指通过身体各部分能为人所见的活动来进行表达和交流,也可称为体态语言。其主要包括手势、眼神、动作及姿态等,是有声语言的重要辅助手段和补充。

(1) 体态与姿势。包含坐立时的身体状态,以及说话时的手势。

(2) 目光接触(眼神)。眼睛是我们面部最重要的器官。教学中应保持与学员的目光交流,以达到"控场"的效果,我们也称之为MBA(Management by attention)。教师的目光注视可以令学员产生或亲近或疏远或尊重或反感的情绪,进而影响教学效果。因此,教师可以巧妙地运用目光注视来组织教学培训。开始上课时,教师用亲切的目光注视全体学员,使学员情绪安定下来,愉快地投入学习;课上如有学员注意力不集中,教师可以用目光注视提醒促使其注意听讲等。

(3) 行为举止。如果教师很有热情和激情,参与者会受很大感染。

(4) 站立(行动)位置。教师站在教室中间可以更好地控制教学进程,站在教室边上可使学员有更多的控制权。站立位置与学员较近则表明教师比较友好,学员也会有所回应。

(5) 穿着打扮。教师的穿着,重要的是要得体,让人感到舒服,而不应花枝招展或过度严肃。

(6) 面部表情。人的感情往往通过面部肌肉的运动表现出来。丰富的表情变化也可以起到控制学员注意力的作用。教师的表情表达对学员的暗示和提示,也可以表达期待、鼓励、探询、疑惑等情感。教师面部表情、头部动作、手势及身体的移动也传递着丰富的信息,有助于师生间的沟通交流,调控学员的注意力。如果教师不耐烦,面部表情就会表现出来,这时参训者也会不耐烦。如果教师整堂课保持一个表情,可想而知会有什么效果。

2. 教学中肢体语言的运用

可以不夸张地说,教师站在讲台上的状态,就已经决定一节课的质量了。肢体语言的作用是值得肯定的，关键是如何利用好这种无时不在的资源，发挥其更有效的教学教育功能，为教学服务。为了更加有效地使用自己的语调和身体语言信息，可参考以下建议。

(1) SOFTEN原则。

SOFTEN原则指Smile + Open Arms + Forward Lean + Touch + Eye Contact + Nod，意为"微笑+敞开的双臂+身子前倾+接触+眼神交流+点头"。

微笑表示教师乐于营造轻松愉快的教学环境；敞开双臂表示教师很开放，愿意与学员开放地交流；前倾身子表示主动及对于学员的反馈很感兴趣；亲切握手一类的接触是交流沟通的第一步；眼神交流表明教师很专注；点头表示对对方的理解。

(2) 避免以下肢体语言运用失误。

• 忽视肢体语言的运用。教学是教师与学员的双边活动，但是，一些教师在整个教学活动中，一味地板着脸，目光严厉，寸步不离讲台，不苟言笑，缺少和学员之间的亲和。僵化呆板的脸部表情，高高在上的形象，使课堂气氛压抑。这样，降低了学员自主学习与探究的欲望，易产生对教师的敬畏心理，造成剑拔弩张的紧张气氛。这使课堂失去生命的活力，会影响教学培训效果。

• 肢体语言运用不匹配。在教学活动中，有些教师在应用肢体语言时仅仅用一些单一的、重复的手势或表情，不能正确、有效地传递教学培训所表达的信息，使学员对老师的表情、手势等得不到真正意义上的认同与理解，从而使肢体语言起不到应有的效果。

• 肢体语言的负面效应。有的教师在与学员面对面的接触中，有抓耳挠腮、摸眼、捂嘴的动作；还有些教师习惯双臂交叉于前胸与学员谈话；有的教师在课上腿脚随意抖动；还有的教师在授课时频繁滥用手势，让学员眼花缭乱，分散了注意力。这些肢体语言令教学效果大打折扣，起了相反的作用。课堂里的肢体语言要适时、适度。

（3）肢体语言运用的技巧。

教师在教学中若能善加运用肢体语言，它就会成为吸引学员注意力的一项利器，让学员更加专心听课，更加积极思考。肢体语言运用的技巧有以下几方面。

• 保持目光交流。如果教师的眼光不断环视整个房间，便可以与所有人进行目光接触。注意，不要盯着学员头部以上的部位，要直接面对学员的面部。当教师注视学员时，可以通过他们的反应来了解他们对教师所说的话是否感兴趣。

• 时刻保持微笑。教师的微笑会使听众放松，而且，微笑会使教师的声带放松，使教师说话时声音不显得单调、干涩。如果教师面容和蔼，态度轻松，时露微笑，学员就会感到教师可敬可亲，课堂气氛就会轻松活泼，生动有趣。在谈笑风生中，教师的讲课内容也就轻而易举地被学员接受了，教师教得兴致盎然，学员学得意犹未尽。

• 避免设置障碍。如果房间的前面有一张桌子或讲台，教师可能习惯站于其后，但是千万不要这么做。教师应该直接站在学员面前，或不时地在他们中间走动，这样教师会感到与学员距离很近，与他们的交流更加直接。教师双手交叉放在胸前或双腿交叉跷着二郎腿的肢体语言，会被视为象征性障碍。教师需要开放自己的姿态，"俯首帖耳"，特别是当参与者对教师提供反馈时。

• 避免过多移动。课堂上恰如其分的借助动作、手势，能增加说话的力度，渲染课堂的气氛，加深学员的印象。比如，说带有鼓动性、号召性的话时，双手用力一挥，就会平添几分气势。但在讲话时，不要挥舞手臂、玩钥匙圈、玩铅笔，不时地抓头发、把手放在口袋里，听众会注意教师的这些小动作，而不注意听教师说的话。

(4) 教学中倾听的技巧。

有一个对"听"（聽）字的拆字解读：将受众（对方）当"王"者一样来重视、用"目"注视他、用"耳"朵、用"心"聆听他说的每"一"个细节，直至"十"分有把握完全了解对方的意思。这一解读，既说明了"听"的重要，又形象地说明了倾听要注重以下技巧。

• 倾听要消除干扰。教学培训时，外在和内在的干扰，是妨碍倾听的主要因素。因此改进聆听技巧的首要方法就是尽可能消除干扰，必须把注意力完全放在对方身上，才能掌握对方的肢体语言，明白对方说了什么、没说什么，以及对方的话所代表的感觉与意义。

• 倾听要鼓励对方。首先，倾听别人说话本来就是一种礼貌，愿意听表示我们愿意客观地考虑别人的看法，这会让说话的人觉得我们很尊重他的意见，有助于我们建立融洽的关系，彼此接纳。其次，鼓励对方先开口可以降低谈话中的竞争意味。我们的倾听可以培养开放的气氛，有助于彼此交换意见。说话的人由于不必担心竞争的压力，也可以专心掌握重点，不必忙着为自己的矛盾之处寻找遁词。再次，对方先提出他的看法，你就有机会在表达自己的意见之前，掌握双方意见一致之处。倾听可以使对方更加愿意接纳你的意见，让你再说话的时候，更容易说服对方。

• 倾听要善用肢体。当我们和人谈话的时候，即使我们还没开口，我们内心的感觉就已经通过肢体语言清清楚楚地表现出来了。听话者如果态度封闭或冷淡，说话者很自然就会特别在意自己的一举一动，比较不愿意敞开心胸。从另一方面来说，如果听话的人态度开放、很感兴趣，那就表示他愿意接纳对方，很想了解对方的想法，说话的人就会受到鼓舞。利于倾听的肢体语言包括：自然的微笑、不交叉双臂、手不放在脸上、身体稍微前倾、常常看对方的眼睛、点头等。

• 倾听要避免打断。一名善于沟通的教师，不会因为自己想强调一些枝微末节、想修正对方话中一些无关紧要的部分、想突然转变话题，或者想说完一句刚刚没说完的话，就随便打断对方。经常打断别人说话就表示我们不善于听、个性激进、礼貌不周、很难和人沟通。虽然说打断别人的话是一种不礼貌的行为，但是"乒乓效应"是例外。"乒乓效应"指听人说话的一方要适时地提出许多切中要点的问题或发表一些意见感想响应对方的话。还有，一旦听漏了一些地方，或者有没听懂的时候，要在对方的话暂时告一段落时迅速提出疑问之处。

• 倾听要妙用重复。秒用重复指反应式倾听，即重述刚刚所听到的话，这是一种很重要的沟通技巧。我们的反应可以让对方知道我们一直在听他说话，而且也听懂了他所说的话。但是反应式倾听不是像鹦鹉一样，对方说什么你就重复什么，而是应该用自己的话，简要地述说对方的重点。反应式倾听的好处主要是让对方觉得自己很重要，而且能够掌握对方话语的重点，让对话不至于中断。

• 倾听要清楚暗示。很多人都不敢直接说出自己真正的想法和感觉，他们往往会运用一些叙述或疑问，百般暗示，来表达自己内心的看法和感受。但是这种暗示性的说法有碍沟通，因为如果遇到不良的听众，他们话中的用意和内容往往会被误解，最后就可能会导致双方的失言或引发言语上的冲突。所以一旦遇到暗示性强烈的话，就应该鼓励说话的人再把话说清楚一点。

• 倾听要抓住重点。找出重点，并且把注意力集中在重点上才比较容易从对方的观点了解整个问题。只要我们不再注意各种枝末微节，就不会因为没听到对方话中的重点或是错过主要的内容而浪费了宝贵的时间，或者做出错误的假设。

• 倾听要回顾总结。当我们和人谈话的时候，我们通常都会有几秒钟的时间可以在心里回顾一下对方的话，整理出其中的重点所在。我们必须删去无关紧要的细节，把注意力集中在对方想说的重点和对方主要的想法上，并且在心中熟记这些重点和想法。暗中回顾并整理出重点，也可以帮助我们继续提出问题。如果我们能指出对方有些地方话只说到一半或者语焉不详，说话的人就知道，我们一直都在听他讲话，而且我们也很努力地想完全了解他的话。如果我们不太确定对方比较重视哪些重点或想法，就可以利用询问的方式来让他知道我们对谈话的内容有所注意。

（5）教学培训的十二种手势。

在课堂上我们经常会用到一些专业手势。

- 沟通：双手前伸，掌心向上。"各位，让我们交流一下"，手心向上，前伸，随着前伸，身体也前倾，会显得很亲切。
- 拒绝：掌心向下，做横扫状。"不同意""坚决不同意"，掌心向下，就是不同意，做横扫状。
- 致意：五指并拢，掌心向前。
- 警示：掌心向前，双手上举。
- 区分：手掌侧立，做切分状。
- 指明：五指并拢，指向目标。指人和指物，一般情况下尽可能不要用手指，手指人是一种攻击性的动作。
- 整合：掌心相对，向内聚拢。
- 延伸：掌心相对，向外展开。
- 号召：手掌斜上，挥向内侧。
- 否定：手掌斜下，挥向外侧。
- 鼓舞：握拳，挥向上方。
- 决断：握拳，挥向下方。

这些动作基本的要求是什么？我们可以总结为：要大动作，不要小动作；能用掌的时候，不用指；能用肘的时候，不用掌；能用臂的时候，不用肘，尽可能是大动作。

总之，教学培训中教与学的沟通存在很多技巧。教师的肢体语言是学员有意注意的起点，无意注意的灯塔。教师在教学培训中恰到好处运用肢体语言辅助教学，如一个真诚和蔼的眼神、一个发自内心的微笑、一个简单恰当的手势、一个随意的步态，就可以营造和谐的课堂气氛，使学员产生浓厚的学习兴趣，全身心投入教学培训的学习中。

教什么很重要，怎么教，更重要！以成果为导向的呈现技巧（PTT）将有助课堂的高效沟通。

3. 以成果为导向的课件制作

前面以成果为导向的经验之塔中，我们谈到了教学媒介的重要性。作为一种观察的经验——课件，在现代教学中，对提升课堂的教学体验有非常大的作用。这里，我们通过分析《阿凡达》这部电影的制作来说明以成果为导向的课件PPT制作应注意哪些内容。

《阿凡达》（Avatar）是一部由詹姆斯·卡梅隆执导，20世纪福克斯出品，萨姆·沃辛顿、佐伊·索尔达娜和西格妮·韦弗等人主演的科幻电影，该片于2009年12月16日以2D、3D和IMAX-3D三种制式在北美上映。

《好莱坞记者报》曾评价：詹姆斯·卡梅隆证明了他的确是"世界之王"，作为视觉特效技术大军、生物设计大军、动作捕捉大军、替身演员大军、舞蹈演员大军、演员大军、音乐和音响大军的总统帅，他用让人目瞪口呆的方式把科幻片带进了21世纪，这就是《阿凡达》。

以成果为导向的PTT生动呈现，自然离不开PPT（课件）的优化。以《阿凡达》这部电影的制作为例，我们从电影命名、电影开场、演员阵容、剧情结构、表演细节、拍摄技巧、巅峰时刻、电影结尾、持续改善等方面，来类比教学培训活动中课件PPT制作的课程命名、培训开场、自我介绍、课程结构、课程细节、主题突出、经典时刻、课程实施、课程结束、精益求精等。感兴趣的读者可以一边回顾影片，一边对照表6-2。

表6-2 《阿凡达》类比PPT（课件）优化

比较标准	《阿凡达》电影	礼仪教学培训PPT（课件）
	电影命名	课程命名
命题准确	阿凡达的英文为Avatar，词根源自梵文，意指降临人间的神之化身，通俗意义可理解为"化身"，即使剥离宗教层面的解释，这也是一个现今电脑技术中的常见术语，通常指在虚拟实境中完美并具象化呈现人形，卡梅隆选择这个词作为电影片名，无疑是非常点题的，不单将故事要点透露出来，同时也将主题进一步升华，达到了在哲学、宗教以及现代科技三者语境中最自然的融合	课件制作命题要准确，意味深长，常见的技巧包括以下几种 • 直接体现教学培训主题 • 将教学培训主题高度概括、升华 • 教学培训命题要体现本次教学培训目标 • 教学培训命题要体现后续发展及计划 • 用经典语句来体现教学培训命题 • 善用"拆字"，文字新解 • 一词多义，一语"几关"
	电影开场	课程开场
震撼开头	要回答如何在头3分钟把观众的心牢牢抓住的问题，影片一开始就描绘了2154年的景象：梦幻般的原始森林，巨大的机器人，高科技的实验室，璀璨的外太空，同时导演以娴熟的手法，描绘出一个双腿瘫痪的前海军陆战队员，在觉得没有任何东西值得他去战斗时，对派遣他去潘多拉星球采矿的工作欣然接受，让观众在些许遗憾的时候又有了更多的期待，期待影片精彩的开始，而且，影片的开头非常精炼，在不到5分钟的时间里就将电影的背景交代得清清楚楚	精彩开头要解决如何在头3分钟把受训者的心牢牢抓住的问题，可以通过以下途径 • 找出那些基本的、常识性的却被受训者忽视的问题，在开篇揭示出来 • 找出哪些引人入胜的实例，用"事"而不是用"理"来将受训者带入感性认知的世界
	演员阵容	自我介绍
大腕亮相	在梦幻般的画面中打出的电影制作人员名单让人对这部影片产生了很多期待 • 导演詹姆斯·卡梅隆 • 萨姆·沃辛顿（Sam Worthington）饰杰克·萨利（Jake Sully） • 西格妮·韦弗（Sigourney Weaver）	课件开头需对讲师做必要如实的介绍，既要强调讲什么，也要强调是谁在讲，介绍应包括以下内容 • 长期服务的知名企业的名录或企业图标 • 知名人士的评价或与知名人士的合影

续表

比较标准	《阿凡达》电影	礼仪教学培训PPT（课件）
大腕亮相	饰格蕾丝·奥古斯汀博士（Dr. Grace Augustine） • 歇尔·罗德里格兹（Michelle Rodriguez）饰楚迪·查肯（Trudy Chacon） • 史蒂芬·朗（Stephen Lang）饰迈尔斯·夸奇上校（Colonel Miles Quaritch） • 佐伊·索尔达娜（Zoe Saldana）饰妮特丽（Neytiri） … 强大阵容把观众的期待拉升到一个合适的水平	• 知名媒体的报道 • 著述封面 • 类似"国企10年管理信息化实战经验"的资历概述 …
结构合理	**剧本结构** 电影剧情往往不乏几种因素：动作、喜剧、爱情、故事，这几种因素的结合及混合穿插，比例适当，频率合适，将收到很好的效果，本片导演詹姆斯·卡梅隆在他的《泰坦尼克号》中已经向人展示了这些技巧，《阿凡达》更是将此发挥到了极致，影片中淋漓尽致的打斗、柔情似水的爱情、让人喷饭的喜剧桥段、发人深省的沉默、令人扼腕的悲痛，无疑不时刻冲击着观众的心灵	**课程结构** 完美的课件制作应注意结构合理 • "为什么做这个教学培训""怎么做这个教学培训"的内容合理构成比例 • 行业背景和企业数据的构成比例 • 历史分析、现状分析、未来分析的构成比例 • 定性分析和定量分析的构成比例 • 正例、反例的构成比例 • 文字和图表的构成比例 …
强调细节	**拍摄细节** 电影中尽可能体现所代表或反映的那个时代的特征，在细节之处强调完美，瘫痪的人类退伍老兵杰克·萨利的轮椅造型；人类克隆的潘多拉星球本土智慧生物Na'Vi的躯壳；人与阿凡达结合到一起的片段；Na'Vi人的坐骑Banshees的勾画；Quaritch上校的战舰；潘多拉星球美不胜收的画面……细节之处，完美处理，不胜枚举	**课件细节** 课件制作同样要强调细节，细节体现教学培训师的职业水准，特别要注重以下几个方面 • 表明结论是如何获得的，逻辑推理要环环相扣，演算要一丝不苟，关键数据和图表来源要标注清楚 • 关键字眼要字斟句酌 • 课件的字体、模板、颜色、动画都要有一定的风格 • 课件用到的设备设施也要保证完美

续表

比较标准	《阿凡达》电影	礼仪教学培训PPT（课件）
必要重复	主题重复 • 电影主题句：I SEE YOU（我懂你）；HEART SEE YOU（我的心懂你） • 电影主题音乐：I SEE YOU（我懂你） • 詹姆斯·霍纳（James Horner）和Simon Franglen负责电影音乐的制作 • 《我懂你》歌颂的是荡气回肠的爱情，这首歌曲获得第67届电影金球奖最佳原创歌曲提名 • 主题句和主题音乐在影片中多次出现，形成一以贯之的主旋律，只不过各次出现的强弱、配器可能不同，让人对影片有了清晰的印象，并为之陶醉	主题突出 • 课件制作要有一个高度的概括，将其核心浓缩为一句话，这句话就是主旋律，不断循环出现，以加速印象的留存，突出重点 • 开场时，言简意赅，提出主旋律 • 导入时，意味深长，导出主旋律 • 陈述时，循序渐进，讲授主旋律 • 分析时，丝丝入扣，强调主旋律 • 结论时，证据确凿，确认主旋律 • 行动时，激情四射，阐述主旋律 • 结尾时，留有悬念，回顾主旋律 …
经典时刻	经典营造 • 电影中杰克的动员演讲无疑是一次宣言，提升了本片的高度：The sky people have sent us a message（人类给我们带来了消息）. That they can take whatever they want（他们可以为所欲为）. And no one can stop them.（而且没人能阻止）. But we will send them a message（但是我们也要给他们送去消息）. You ride out as fast as the wind can carry you（你们要像疾风一样出发）. We tell the other clans to come（告诉其他部落）… • 影片最后阶段20分钟的大战，也让人血脉沸腾、记忆深刻，堪称经典	经典时刻 礼仪教学的每一个课件，都必须有一个经典时刻 • 让受训者记忆深刻的，往往也许并不是你的论点多么新颖，而是你的一两句非常精彩的话语 • 让受训者记忆深刻的，也许并不是你的论据多么严谨，而是你的课件展示出来的激情以及展示的方法 • 经典时刻不管怎么表达，肯定是要让受训者念念不忘的，也肯定是要让受训者觉得最易接受的
身临其境	拍摄技巧 3D《阿凡达》，为3D技术带来历史性的突破，摄像师手持3D摄影机拍穿上动作感应紧身衣的主角的一举一动时，现场已可在电脑上看到主角变身成蓝皮肤的Na'Vi在特技森林场景中的画面，这个实时观看3D拍摄效果的技术是史无前例的，而且又是在	课程实施 教学培训师在教学培训中要牢记"忘记你是谁，记得你是谁"来对待教学培训 • "记得你是谁"是指：要随时牢记教学培训师的职责及职业操守 • 谈问题时要把自己放在受训者的场景中，感同身受

续表

比较标准	《阿凡达》电影	礼仪教学培训PPT（课件）
身临其境	实景中拍摄，令观众难分真假，贴身紧跟，获得"感同身受"的观影快感	• 谈方案时要把自己放在受训者的场景中，设身处地 • 展现方法时，要让受训者感到方案的切实可行
	电影结尾	课程结尾
回味无穷	影片结尾，在Na'Vi这名精神领袖的带领下，Na'Vi族人用自己的感受器（辫子）与神树相连，借助神树的力量，将杰克·萨利的精神（灵魂）转移到他的阿凡达身上，这无疑留下许多遐想的空间：Na'Vi族人的命运最终如何？杰克和他的阿凡达会怎样？战败的人类会不会卷土重来？这些其实也给续集埋下了伏笔，导演詹姆斯·卡梅隆甚至都已经想好了续集的名字——Na'Vi	• "忘记你是谁"指：不要把自己放在教学培训者、教育者的外人位置上，而是要换位思考，你就是受训者，你就置身于受训者的困境中 • 礼仪教学活动的结尾应提出一些让客户决策、让客户讨论、引发客户思考的问题 • 精彩的结尾能回味无穷，让人萌发继续参加培训的想法，并能将教学培训的效果延续
	持续改善	精益求精
精益求精	导演詹姆斯·卡梅隆说他在1995年就开始着手写《阿凡达》的剧本，1997年拍摄《泰坦尼克号》后一直研究电影技术，用了12年时间才打造出《阿凡达》，积淀、努力，终成极品	对待自己的课件制作，也应精益求精，不说"十年磨一剑"，在制作时也应力求完美，平时的素材准备、技巧学习是最好的积累

三、做什么——以成果为导向

我们以某校开学典礼的教学案例来介绍"以成果导向的VHF法"的具体操作。

（一）场域理论优化教学设计

1. 场域理论及教育场域的提出

场域理论由皮埃尔·布迪厄（Pierre Bourdieu）提出。他是法国一位享誉世界的社会学家，早年从事人类学的研究，具有丰富的人生阅历和深厚的学术积淀。他提出的"场域"概念在其庞大的社会学理论体系中占有举足轻重的地位。场域理论引入我国以来，引起我国学术界的广泛关注，尤其是20世纪90年代以来，场域分析的视角普遍被社会学、教育学、管理学等学科领域采用。

具体而言，布迪厄认为所谓场域，从分析的角度来看，可以被定义为一个在各种位置之间存在的客观关系的网络。这些位置的存在和它们对占据决定位置的行动者或制度所产生的决定性影响都是客观决定的。他提出的场域并不仅仅包括物理环境，还包括无形的社会空间，场域能够反映现代社会的社会特征。布迪厄将场域作为一个分析工具进行了大量的社会学研究，取得了一批极具价值的研究成果。他从多年的实践研究中发现，个体的行动都发生在一定的场域内，并且受到外在场域的影响。

有学者将场域与教育相结合提出"教育场域"的理论范畴，认为就其作为一种客观性社会存在而言，教育场域指在教育者、受教育者及其他教育参与者相互之间所形成的一种以知识的生产、传承、传播和消费为依托，以人的发展、形成和提升为旨归的客观关系网络。这是对教育做场域解读的尝试，也是教育研究在理论范畴建构和方法论拓展上的一种积极探索。

教育场域的提出蕴含着场域影响其中个体的行为，个体能够充分发挥自身的主观能动性，调整自我的行为，以适应外在的环境，强调了外在的环境影响与个体主观能动性之间相互依存、相互作用的关系。

如果说前文VHF法的介绍更多侧重具体的教学活动，教育场域的提出则丰富了以成果为导向的VHF法的外延。

2. 传统开学典礼的日常描述

一般而言，传统的开学典礼都是按开学典礼实施方案，由相关责任部门进行典礼前的各项准备工作，典礼前要求学员们遵守会场纪律、统一着装、准时到场。虽然典礼的举行井然有序，但学员的表现不尽人意，坐、立、行、走及言谈举止的表现缺乏礼仪规范，学员鼓掌也不能掌握好时机，在整场典礼中学员始终处于被动参与状态，整个会场气氛缺乏活力，难以形成情感共鸣。

开学典礼虽然顺利结束，但礼仪教学如何更好地融入典礼成为教学者需要面对的课题。如果用前面留给学员作业的衡量标准"学员乐意参与、感受意义重大、回忆持续难忘"，这样的开学典礼自然没有达到标准。

3. 运用场域理论优化开学典礼教学设计

在新学期的开学典礼中，该校教师尝试运用场域构建的理论，精心设计礼仪教学的环节，力求达到最佳效果，同时促进开学典礼素质教育目标实现的最优化。

（1）典礼前，学校工作处动员学员们精心布置会场，创设场域中的物理空间，营造有形的典礼环境和庄重的典礼氛围。

（2）通过课堂中基础礼仪知识的教育对场域中的个体进行塑造。

（3）各班级预先召开主题班会，对开学典礼的具体流程进行说明，同时对学员进行典礼的礼仪常识教育，从会场纪律、坐姿、入场时间及着装等方面提出具体要求。

（4）开学典礼当天，全体新生提前半小时入场，相关教师对学员进行典礼前的集中动员，进一步强化典礼会场礼仪知识，规范文明礼仪行为。学员在这个阶段进一步从内心接受礼仪教学并自觉进入角色，切身体会这次开学典礼的主角不再是出席会议的领导、教师，而是他们自己，意识到这是大家共同的节日，是人生的一段难忘的记忆，要以自身良好的精神风貌和礼仪修养来共同创造一场难忘的盛典。这一段工作，有效地促使学员从心理上接受这场会议礼仪的教育，自觉地配合典礼过程中各环节的礼仪要求。

（5）集中动员之后，还应在现场进行实地模拟演练，包括领导入场、学员上台领奖等不同环节中的鼓掌、会议期间坐姿礼仪、退场要求等。

（6）开学典礼正式开始。领导及全体师生都身着正装，会场气氛庄严而热烈。在整个活动进行的一个小时中，没有学员随意走动，也没有说话和接听手机现象，鼓掌热情而恰到好处。由于每个上台发言和接受表彰的学员都提前进行了礼仪培训并进行过反复实地演练，因此着装和言行都体现了良好的精神风貌和职业精神。这种氛围深深地打动着在场的每一个新生，使他们深感作为学校一员的一份骄傲和自豪。会场上掌声如此真诚和热烈，同学们内心的温暖和感动越发真切，每一颗心灵在这一刻被深深打动，为自己也为别人所感动，他们真正成为典礼活动的主人。

开学典礼后，领导、老师及参会学员都对此次开学典礼的礼仪教学方式给予高度评价，学员也都纷纷表示，这样的开学典礼"学员乐意参与、感受意义重大、回忆持续难忘"。

（二）授人以欲指导教学活动

我们看到，在这次教学改革中，为了达成授人以欲，该校将教育场域视为双重内涵的空间。这个空间一方面是物理存在的，包括主席台、条幅、座椅、多媒体、灯光等有形的物品；另一方面则是无形的教育环境，身在其中的学员能够明显地意识到他人、自身与老师、同学之间相互作用、相互影响，容易受到外在环境的氛围、他人的认知、情感等因素的影响，从而更倾向于调适个体的行为以适应外在的环境，激发内在主动学习的意愿。

1. 以学员为中心，确立学员的主体地位

授人以欲的礼仪教学，首要的是让学员参与到授人以欲的场域构建中来。在传统的礼仪教学中，学员往往是被动地接受，很少主动思考，长此以往，学员就会感到乏味厌倦。让学员接受全面与自己的职业生涯接轨的礼仪教学，就需要为学员构建一系列趣味性、新颖性、教育性并存的适于学员参与的礼仪教学的场域。

例如，该校曾多次举办礼仪知识竞赛，学员参与竞赛活动的策划和组织，竞赛环节融入学员喜闻乐见的小品表演和时尚元素，台上的辩手与台下的观众相呼应，使礼仪知识充满趣味，更加深入人心。

可见，学员参与场域构建的过程，就是学员主动学习的过程，就能够使学员摆脱被动接受、被动学习的状态，真正树立学员在礼仪教学中的主体地位，由要他学转变为他要学。

2. 以多元为突破，全员参与与甄选并重

礼仪教学是一个系统的工程，仅仅依靠任课教师、班主任的力量是难以达成显著效果的。这就要最大限度地整合资源来参与，树立全员参与礼仪教学的意识。参与礼仪教学的力量可以是多元化的。多元化的教育力量可以在学员生活学习的不同场合构建礼仪教学的场域。

构建礼仪教学场域的动力之一，就是场域中的学员能够在与他人的互动过程中，受到他人的影响和感染，从而激发出强烈的学习动机和参与意识，能够积极主动地调适自身的行为，自主自动自发地学习。

当然，在树立全员参与礼仪教学场域的构建中，也要注重优化参与群体的结构。社会学理论认为，影响参与群体结构的因素包括群体的规模、规范、角色、数量。不同性别、年龄、学历、职业、收入的个体往往在礼仪上存在很大的差异，能够最大化地丰富学员对礼仪的认知。因此，参与群体最好能够来自不同的工作背景、不同的人生阅历、多元的学

科背景等，他们可以从不同角度、不同层面阐释对礼仪的认识和理解。

3. 以交互为成果，建构寓教于情的环境

礼仪教学是社会文明进步的标志，也是个人文化层次、道德修养思想水平的表现。礼仪教学的过程也应该是充满审美情趣、精神愉悦的美好体验。因此授人以欲的教学目的需要营造寓教于情的氛围，使学员认识到尊重他人就是尊重自己，引发学员对审美、高雅的向往，实现学员与教学内容的深度交互。尤其是在重要节日、重大活动、校园典礼等各种大型活动中设计寓教于情的礼仪教学的场域，更易于学员接受礼仪教学。

例如，该校新生军训成果汇报暨表彰大会上，学校将在军训期间收集的学员大量的实地影像素材精心制作成视频短片播放，军训现场的动人场面，深深地打动了每个学员的心。会场中这种积极的情感体验，在无形中大大提升了学员对于礼仪教学的积极性和主动性，较之一味说教、灌输的教育方式，更能激发学员的情感共鸣，使学员产生强有力的精神动力。

当然，进行学员礼仪教学的场域不必完全拘泥于大型活动，如课堂、礼仪实训、学员日常管理、主题教育活动、社团活动等都是构建寓教于情的礼仪教学场域的时机。教师要善于在日常的教育及管理中，赞赏学员不经意表现出来的文明礼仪的闪光点，其他学员就会意识到何种行为是值得提倡、值得欣赏的。学员在理性上认识后，教师要以情动人，触动学员的心灵深处，引发学员心理的共鸣，使学员产生强有力的精神动力。

以上的这些教学动作，也是解决学员由"有意识有行为"转变为"无意识有行为"的关键保障，也是学校礼仪教育与养成教育、德育教育结合的有益尝试。

（三）成果导向评估教学成果

礼仪教学的黄金圈法则要求我们从礼仪教学为什么（WHY）开始思考

并设计礼仪教学，当然，也可以用成果（WHY）来评估教学活动有没有达成预期效果。前面描述的开学典礼教学要实现"学员乐意参与、感受意义重大、回忆持续难忘"这三个感性的指标，从授人以欲的角度，从教学流程设计、教学活动组织、教学场域构建三个方面提出了具体的评估要求。

1. 学员乐意参与——形式

这是最易观察和评估的指标。是否达成指标，我们可以通过现场观察、问卷、观看视频等多种方式了解。这个指标要求我们在教学流程设计时，跳出传统的课堂教学的束缚，运用场域理论、用户思维，从外在的物理环境及参与各方的内在心理环境两个场域，用心构建。前面我们已经比较详细地介绍了具体操作，此处不赘述。

2. 感受意义重大——内容

参与各方是否感受开学典礼的意义重大，这个指标是否达成，我们可以通过组织面谈、作业点评、书面考核等方式了解。如果说学员乐意参与指标的实现，我们更多是通过"仪"的方式，强调形式，那么，感受意义重大这个指标，则应关注"礼"的部分，也即内容。

唯有强大、优质的教学内容，才能与形式形成合力，真正实现教学成果，授人以欲。

《蒙拉丽莎的微笑》中的开学典礼，当学员举起锤子叩响教堂的大门。

校长："是谁敲响了知识殿堂的大门？"

学员："我，一位普通的女性。"

校长："你在追寻什么？"

学员："通过苦学唤醒我的灵魂，将我的一生奉献给知识。"

校长："那么，欢迎你，所有和你怀有同样抱负的女性都将受到欢迎，现在我宣布新学年开始。"

这让一场开学典礼成为追求知识、拥抱人生的起点，意义重大。

3. 回忆持续难忘——成果

参与各方是否回忆持续难忘，这实际上是考评教学成果是否不仅仅停留于课堂，而是深入人心，持续影响、最终内化为参与者的认知及人格。

苏联著名的心理学家、教育学家维果茨基认为，从社会的、集体的、合作的活动向个体的、独立的活动形式的转化，从外部的、心理间的活动形式向内部的心理过程的转化，就其实质而言是人的心理发展的一般机制——"内化"机制。同时，这也表明内化的过程是一种转化的过程，而不是传授的过程。内化的过程就是学员把学习到的礼仪知识转化到自己的认知体系中，成为自身人格不可分割的部分，以便能够适应不断变迁的外在环境。这也是礼仪教学从外在的控制支配到自我支配的转化过程。

不可否认，授人以欲的教学手段，对学员的影响归根结底是外在的，这种外部产生的影响只有通过学员内化为自身的品质，才能在真正意义上实现礼仪教学的目标。

由此可见，以成果导向评估授人以欲VHF法的教学成果，不仅强化了学员对礼仪知识的理解和运用，也扩展了前面提及的VHF法的外延，更为重要的是，学员在多元化的礼仪教学场域中，能够极大地调动自身的积极性和主动性，用心去体会、去领悟，这是礼仪知识从外在输入到内化于心的必经途径，这自然区别于授人以鱼、授人以渔，这是以成果为导向的授人以欲，是礼仪教学与培训的高境界。

一名礼仪教师不是将学员引导到他（她）个人知识的殿堂，而是要将学员引到心灵的门口，提高其自动自发学习的兴趣！

这是以成果为导向的VHF法则追求的授人以欲！以成果为导向的VHF法，追求礼仪教学不仅仅授人以鱼，还要授人以渔，更要授人以欲！授人以欲是礼仪培训及教学的高境界！

第七章 以学员为中心的TPO-R法

纸上得来终觉浅,绝知此事要躬行。(《冬夜读书示子聿》)

一、为什么——以学员为中心

(一) 教师主体的失落

自17世纪的教育家夸美纽斯提出班级授课制以来,人们普遍接受了这样一种教学理念,即教学是充满规律的可预见过程,只要教师掌握一定的技能技巧,并遵循规律去教,则教学必然会获得成功。于是赫尔巴特的"五段教学法"长期被奉为经典。五段教学法指德国教育家戚勒和莱因基于赫尔巴特的形式教学阶段而提出的教学理论。戚勒将赫尔巴特形式教学阶段的第一阶段——"明了",发展为"分析""综合",从而形成分析、综合、联想、系统和方法五段,在初等学校推行。继而,莱因又将赫尔巴特的"明了"发展为"预备"和"提示",并将赫尔巴特所称的"联想"改为"联合","系统"改为"总结","方法"改为"应用",构成预备、提示、联合、总结和应用五段教学法。

无可否认,逐渐细化了的教学原则、教学方法、教学模式可以极大地提高现代教学的效率，但我们也不能不承认，一味依靠教学原则、教学方法、教学模式有可能使教师在不断完善的程式化课堂教学实践活动中漠视了课堂的动态性、生成性和复杂性，而一味埋头于短期内既定目标的达成。由此，工具理性使教师专业发展背离了原初的发展轨道，走向了一种技术的偏执，使教师沦入教学活动被动执行者的尴尬境地，逐步丧失了教学的主体性和创造性。

"真正地保持实际的东西，认识局限于重复，思想只是同义反复。思想机器越是从属于存在的东西，它就越是盲目地再现存在的东西。"理想的教学本应是一种彰显个性的创造性活动，但现实的状况是教学所应具有的超越性、否定性和批判性被消解，教师的教学个性、对学员的个性的尊重，泯灭于教学过程的划一性当中。

教师主体的失落和教学过程的划一，使得教学只是教师的一项任务，而不是生活本身。在单调的没有教学个性的教学活动中，教师的自我统一性出现了危机，教师与自我之间，尤其是与学员之间出现分离，从而失去教学个性生发的"土壤"，教师主体的失落，对学员的错误定位，使教学失去了教与学的统一。

身处知识经济的智能时代，学员获取信息的渠道及内容生产的变革，对教师掌握知识的广度及深度提出了更高的要求（图7-1）。

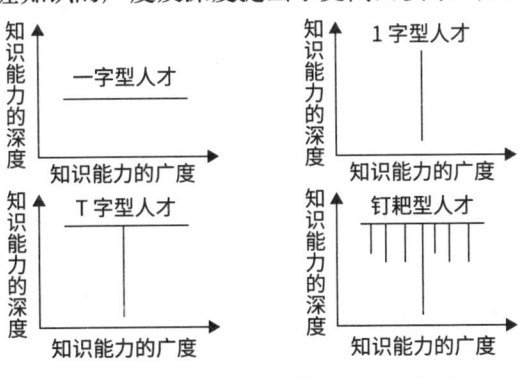

图7-1 不同知识结构的人才类型

"一"字型和"1"字型的知识结构，可能无法适应现代的教学及培训需求，唯有不断拓展知识的宽度、深耕知识的深度，努力成为"钉耙"型人才，才能与时代的进步同步，才不会感到主体的失落。

（二）师生关系的迷失

教学活动中构建的师生关系应是怎样的一种形态？是以学员为中心还是以教师为中心？是教学中交往、对话、理解而达成的合作关系，还是单纯的"授—受"关系？

传统的教学过于注重师生之间的"授—受"关系，在这种关系中，教师是知识的权威者和拥有者，其的唯一职责就是讲授和传递书本知识，而学员则是被动接受知识的容器，其唯一职责就是存储教师传递的知识。在这种情形下，即使师生关系改善，其意义也仅仅是为了更有效地传递知识，而不是为了师生的交流和相遇。

在"授—受"关系中，师生双方互把对方看作对象：教师把学员看作认识、操纵的对象，教师对学员观察、了解、分析、归类是为了更好地管理、控制学员，以达到期望的教学效果；学员把教师看作知识的传授者，是可以获取知识、帮助自己达到学习目的的对象，师生之间缺少"灵魂深处的直接相见"，很少发生真正的精神交流，难以形成积极的情感体验。师生之间失去了人与人之间的相通相融，失去了更重要、更深层的情感陶冶、精神拓展乃至生命相融。

（三）教与学寻求统一

教学本来是一种相遇，是一种你与我的关系，是教与学的统一。

但由于教师与自我的分离，教与学的脱离，教师已经很难把学员作为确证自我的参考依据。所以，我们可以看到，在课堂上，教师仅仅是一个符号化的存在物，照本宣科或者自我陶醉使师生没有任何关联。教师成了学员的他者，学员成了教师的异者。所以，学员难以和教师有效对话和沟通，教师对学员只有冷漠和规训。

合作关系强调师生关系不只是知识传递的关系，而是有着共同话题的对话关系，这明显区别于"授—受"关系。在对话中师生进行着知识与智慧的交流，精神与意义的沟通，共享着知识与经验，共同体验着美好的人际关系，共同感悟着生命的意义和价值。在这种关系中，师生双方都作为自由自主的人投入共同创造的教学氛围中，相互吸引，相互接纳，各自独立又相互理解与回应，师生双方不是获得"认识"，而是体验生命的涌动和精神的拓展。

以学员为中心，以教师为主导原则构建的师生关系，相互尊重，彼此信赖，相互欣赏。教师总是为学员彰显自己的生命力量、发展自己的独特精神提供一个广阔、融洽、自主的空间，让学员的心灵得以自由舒展、生命意义得以真正实现，而在这一过程中，教师自身也体验到了生命的活力与价值，获得了工作乃至生命的意义感。

二、怎么做——以学员为中心

（一）礼仪教学与情境设计

以某航空航天大学为例，"乘务礼仪"是空中乘务专业的必修课，课时为32学时。该门课程的教学往往具有这样几个特点。首先，课程内容浅显易懂，讲理论、重实践，但学员往往容易陷入"一听就懂，一学就会，一做就错"的尴尬局面；其次，教师按教学计划和教材授课，学员虽对这门课程有强烈兴趣，但学习过程多注意形式而忽略内涵；第三,学员经常会出现"宽以待己、严于律人"的认知和评价的偏差,对课堂中学到的礼仪知识没有做到学以致用,更不要说把礼仪变成一种规范、一种习惯。

礼仪是一门操作性较强的课程,知识点繁多,教学重点强调"学、练、用",学员虽在课堂学习了,但少有练习的机会,更不用说实际应用了。

而如果在上述教学中,强调以学员为中心,学习的效果可能会有很大的改变。明确"以学员为中心",这一点对教学有至关重要的指导意义,因为从"以学员为中心"出发还是从"以教师为中心"出发将得出两种全然不同的教学设计。

任何人所学习到的知识不应是通过他人传授得到的,而应是通过学习者在一定的情境(社会文化背景)下,借助他人(包括教师和学习伙伴)的帮助,利用必要的学习资料,通过意义建构的方式而获得的。

体现以学员为中心,建构主义认为可以从三个方面努力。第一,要在学习过程中充分发挥学员的主动性,要能体现学员的首创精神;第二,要让学员有多种机会在不同的情境下应用他们所学的知识(将知识"外化");第三,要让学员能根据自身行动的反馈信息来形成对客观事物的认识和解决实际问题的方案(实现自我反馈)。

以学员为中心的TPO-R法,首先将聚焦创造情境实现知识外化来设计情境。

(二)情境设计的五项原则

词义上,情境与事件发生的环境和背景相关;功能上,情境可对事件以及人的心理变化和发展产生意义;结构上,情境既包括物理的、心理的,又包括社会的和概念性的结构。

因此,我们认为情境指人类在进行某个活动时,能对其行为产生一定影响的特定的内部心理环境或外部物理环境。对应到教学活动，广义地讲，情境涉及教学活动参与方的内部心理环境及教学活动的外部物理环境；狭义地讲指教学活动中的学习场景设计。

情境学习（Situated Learning）既是在所学知识应用的场景中进行学习的方式，也是有关人类知识和学习本质的一种理论。作为一种学习方式，它有两个基本的特征：知识与实践应用的结合；学习的社会互动性和协作性。一般而言，设计情境时应遵循如下原则。

1. 情境设计要突出重点并且统揽全局

教学情境设计要根据教学计划和讲授内容突出重点、有所侧重，但同时也要充分考虑教学设置的目的兼顾全局，要充分考虑学员的情感变化、认知程度和行为意识等方面，不应局限于某单一教学知识点而设置。一个优秀的教学情境，要包含教学计划内的知识内容，同时尽可能吻合真实情境，使学员有身临其境的感觉，以激发学员学习的动机，并将学员的注意力集中到当前的学习主题上。

2. 情境设计要与教学全过程相呼应

在设计教学情境时我们往往认为在学习新的知识点之前适合引入设计情境，这样可以利用相关的实验、故事、问题等来激起学员的好奇心，调动学员的学习兴趣。但在实际教学中，教学情境设计的功能不单单是传统的引入和讲解新知识点时发生作用，应将其贯穿于整个学习过程中，只有这样才能激发学员的参与意识，推动教学顺利开展，维持学员的学习兴趣，强化知识点应用。因此教学情境的设计可以分为多个阶段，逐步地展开、深入、补充和明晰。

3. 情境设计要用发展的眼光来操作

情境教学的一个最主要的功能是通过调动学员在课堂上的参与性，让学员产生深入学习的意愿，并通过进一步的学习和参与，开发学员深层次的潜能，从而达到良好的教学效果。因此，设计教学情境时，要基于两点：一是考虑学员现有的水平能力以及可能的潜能开发，二是考虑教学计划的下一步发展。也就是把整个情境教学设计放在动态的、发展的体系中，这样不仅有利于学员接受当前的教学知识点，同时又能引出下一步相关的教学问题，提高学员自主学习的能力，调动学员持续学习的积极性。设计得当的教学情境应该不但有利于知识的综合运用，还应该考虑学员的特征并且有利于学员发展个性、展示特长和相互协作完成。

4. 情境设计要做到学习任务与真实情况相融合

情境教学的理论基础，建构主义理论认为：如果要学习者能够较熟练地利用所学到的理论知识去解决现实生活中的实际问题，有一点不能忽视，那就是所创设的情境必须具有最大限度的真实性。由此可见，真实性是情境教学的根本。

教学课堂情境创设得越真实，学员从教学中获取并建构的知识系统就会越可靠，在解决真实世界中的问题时才会更得心应手，这才是教学的预期目的。如果教学情境的设计远远高于现实生活，学员在课堂上获取的知识只能是教条的、片面的、单一的、肤浅的。现在礼仪教学没有转化为"无意识有行为"（习惯），有一个很重要的原因就是学员在教学中只是被动学习，且教学活动没有知识在真实情景中应用的体验。

5. 情境设计要易于接受

情境的设计上要考虑学员能不能接受，能不能理解。要由近及远，由浅入深，由表及里，便于学员利用学过的知识在情境中解决问题。实践证明，当学员被引导进入易于接受的情境中学习，便能较快地实现知识与能力的迁移，从而形成独立分析问题、解决问题的能力，即使在生活中遇到类似情境，也能很快进入角色，找到解决问题的办法。

以上情境设计的五项原则，运用到教学及培训中，我们可将情境用

T（Time）时间、P（Place）地点、O（Occasion）场景这三个要素来定义（设计）。其中的Occasion（场景）主要包括内部心理环境或外部物理环境对应的人物动作、人际关系、语言文字、图表、图像、实物材料等。

换言之，礼仪教学的情境设计，就是在上述五项原则的基础上，将O（Occasion）场景中的具体元素，落实到T（Time）时间、P（Place）地点上，来设计一个以学员为中心的情境。

（三）基于情境的角色扮演

以学员为中心的TPO-R法，强调在情境设计（TPO）的基础上，运用R（Role-play，角色扮演）的方式来组织教学。

角色扮演指在教学中提供一个真实的、涉及价值争论的问题情境，组织各方（教与学及辅助的各方）对出现的矛盾进行分析，并且让他们扮演其中的人物角色，尝试用不同的方法解决问题，从而使各方逐步学会解决各种价值冲突，树立正确的价值观念，并且养成良好社会行为的教学过程。

角色扮演具有较强的教学程序性，其实施过程需要遵循如下教学步骤。

1. 导入问题情境

学员清楚理解问题情境，并且产生浓厚的兴趣，是角色扮演式教学的起点，也是整个表演过程能够取得成功的重要保证。因此，教师需要通过多种方法和渠道向学员展示问题情境。经常采用的形式有：播放电影或电视、选取小说情节、讲解真实故事、提供模拟案例等。

情境介绍这一环节应当达到的理想效果是，学员们对提出的问题产生了强烈的研究热情，并且认识到解决这个问题是非常必要的，也是可能的。这个阶段也常被称为表演的预热期（Warm-up Period）。

2. 挑选学员"演员"

虽然角色扮演是学员全员参与的学习活动，但最初由谁来承担人物角色，并不能随便决定。因为第一轮的表演会直接影响"观众"的情绪，也会影响接下来的分析和讨论。所以，要认真决定第一组"演员"的人选。

一般来讲，先表演的学员应具备以下条件：有担任某一角色的强烈愿望；有一定的表达与表演能力；自身特点与情境中的角色有某些相似之处；乐意与别人探讨问题，善于接受别人的意见。

当然，在确定人选时，也不能只按照这些条件硬性指派，还要先征求学员自己的意见，看他们愿意扮演哪个角色。强行安排可能会使学员感到不自然，不利于抒发内心的真实感受。

3. 准备表演框架

确定表演人选以后，学员形成"演员"小组进行磋商，筹划表演内容。学员在准备的时候并不需要把每一句台词都固定下来，定得太死会抑制学员的临场表现，阻碍创造性的发挥。此时，教师应帮助学员准备表演需要的场景、道具或其他辅助用品，使表演最大限度地接近真实情境，产生较强的感染力。

4. 训练学员"观众"

在角色扮演的教学组织中，让暂时不参加表演的学员也进入"状态"，也是一项不容忽视的任务。教师要对这部分学员进行有意识的引导和培训，使他们与表演者之间形成积极的互动。为了使学员在观看时抓住重点，教师应布置一些观察性的问题。例如：角色表演是否真实？情节发展是否合理？每个角色持有什么观点？分别对问题采取了怎样的解决办法？还有没有更好的选择？等等。全体学员对这些问题的认真思考，对于保证表演后的有效交流是非常重要的。只有大家都进入问题情境之中，才能营造出一种活跃的氛围，获得真实的体验，接下来的讨论才有可能深刻。在鼓励学员参与的过程中，教师要特别关注那些平时不太愿意发言的学员，想办法唤起他们的学习热情，使他们也能投入对问题的探究之中。

5. 表演问题情境

这个环节是角色扮演教学过程的核心部分。学员表演者按照事先设定的计划，承担起个人的角色，进行合作表演。教师和其他学员在观看的时候，切忌苛求完美，在表演技巧上挑剔。从一定意义上讲，学员表演的不成熟或不确定是十分正常的。他们在身临其境的时候很容易产生新的思想火花，做出即兴的行为反应，而这正是角色扮演能够展现学员真实情况的优势所在。对学员积极的表演，教师要以多种方式给予鼓励，肯定他们的良好表现。这样，学员在表演中就会增强信心，不断提高表演情绪，逐步进入角色情感世界的深处。这里需要注意的一点是，角色表演的时间不宜太长，过分冗长的表演，会给扮演者增添负担，也可能会使观看者失去兴趣。只要学员把问题情境准确地演出来了，将自己的观点表达清楚了，表演就可以停下来。学员在课堂上的表演，一般以10到15分钟为宜。

6. 讨论表演内容

表演结束后的热烈讨论与积极评价，能够把学员的情绪推向新的高潮。由于学员对问题情境的理解不尽相同，持有的价值观念也不可能完全一样，所以对角色的行为取向会出现观点上的差异。然而，这些差异的存在，正是讨论得以展开，并且能够向纵深发展的重要动因。教师要把讨论引导到对问题的不同理解上，分析表演的真实性与合理性，不要只关注表演的"舞台效果"和角色的表达方式。在分析人物角色时，应多注意挖掘人物的内在动机和行为产生的原因。更重要的是，要将评价集中在角色所做的决定上，并且认真考察其决定可能产生的结果。这种深入的讨论，不仅可以提高学员对角色社会行为的分析能力，而且还能增强选择正确行为的判断能力。

经过以上六个教学环节，角色扮演的过程既可以停止，也可以继续进行。在第一轮表演之后的讨论中，如果多数学员对角色的观点、态度或行为有不同的意见，还可以按照他们的思路开始下一轮表演，让那些有其他想法的学员作为第二批"演员"。这样的过程可以重复几次，直到学员把全部观点都表演出来为止。最后，教师带领学员进行全面总结，归纳解决同类问题的基本原则和有效策略，并且鼓励他们在日后的生活实践中加以正确的运用。

三、做什么——以学员为中心

以学员为中心的TPO-R法，TPO指情境设计，特别是将O（场景）元素对应到T（时间）、P（地点），R指运用角色扮演法组织教学（图7-2）。

T Time: 时间 ⎫
P Place: 地点 ⎬ 情境设计
O Object: 目的 ⎭
R Role: 角色 ⎤ 角色扮演

图7-2 以学员为中心的TPO-R法

下面，我们以面试礼仪为例，来具体介绍TPO-R法的操作。

（一）情境设计的四大突破

W. 大卫·马克斯（W. David Marx）在其《原宿牛仔：日本街头时尚五十年》一书中提到，日本的时尚教父石津谦介在给《男人的服饰》写文章的时候提出了服饰着装的TPO原则。服饰着装不能只考虑服装款式、面料、剪裁、颜色和搭配，更应该考虑着装的场合。男性应该根据场合，包括时间、活动的性质，来选择衣服。石津谦介把这个规则概括成TPO，即T—Time（时间）、P—Place（地点）、O—Occasion（场合），也就是"何时何地穿什么衣服"。后来，石津谦介还写了一本书，名字就叫《何时，何地，穿什么衣服？》，书中介绍了理想的搭配方式，还有各种场合的造型，比如旅行、相亲、家长会等。这本书当年非常畅销，索尼甚至给公司的男性员工每人发了一本。

1964年，东京举办奥运会，石津谦介作为著名的设计师得到了给日本代表队设计队服的机会，他不仅设计了一件改良美国常春藤着装风格的队服，还借机将他的TPO服饰原则推向时尚界，日本设计师也将美国传统风格改造成一种着装规范，并且输出到全世界。

从上面的介绍可以看出，着装规范的TPO原则和情境设计的TPO原则，虽然对应的英文单词一样，但是使用的场景及原则还是有区别的。

将Occasion（场景）定位于T（时间）、P（地点）进行情境设计，应注意以下几点。

1. 提高情境设计的趣味性

爱因斯坦曾经说，兴趣是最好的老师。情境设计正是实现激发兴趣，变兴趣为动力的良好手段。

在礼仪教学中，教师要根据学员的身心特征，设计一些能唤起学员学习礼仪兴趣的趣味情境，让学员爱学、乐学、勤学。例如，在给学员讲解仪容美时，单纯地讲解什么是容貌美、发型美，往往不容易引起共鸣，学员兴致不高，过耳即忘。但如果教师能够意识到学员自有爱美的天性，而且其兴趣点很容易集中到时尚、娱乐、明星的信息层面，那么授课时可利用事先搜集的一些明星整容前后的图片对比，以及明星发型改变的前后对比，引导学员发掘这些变化带来的明星外貌的改变。学员看到熟悉的明星，尤其在"看整容前的图片猜明星"环节，兴趣点被瞬间点燃，这时老师可以趁势引导学员观察明星容貌改变后面部比例的变化，从而引入面部"三庭五眼"和"四高三低"的知识点，进而给出日常仪容修饰的标准。融趣味性于课堂情境设计，可唤醒学员的主动学习意识。

2. 提高情境设计的现实性

礼仪教学中的情境设计要从学员的生活经验和已有的知识背景出发，贴近学员生活，把生活经验礼仪化，礼仪问题生活化。例如，在讲解"介绍礼仪的先后顺序"时，可以先让学员结合实际生活经历讨论，想一想带同学或朋友回家时是如何把他们介绍给自己父母的，因为大多数学员都有这样的经历，这样的情境设计唤起了他们对这部分经历的回忆和思考，参与性和积极性都很高，从而对这部分知识的理解和记忆会更深刻、更扎实，也会更轻松地把礼仪问题生活化。

3. 提高情境设计的时效性

在情境设计时充分结合时下的社会热点焦点问题可以调动学员的积极性和创造性，甚至起到事半功倍的效果。例如，在讲解"服饰礼仪的正装规范"时，不是直入主题，而是先引导学员对国际政要夫人参加重要活动时的衣着发表看法由此引出女士正装的着装规范话题，学员兴趣浓厚。趁热打铁，再引出男士正装的着装规范，学员们摩拳擦掌，积极运用所学知识点评分析，乐在其中。此时，再及时展示一些错误穿着正装的图片，学员大都能迅速指出图片中不当之处并予以纠正，课堂效果非常好。

4. 提高情境设计的针对性

在设计情境时可以找出以前具有代表性问题的素材，为学员提供一个真实的问题情境，利用问题探究来设置教学情境，便于探究、讨论、理解和解决问题。例如，在讲解"仪态礼仪中的坐姿"时，以往的教学只是强调入座要坐椅子的三分之二，学员死记硬背，时间久了，记成四分之三、三分之一的比比皆是，这是典型的"重记忆、轻理解"的后果。那么，为避免死记硬背，难以理解，我们不妨在课前给学员布置一道题目，即"对于一把标准大小的椅子，我们选择坐这把椅子的哪个位置才符合如下要求：①起、落方便，不影响整体姿态；②利于长时间保持优雅的坐姿；③不会很快导致疲累。"学员带着这样的问题，反复实践、操作、探究，最终得出大概三分之二的答案。利用问题探究创设的情境，常常能够帮助学员获得对知识的充分理解和掌握，是当前礼仪教学情境设计的重点，也恰恰符合礼仪教学的精髓要义，即"知其然，知其所以然"。

（二）教师表演的三种方式

如果将礼仪教学看成一场场戏剧表演，我们运用TPO原则设计的情境是剧场，教学活动中的参与方则成为表演者和观众，教学过程就如同舞台的表演。

在这样的表演中，教师也应采取各种表演技巧去赢得学员观众的认同，这也是以学员为中心的体现。

戈夫曼在其《日常生活中的自我呈现》中，将表演分为理想化表演、神秘化表演、补救性表演三类。我们将其运用到教师在教学活动中的"角色表演"来分析。

1. 理想化表演

理想化表演指掩饰那些与社会公认的价值、规范、标准不一致的行动而表现与社会公认的价值、规范、标准一致的行动。

理想化表演要求教师随时明确自己的定位。教师要想扮演好自己的教育者角色，使教学效果达到最佳，就必须在学员面前掩饰一些事物，以免破坏自己在他人心中的美好形象。比如，教师日常生活中的口语和动作，不适合在教学环境中呈现的就应该加以掩饰；教师应该尽量修正之前教学中的失误。

另外，教师的教学内容也必须是经过选择的、有益于学员发展的知识，教师借助表演向学员传递的是社会的正能量，要避免对学员的消极影响。

2. 神秘化表演

神秘化表演指演员经常通过限制自己与观众的接触而将演出神秘化。借助制造自己与观众之间的"社会距离"，演员可以在观众中创造一种令人敬畏的形象，还可以避免观众对演出提出质疑。

在角色扮演中，教师可以通过自己的专业知识、学术背景、工作经历等来吸引学员的注意，激发学员积极配合教师教学。教师也可以根据教学内容采取一些有意为之的戏剧性行为，比如制造悬念、设计动作、设置情境等，这样有益于激发学员的学习动机与探究欲，有助于教学效果的发挥。

当然，神秘化表演需要掌握一个度，不能以高高在上的态度俯视学员而忽视对学员的关心与交流。

3. 补救性表演

补救性表演是在遇到一些意外状况时采取的行动，如无意动作、不合时宜的闯入、失礼、当众吵闹等都会导致表演的不协调。

戈夫曼提出的几项补救措施可以运用到教学的过程当中。首先教师要采取一些预防性措施，如在教学之前要不断练习，这样讲课的时候便会胸有成竹；其次，一些保护性的措施也可以避免教学的中断，如上课时有他人闯入，教师可以采取不关心的态度，继续讲课；再次，学员的配合也是非常重要的，在教学过程中如果教师犯了错，学员能够给予适当的反馈和善意的体谅，那么表演就能顺利进行下去，这就要求教师平时要处理好师生关系；最后，教师要经常反思并学习，运用积累的或借鉴的经验机智地处理教学过程中的突发事件。

但无论是哪类表演形式，都应明确表演形式是为内容服务的，表演应在以学员为中心这个主题下进行！也即，教师的表演应该是以成果为导向，更好地服务于教学内容及教学活动的。

（三）角色扮演的六步成型

下面，我们将用到第四章介绍的面试礼仪案例，详细介绍以学员为中心的TPO-R法，特别是R部分（角色扮演）的具体操作，我们总结为角色扮演六步成型（图7-3）。

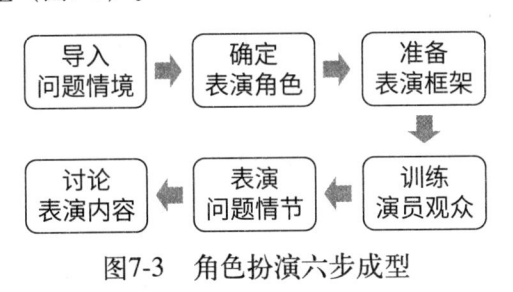

图7-3 角色扮演六步成型

1. 导入问题情境

（1）以下是一个面试礼仪的教学情境。

时间（T）：2019年7月的一个下午。

地点（P）：某高校酒店管理专业的面试教室。

场景（O）：某酒店管理集团来学校招聘管培生。面试教室内设置了考官及学员的椅子，窗户开启，面试桌上摆放的文件被风吹落，掉到桌子附近的地面。整个面试分为行为测试、语言测试、技能测试三个部分。这里介绍的是行为测试环节。学员在面试教室外排队等候，在主持人的引导下，学员需通过一扇内外推拉门进入教室，向考官递上简历，并做自我介绍。

（2）在上述情境中，作为面试学员，你将如何呈现你的行为？面试考官将根据你的行为判断你是否能通过酒店管理专业面试的行为测试。

2. 确定表演角色

我们已经运用TPO法则构建了面试礼仪的教学情境。在接下来的教学活动中，我们需要确定以下表演角色：面试官、应聘者、主持人。当然，其余的学员扮演观众。

在确定要扮演的角色之前，请大家用五分钟思考以下问题。

- 你是否因面试屡屡失败而心灰意冷？
- 面试前，你知道要怎样进行形象设计吗？
- 面试时，该提前还是准时抵达面试场地？
- 面试时，该怎样做入座、握手、呈递资料等细节动作才能符合行为礼仪规范？你在面试前曾经模拟过这些细节吗？
- 面试时，怎样做自我介绍才能给人留下深刻的印象？
- 面试时，心里紧张，不敢与面试官进行眼神交流，有没有什么方法可以克服这一障碍？
- 面试时，遇到很尴尬的提问，比如"为什么离开以前的单位""请对前上司做出评价"等问题，该如何回答？
- 面试时，谈到薪水，该怎样表达为好？
- 面试结束后，该怎样离座？怎样告辞？怎样给考官留下很好的印象？

- 面试结束后，能询问面试结果吗？

……

（5分钟后）

现场的学员开始确定表演角色。

虽然直接参与表演的只有面试官、主持人及应聘者三人，但确定表演角色的过程，大家都积极参与，既有自荐，也有推荐，既有思考，也有讨论。即便大多数人都扮演观众，现场的教学情境也激发了大家积极学习的兴趣。

3. 准备表演框架

准备表演框架，以戏剧论的观点，是准备剧本。

为了帮助大家更好地理解及准备表演框架，我们可了解电影《当幸福来敲门》中关于面试礼仪的片段。

"停车罚款单？"面试官之一重复着他的话，并笑出声，表示有一点滑稽。加德纳接着说："今天早晨，我从波克警察局一路跑来的……"此时，主面试官发话："在被拘留前，你正在干什么呢？"

加德纳："我在为房间刷漆。"

主面试官："那么，他们现在干了吗？"

加德纳："应该是吧。"

主面试官："杰森说你非常有决心和毅力。"

杰森插话："他拎着一个重40磅的新鲜发明在我们办公楼前徘徊了一个多月呢。"

主面试官："他还说你很聪明。"

加德纳："我同意他的判断。"

主面试官："你真的想学学这个行业？"

加德纳："没错，先生，我想学学这个行业！"

主面试官:"你已经开始自学了吗?"

加德纳:"绝对的,已经开始了。"

此时,主面试官转向杰森问道:"杰森,你见过克里斯·加德纳几次?"

杰森:"不记得了,不过肯定不止一次呀。"

主面试官:"他穿成过这个样子吗?"

杰森:"没有过,一直都是西服、领带,整整齐齐的。"

主面试官转回对加德纳,一边翻阅眼前的简历,一边问道:"在班里是第一名?中学也是,高中也是?"

加德纳:"是的,先生。"

主面试官:"班上有多少学员?"

加德纳:"12个。"接着补充了一句:"那是一个小城。"

主面试官将手里的纸张放下,失望的样子嘟囔道:"原来是这样。"

加德纳抢先一句:"不过,在海军雷达兵我也是第一,那个班有20个人呢。"

主面试官手里拿着铅笔在眼前的纸上随意涂鸦,心不在焉,也没有正眼看加德纳。

加德纳:"我能说一点我的想法吗?我是这样一种人,如果你问的问题我不知道答案,我会诚实地说不知道,但我发誓的是,我肯定知道如何找到答案,并且,最终我确实肯定会找到答案。这样的人您满意吗?"

此时,主面试官抬起头,皱着眉,提高音调问:"克里斯,如果有一个应聘者连正经的衬衣都没有穿,而我却录取了他,你会怎么解释呀?"

加德纳稍微沉思,迅速回答:"那他肯定是穿了绝对优雅的裤子!"

从上面这个对话片段可以看出:剧本是角色扮演的文本缩影,主要由人物对话(或唱词)和舞台提示组成。

对话是剧本的主体,舞台提示则包括人物说话的语气、说话时的动作、人物上下场、场景或其他效果变换等，它涵盖了演出的种种细节。

请面试官、主持人、应聘者，分别邀请现场的观众，分组参与你们的剧本编写。

这一部分我们留出10分钟时间。

……

4. 训练演员观众

在演员熟悉他们的剧本，进行预演的同时，我们要求其他扮演观众的学员思考以下这几个问题。

- 演员表演过程中，请保持安静，仔细观看，特别注意每一个表演的细节，比如语言、动作、表情等。
- 请仔细思考，你会如何评价演员的表现？
- 请换位思考，如果是你去表演，你会如何呈现？

5. 表演问题情境

以下是表演现场的记录。

主持人——站在面试教室的内外推拉门面前，面带微笑，提醒在外等候面试的学员"待会你进入教室后，递上自己的简介，并做自我介绍，请做好准备"。

应聘者——面对主持人的提示，表示感谢。然后轻敲教室门，说："我可以进来吗？"得到允许后，应聘者进入教室，走向面试官，距离2米左右的位置，面带微笑，递上自己的简历（方便面试官阅读的方向），然后说："面试官，下午好！我是3号应聘者，这是我的简历。"

面试官——面试官坐在椅子上，接过应聘者递来的简历，回应："3号应聘者，你好！收到你的简历，我们尽快给你通知。"

应聘者："面试官，我发现这里有文件掉落，需要我帮您收拾吗？"

……

6. 讨论表演内容

如前面介绍的，这只是一个面试礼仪中的行为测试，因此，整个表演过程，时间非常短。请大家思考：你会如何评价演员的表演？应聘者上述的表演，能通过酒店行业的行为测试吗？如果你是应聘者，你会如何表演？

我们先请主持人、面试官来发表他们的观点，然后请应聘者来讲解自己的表演，最后再请观众发表意见。

……

大家的表演与分析都非常精彩，结合大家的观点以及刚刚我们了解的《当幸福来敲门》中面试礼仪的片段，我们将面试礼仪，特别是面试礼仪中的行为测试总结为以下六点。

（1）推拉敲门需区分。

敲门是应聘者进入面试室的基本礼仪。不管门是否打开，也不管门内是否有人，进入房间都应该敲门。敲门有两个意思：一是询问房间里是否有人？二是询问是否可以进入？

敲门时，应伴以自报身份，说清楚自己为何人，来办什么事，并注意敲门的节奏及动作的大小，方显得训练有素。如在敲门时说："张经理，我是师大的毕业生李柯，我送简历过来请您查阅。"这样的行为，使室内的"张经理"马上知道"来者何人，所为何事"，方便大家交流，节约时间，有效沟通。

进出房间，如遇到推拉门，一般宜拉门为佳。在不清楚门后有什么物品的情况下，贸然推门，实属不当；拉门则既可以将门后之物一览无遗，又可以给周围人士以方便，一举数得。由此，特别是在服务性行业中，拉门意味着将方便让给他人，推门可能意味着将麻烦推给他人。

（2）入离座位有讲究。

面试时，入座、离座这些很平常的举动，其实反映出应聘者的内心及素质。

作为应聘者，入座时需注意以下几点。

• 在合"礼"之处就座。这里的难点是座位的尊卑以及哪个位置是合"礼"之位。"面门为上、居中为上、景观为上、方便为上"等基本的判断座位尊卑的原则想必大家都非常熟悉，但哪个位置对你而言在面试时是合"礼"的，这就取决于个人的经验了。当然，如果你实在搞不清楚座位的尊卑，较聪明的做法是不贸然入座，可以考虑等面试考官安排入座。与他人同时就座时，可以将自己的动作放慢一拍，观察别人的动作。当然，如果懂得判断座位的尊卑，可考虑主动将上座相让于人，以示谦恭。

• 在他人之后入座。出于礼貌，与他人一起入座，或与对方同时入座，而对方又是尊者时，一定要先请对方入座，切勿抢先入座。如果遇到小组面试，谦让入座这样大方的表现，会为面试者加分不少。

• 在适当之处就座。所谓"适当之处"自然指椅、凳等常规的位置，随意坐在桌子上、地板上，往往是失礼的表现。

• 从座位左侧就座。条件允许，就座时最好从座椅的左侧接近它，这样做，是一种礼貌，也易于就座。

• 向周围之人致意。就座时，若附近坐着熟人，应主动跟对方打招呼。若身边是不认识的人，亦应向其先点头示意。在公共场合，要想坐在别人身旁，还须先求得对方同意。当你大方落座，自信地向周围人士致意时，自然也就赢得了创造良好第一印象的先机。

• 毫无声息地就座。就座时要减慢速度，放松动作，尽量不要坐响桌椅，动作过大，噪音扰人。

• 入座时动作优雅。尽量保持上身挺拔，动作协调，不要"翘屁股"。

作为应聘者，离开座位时应注意以下几点。

• 先有表示。离开座椅时，应先向考官点头示意，如身旁有人在座，也须以语言或动作向其先示意，随后方可站起身来。一蹦而起，有时会令周围的人受到惊扰。

• 注意先后。若与他人同时离座，须注意起身的先后次序。地位低于对方时，应稍后离座；地位高于对方时，可先离座；双方身份相当时，同时起身离座。这一点和入座时讲究先后顺序其实是一个道理。

• 起身缓慢。起身离座时，最好动作轻缓，无声无息，尤其要避免"拖泥带水"弄响座椅，或将椅垫、椅罩弄掉地上。

• 站好再走。离开座椅后，先要保持基本的站姿，站定之后，方可离去。起身便跑，或是离座走开同时进行，会显得过于匆忙。

• 从左离开。有可能时，起身后宜从座椅左侧离去。与"左入"一样，"左出"也是一种礼节。

• 动作优雅。离座时动作优雅，应尽量保持上身的挺拔，动作协调，不要"翘屁股"。

入座、离座是整个坐姿仪态的一头一尾，坐下后，应调整姿态，坐直坐正，不应出现以下坐姿。

• 双腿叉开过大。双腿叉开过大，不论大腿叉开还是小腿叉开，都非常不雅。穿短装的女士，更不要忽略这一点。

• 架腿方式欠妥。坐下后将双腿架在一起，不是说绝对不可以，但正确的架腿方式，应当是两条大腿相架，并且一定要使两腿并拢，如果把一条小腿架在另一条小腿上，两腿之间还留出大大的空隙，就显得有些放肆了。

• 双腿直伸出去。双腿直伸出去，既不雅也妨碍别人。身前如果有桌子，双腿尽量不要伸到外面。

• 双腿抖动。坐在别人面前，反复地抖动或摇晃自己的腿部，不仅会让人心烦意乱，而且也给人以不安稳的印象。

• 脚尖指向他人。不管采用哪一种坐姿，都不要以本人的脚尖指向别人，在某些东南亚国家，如采取此种坐姿，极易引起他人投诉。

• 脚蹬踏他物或自脱鞋袜。落座后，脚一般都要放在地上，不要蹬踏他物。就座时用脚自脱鞋袜显得更不文明。

从入座、落座到离座，这些动作看起来简单，但要做到优雅、落落大方，绝非一两天的训练就可以速成。面试时的肢体动作带来的印象分是不会少于语言表达的。在这个问题上，一定要重视。

（3）目光表情要亲和。

目光是应聘者在面试中要善于使用的一个工具。心理学实验表明，在可以产生各种情态语符号的面部器官中，眼睛是最重要的器官。与人交谈时，视线接触对方脸部的时间应占全部谈话时间的30%~60%，超过这一平均值，可视为对谈话者本人比对谈话内容更感兴趣，低于这个平均值，表示对对方不感兴趣。

目光的运用，首先要注意的是目光的注视部位。注视对方的双眼，既可表示自己全神贯注，又可表示对对方所讲的话正在洗耳恭听。问候对方、听取诉说、征求意见、强调要点、表示诚意、向人道贺或与人道别，皆应注视对方的双眼。但是，注视时间上不宜过久，否则双方都会比较尴尬。较长时间交谈，可以以对方的整个面部为注视区域。注视他人的面部时，最好不要聚焦于一处，而以散点柔视为宜。应聘时，原则上不要注视或打量他人的头顶、胸部、腹部、臀部、脚部或大腿，这些局部的注视都是失礼的表现。当对方是异性时，一定避免注视"禁区"，否则会引起对方的强烈反感。

采用何种注视角度也很关键。正视别人是一种基本礼貌，主要表示重视对方，斜着眼睛、扭过头去注视他人就难以表达此种含义。平视对方，即在注视他人时身体与其处于相似的高度，平视与正视，一般并不矛盾。仰视，即在注视他人时本人所处的位置较对方为低，需要抬头向上仰望对方。反之，若注视他人时所处的具体位置较对方为高，需要低头向下俯看对方，则为俯视。仰视他人可给予对方受重视信任之感；俯视他人，则往往带有自高自大之意，或是对对方不屑一顾。

面试时，应聘者通应过目光、表情、微笑来塑造自己亲和的形象。

面带微笑，是一种自信的表现。虽说每个人都会微笑，但如何笑得美丽，笑得优雅，还是有一定方法的。微笑的基本方法是：先放松自己的面部肌肉；然后使自己的嘴角微微向上翘起，让嘴唇略呈弧形；最后在不牵动鼻子、不发出笑声、不露出牙齿，尤其是不露出牙龈的前提下，轻轻一笑。

人的脸上一共有17块肌肉，它们会牵动每一个笑容，只要有一块肌肉失去作用，笑容就不能完美展现，所以要多多练习。当然，能很好地控制自己的情绪也是一项必不可少的进行训练的内容。

（4）递接物品有礼貌。

面试时，少不了递接物品这个环节，比如为考官呈递自己的简历，为他人递上自己的名片，或者是递给同行者一杯热茶等。

递接物品有礼貌，简而言之，就是递接物品时应注意"方便、安全、卫生"三个基本要求。而这三个基本要求实质上是要求学会换位思考，站在对方的立场上考虑问题。

"方便"指递接物品时应以方便他人使用为出发点。如递上简历、名片、文件时，都应方便他人阅读，并配合语言示意；又如，给他人端茶递水时，应考虑他人方便使用，不要沏茶太满，茶杯放置位置也应方便他人端取。当然，递上名片，若恰逢自己的名字为生僻字，直接读出名字，也是方便他人的一种表示。

"安全"指递接物品时，如遇到尖锐物品，应使尖锐端朝向自己为宜。如为他人递上剪刀等物品时应注意安全操作。

"卫生"指递接物品时手的位置应以不影响对方卫生使用物品为要求。如递茶时，手部不应接触杯口；递上香烟时，手部不应接触烟嘴等。

普通的递接物品动作，实际上体现了一个人的素质和修养。"面试无小事"，递接物品尤其应予以重视。

(5) 举手投足先示意。

先示意，是一种提醒，更是一种尊重。行动之前，事先告知对方自己的举动，便于对方做出相应的反应，这是十分"善解人意"的做法！

举手投足先示意，意味着不要贸然行动，不管是坐下或者起立，进入还是离开，说话还是提问，端茶还是递水，先用语言或眼神示意再行动，给人的感受会很好。

(6) 不卑不亢显真诚。

对待面试，有些应聘者太过紧张，有些应聘者则太不当回事。太紧张、"太当回事"，会进入一种"万分慌张、缩手缩脚、患得患失"的状态，甚至是"强颜欢笑、委曲求全"，这种状态不免让人鄙视；"太不当回事"者，如表现得"吊儿郎当、举止轻浮、语言随意"等，也会让人"刮目相看"。

对待面试，既要"当回事"，也要"不太当回事"，这其实说的是一个"度"。"当回事"是要求面试前要精心准备，包括完善自己的简历、了解应聘单位、了解岗位需求、进行自我形象设计等。在面试前精心准备，你的真诚，你的认真，一个有经验的考官是能看出来的。"不太当回事"是要求在面试时不要浪费精力与时间去揣摩考官、猜测结果，你的精力和努力应注重在面试的表现上。由此看来，面试前心态的调整、度的把握，实在是"说起来容易，做起来难"。

至此，我们完整地呈现了以学员为中心的TPO-R法的教学实践。从导入问题情境，引发学员兴趣；到挑选学员"演员"、准备表演框架、训练学员"观众"，引导学员参与；再到表演问题情节，讨论表演内容，鼓励学员分享，整个过程，都以学员为中心，以成果为导向。

第八章 以行动为路径的PQRI法

博学之，审问之，慎思之，明辨之，笃行之。（《礼记·中庸》）

一、为什么——以行动为路径

（一）没有行动就没有学习

"打开一扇门，把面临相同困惑的人聚集到一起，寻找解决问题的办法。这仅仅意味着学习的开始，并非结束。"这是被誉为"行动学习之父"的雷格·瑞文斯对学习意义的描述。

瑞文斯本是一位原子物理学科学家，后选择离开物理学领域，到英国国家煤矿委员会担任教育主任。在培训学习中，他邀请煤矿委员会不同部门的负责人组成小组，互相参观所在部门，以发现各自的优势。事实上，组成小组的成员，有的负责人善于安全管理，有的负责人善于提高效率、减少成本，有的负责人善于员工关系管理。通过相互参观与探讨，各位负责人不仅学习到了优秀的实践方法，还拓展了处理工作中遇到的问题的新思路。因而，瑞文斯总结出一套全新的人才培养方法。

瑞文斯将这种方法称为"行动学习"。他认为，在真实的工作环境中遇到的问题，可能会有不同的解决方案，而找到最佳解决路径的方法是研究行动，指导人们在反思行动中互相学习借鉴。

后来，瑞文斯作为顾问参与国家公共卫生医疗服务机构改进项目。他将管理者、医生、护士集中在一起组成行动学习小组共同研究问题，打破了当时等级制度的阻碍。后第三方测评机构调查显示，运用了瑞文斯的"行动学习法"的医疗服务机构，与没有应用此法的机构相比，工作效率大幅提升。

然而在20世纪60年代，瑞文斯的行动学习法并没有在英国得到广泛认可，于是他将行动学习法带到了比利时。自1968年开始，瑞文斯组织实施了"高校高级管理项目"，目的在于利用行动学习法推动比利时经济增长，有5所高校及23家大型组织参与其中。

不同于传统解决问题的方法，瑞文斯的思路在于让参与者在不熟悉的环境中解决不熟悉的问题。他将参与者分为5个行动学习小组，让某一领域的参与者解决他们所不熟悉的、没有任何经验与知识背景的另外一个领域的问题。通过将参与者带入一个全新的问题领域，帮助他们打破固有的思维模式与行为特征，通过质疑与反思来促进学习，从而提出创新性的问题解决方案。此项目大大提高了比利时的经济年度增长率，而瑞文斯也因为组织此次项目的突出表现，被比利时国王授予骑士爵位。

1971年，瑞文斯出版了《发展高效管理者》一书，在书中，他提出了"行动学习"的理论与方法。1974年瑞文斯应邀回到英国，在英国电力公司组织推广行动学习，并收获良好成效，为行动学习在全球范围内的广泛推广奠定了基础。此过程后被学者详细论述并发表于美国知名杂志上，进而使行动学习法的相关理论与方法在美国广泛流传开来。

（二）学习与行动深度融合

传统的培训学习，多由培训者控制培训进程，决定培训内容，而被培训者只是被动全程参与其中。瑞文斯将传统培训教学中的主要内容——传统的结构化知识（Programmed Knowledge）定义为P。传统教学方式的基本假设是我们生存的世界是相对静止的，应用前人总结流传下的知识、理论、方法足够解决生活中遇到的问题，问题的答案或解决之道往往是唯一的。而瑞文斯提出的行动学习法，是"一个真实的工作小组共同解决来自工作实践中的真实问题，通过质疑反思、拓展思路、寻找解决问题的新思路、新方法，并在这一过程中学习"。

这种方法打破了传统教育方式的基本假设，不再过分强调学习过程L（Learning）中结构化知识P的重要性，而是看重具有深刻洞察力的质疑Q（Question Insight）在问题解决中的价值。于是，瑞文斯提出L=P+Q，即：世界是变化的，传统的经验与方法不足以应对发展带来的新机遇与新挑战，学习需要程序性知识的积累以及对实践行动的深度质疑和反思。因此，行动学习是一种学习与发展的方法，它通过小组内的反思交流过程，将学习范畴与行动范畴相结合。

对于文斯提出的L=P+Q，麦克·佩德勒在1991年出版的《在实践中的行动学习》中，对其进行了补充，提出L=Q1+P+Q2。他指出，有效的学习应该是提出工作实践中出现的问题、困惑为开始（Q1），通过讲授或指导的方式进行学习（P），从而引发对问题的深入挖掘、重新界定，对过去经验的重新思考，而这一过程是由团队参与者共同促进发生的（Q2）。

而在伊恩·麦吉尔和利兹·贝蒂合著的《行动学习法》中，他们将行动学习定义为：一个以完成预定的工作为目的，在同事支持下的持续不断的反思与学习的过程。在此过程中，参与者通过解决实践中遇到的真实问题，反思自己的经验，进而相互学习，共同提高。同时也帮助参与者对生活采取一种积极的态度，去克服思想和情感上的偏好及障碍。

另外，迈克尔·马奎特博士经过多年对行动学习的研究及实践，深入认识到，行动学习是一种功能强大的工具，能够在解决问题的同时，成功发展领导者、团队和组织；它是一个过程，小组成员在其中解决真实的问题、采取行动，并且从个人、团队和组织三个层面，在行动中获得学习和发展。

由此，我们可以看到，自瑞文斯于20世纪40年代尝试应用行动学习法以来，各位学者对其概念内涵各有阐述，但无论哪一位研究者，都认同行动学习含有四个要点：问题来源于参与者真实的实践过程中；在质疑与反思的过程中学习；团队中的同伴互助形式；采取行动。

（三）主动建构与行动学习

建构主义教学理论认为，知识不可能完全准确地概括世间法则、提供适用于任何场合的实用方法，它需要根据具体情况进行加工和再造。尽管通过语言赋予了一定的外在形式，并得到了较为普遍的认同，但知识仍然不可能以实体的形式存在于个体之外，学习者不可能对知识都有相同的理解，真正的理解只能由学习者自身基于自己的经验建构起来。

基于此，学习是以学习者原有的知识和经验为基础的，是学员自己对知识的建构过程。这种建构是学员主动意义的建构，并通过新旧知识的双向相互作用过程，引发认知结构的重组，以产生对知识新的理解的过程。

并且，学习者并不是空着脑袋进入学习情境的，教师要把学习者原有的知识经验作为新知识的生长点，引导学习者在原有知识和经验基础上，获得新的知识和经验。同时，教学不只是知识的传递过程，它更是知识的加工、处理和转换过程。另外，学员与学员之间，教师与学员之间需要进行研究性学习，并在探索研究的过程中相互合作、相互交流。在教学活动中，教师是学员建构知识的忠实支持者。教师要积极引导并帮助学员建构知识体系，要不断引发学员的学习兴趣，激发并保持学员的学习动机。学员是教学活动的积极参与者和知识的积极主动的建构者。

学员在教师的组织和引导下一起讨论和交流，共同建立起学习群体并成为其中的一员。在这样的群体中，共同批判地考察各种理论、观点、信仰和假说；进行协商和辩论，先内部协商（即和自身争辩到底哪一种观点正确），然后再相互协商（即对当前问题摆出各自的看法、论据及有关材料并对别人的观点做出分析和评论）。利用这样的协作学习环境，学习者群体（包括教师和每位学员）的思维与智慧就可以被整个群体共享，即整个学习群体共同完成对所学知识的意义建构，而不是其中的某一位或某几位学员完成意义建构。

无行动不学习，行动和学习必须深度融合，主动建构推动行动学习。这样的观点，和本书"通过系统化的梳理、直击本质的思考，以学员为中心，以成果为导向，跳出经验的管道"的理念坚持是不谋而合的！而这样的教学与培训，也对教师（培训师）的专业技能提出了更高的要求。

如同前所言，在这样一个知识变革的时代，唯有拓展认知边界、系统化梳理以形成知识框架，才能应对技术及社会变革带来的知识工作挑战！

二、做什么——以行动为路径

智能时代的到来，意味着周围环境的快速变化，需要我们具有随时应对变幻莫测的全球性挑战的能力，这就要求个人与组织必须将学习与行动置于同步，在学习中行动，在行动中学习。瑞文斯说："没有缺乏学习的行动,也没有缺乏行动的学习。"

(一) 行动学习PK传统学习

在传统教学培训中,学员多为被动参训,并不是带着问题来的。在教学培训中,教师讲什么,参训者只是全盘接受,并没有深入思考的过程,即使有不同意见也不会与教师、同伴探讨交流。培训结束后,参训者通常上交一份作业之外,没有任何反馈意见或成效报告。因此,这类传统教学培训是单向性的。

在应用行动学习法的教学培训中,参与者都带有亟待解决的问题要运用学到的新知识,通过团队成员之间的沟通交流,协作解决问题,并上报个人课题研究成果,汇报目标问题、解决途径、个人收获等,这类学习是一种主客体间双向性的互动。

我们将行动学习与传统学习从实施过程及实施有效性两方面进行了对比分析。

1. 行动学习与传统学习的实施差异(表8-1)

表8-1 行动学习与传统学习的实施差异

实施差异	行动学习	传统学习
主导对象	企业参训员工全员参与	讲师单方面授课
讲师定位	引导过程,主导学习管理	知识内容输入
持续时间	持续时间长,直至学习转化	几天时间
学习内容	自身问题的讨论与解决	外来的理论方法,不同主题的"机械组合"
侧重点	重在解决问题,以及如何解决问题	学习、补充短板
学习目的	在"用"中"学"	先学后用
核心	团队的力量	绝大部分为个人
本质	做到	知道

2. 行动学习与传统学习的有效性对比（表8-2）

表8-2　行动学习与传统学习的有效性对比

行动学习	传统学习
关联性：与实际工作或项目关联	滞后性：教学通常滞后于实际问题
创造性：通过学习过程中的隐性知识挖掘，所有学员都在创造、共享知识	被动性：教学中少有学员将自己拥有的知识与其他学员共享
组织学习：挖掘小组团队智慧，共同制订可行性行动计划，并与团队齐头并进，促进目标达成	个人学习：教学（培训）成果不深，学员各自为战，无法带回工作中应用，无法促进团队或组织学习
顿悟学习：通过催化师的各种心理干预和行为干预，帮助小组成员获得外部知识和内部智慧，产生顿悟点	知识遗忘：若干天后，学习到的内容已经遗忘过半，学员往往由于无法记住大量知识而无法快速运用所学
学习与绩效高关联性：基于实际案例需要进行需求设计，运用行动学习帮助学习小组发现问题，获得达成共识的行动计划与承诺	学习与绩效低关联性：知识与技能难以转化为参与者的可内化的能力

（二）行动学习&经验学习圈

库伯认为"经验学习过程"是由"具体经验，反思性观察，抽象概念化，主动实践"四个适应性学习阶段构成的环形结构（图8-1）。

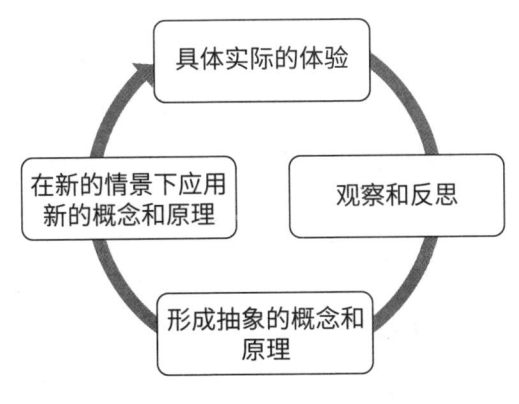

图8-1　库伯经验学习圈

其中，具体经验指具体实际的经验，是让学习者完全投入一种新的体验；反思性观察指观察和反思，是学习者对已经历的体验加以思考；抽象概念化指形成抽象的概念和原理，是学习者必须达到能理解所观察内容的程度并且吸收它们使之成为合乎逻辑的概念；主动实践指在新的情境下应用新的概念和原理，是学习者要验证这些概念并将它们运用到解决问题之中去。

我们还可将经验学习过程的四个阶段归纳为"领悟与改造"两个基本结构维度。

领悟维度是通过直接领悟具体经验与间接理解符号代表的经验两个对立的掌握经验的模式（即第一与第三阶段——具体经验与抽象概念化）。

改造维度是通过内在的反思与外在的行动两个对立的经验改造模式（即第二与第四阶段——观察反思与主动实践）。

在学习过程中领悟与改造两个维度不可或缺，经验学习过程就是持续不断的经验领悟和改造过程。

具体而言，"经验学习圈理论"的基本观点如下。

1. 遵循"学习圈"的学习过程

（1）学习的第一阶段：知识的获取来自人们通过做某事获得某种感知的经验，由于人们不可能在有限的生命周期内将世界的每一件事都"经验"过一次，所以这种经验可以是直接经验，也可以是间接经验。

（2）学习的第二阶段：有了"经验"之后，便是对已获经验进行"反思"，把"有限的经验"进行归类、条理化和拷贝，即人们对经验过程中的"知识碎片"进行回忆、清理、整合、分享等。

（3）学习的第三阶段：在"反思"的基础上对结果从理论上进行系统化和理论化，也就是将类似于某种"应用程序"从大脑"存储器"中暂时"打开"对反思的结论进行处理，对知识"升华"，正如库伯所说

"知识的获取源于对经验的升华和理论化"。

（4）学习的第四阶段：在"经验"——"反思"——"升华"的基础上进行"行动"，这一阶段是检验学习者是否真正"学以致用"达到学习效果，可以说"行动"阶段是对已获知识的应用和巩固阶段。如果在行动中又出现了新的问题，那么新一轮的学习圈又开始运动，学习循环又有新的起点，人们的能力就在这种不断学习循环中得以提升。

2."学习风格"差异的学习者

每个人的内在性格、生活经历、工作阅历、教育知识背景的差异性，使每个学习者的"学习风格"各异。

学习圈理论将学习者的学习风格大致的分为四类：经验型学习者、反思型学习者、理论型学习者和应用型学习者，这四种类型的学习风格之间具有一定的互补性，不存在优劣的价值判别。

3."学习效率"集体优于个体

由于学习者的不同学习风格，使他们对各种事物的看法持有不同观点，而集体学习崇尚开放式的学习氛围，倡导学习者之间的交流、沟通，重视学习者的相互启发、分享知识，这样使得对问题持有不同观点的学习者在思想碰撞中"知识得以增长"，学习者之间不同思想的"交换"也使得每个学习者得到更多的思想。这种集体学习的学习模式更有利于知识的生产和传播。

经验学习圈理论的基本观点为我们提炼出行动学习的PQRI法给出了具体指导，即我们要遵循学习圈的学习过程，关注不同风格的学习者，并要设计情境让学习在集体行动中展开。

（三）PQRI行动学习的运用

行动学习的力量来源于团队成员对已有知识和经验的相互质疑和在

行动基础上的深刻反思，其本质是一个计划、实施、总结、反思进而制订下一步行动计划的循环学习过程，通过完善的框架保证团队成员在高效解决实际问题的过程中实现自我学习和发展。

1. PQRI行动学习解读

基于库伯的"经验学习圈"理论，我们将瑞文斯提出的行动学习定义L=P+Q，提炼为更便于复制、更便于操作、更便于评估的以行动为路径的PQRI法，即AL=P+Q+R+I（图8-2）。

AL（Action Learning）——行动学习

P（Programmed Knowledge）——结构化的知识

Q（Question Insight）——质疑

R（Reflection）——深刻反思

I（Implementation）——执行应用

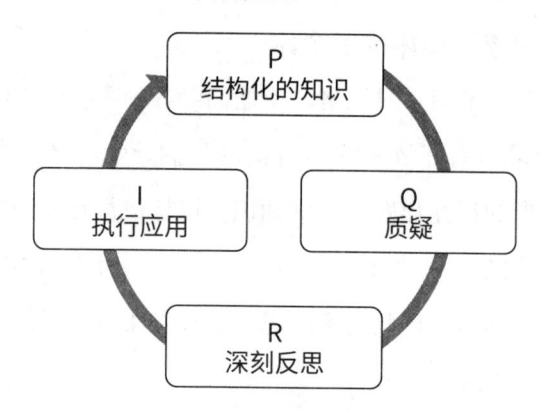

图8-2　以行动为路径的PQRI法

2. PQRI行动学习法的实施步骤

将PQRI行动学习法，与教学培训的前期、中期、后期三个阶段结合起来，我们可以梳理如下（图8-3）。

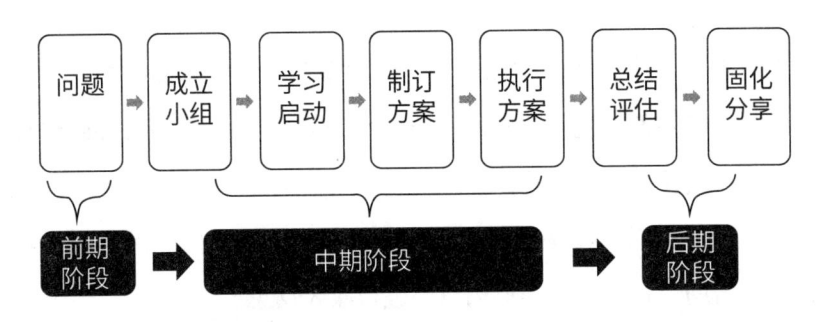

图8-3　行动学习的实施步骤

（1）第一阶段：前期阶段。

• 选择问题。问题对行动学习来说具有重要的作用和意义，选择具有针对性的问题将在很大程度上决定行动学习成功与否。问题的选择应该具有重要性、紧迫性、挑战性和可行性。

• 征集问题。教师依据教学目的，以成果为导向，广泛征求学员的意见，了解学员对哪些问题感兴趣，然后将征集来的问题进行筛选、分类、整理，设计教学问题。

• 问题分类。征集来的问题可分为三个层次：一是基本问题，也是知识点，是学员必须了解的；第二层次的问题有一定的深度和难度，通过研究讨论，学员是可以掌握的；第三层次的问题是学员没有提及的新问题，具有较强操作性和实践性，要求难度大。这样分层次设计教学问题，有助于发挥学员的不同能力，每个学员都可以找到适合自己的学习任务，使学员由接受学习逐步过渡到体验学习最后达到发现学习。

（2）第二阶段：中期阶段。

中期是行动学习的实施和控制阶段。这个阶段主要以学员为中心展开教学，可分几步进行。

- 成立小组。

在行动学习中,要选定角色,不同的角色承担着不同任务。行动学习小组的规模一般控制在4~8人,成员之间要有互补的专业或经验背景,且具有解决问题的强烈愿望。

促进师:可以由授课教师担任,负责整个行动学习的教学设计和过程把握,帮助学员进行多渠道沟通,进行深入反思。

专家:可以邀请具有专业知识及实践经验的人员担当此角色,积极参与行动学习活动,充分发挥专家引领作用,负责对学术性和专业性较强的问题和术语进行解释和明晰,在学习活动遇到困难或陷入僵局时提出必要的建议。

组长:在促进师的协助下,组织开展各项小组学习活动,负责小组行动计划的落实和学习项目的实现,担任小组活动的主持人或指定小组活动的主持人。

学员:在采用行动学习法的过程中,学员积极主动学习基础理论和项目相关的综合知识;按时完成教学计划中规定的内容;在讨论进行时,提出有价值的问题等,保障教学活动的开展和进行。

- 学习启动。

举行行动学习启发会,在会上每一位成员需提出一个需要解决的问题。学员在教师提出的众多教学问题中选择自己感兴趣的问题(一般不超过3个),然后将选择相同问题的学员组织起来,明确选定的问题,进行初步讨论研究。

- 制订方案。

明确问题,成立团队后,需马上对行动学习的基本理论及过程和方法向学员进行必要的介绍,特别是对行动学习过程中经常用到的一些思考工具,如六顶思考帽、鱼骨刺分析法、动态思维导图等做必要的介绍，制订必要的学习规则，为后续教学活动的开展做好准备。

制订方案时，需遵循"将方案转化为工具"的原则，做到方案运用"可复制、可操作、可评估"（此部分的具体操作案例可见前面提到的头脑风暴"11131法"）。

• 执行方案。

执行方案即解决问题部分，这是行动学习的核心环节。每组可由教师担任促进师进行引导，把握学习全过程。在促进师的引导下，学员确定课题、明确重点、梳理思路、改进方法。解决问题的流程见图8-4。

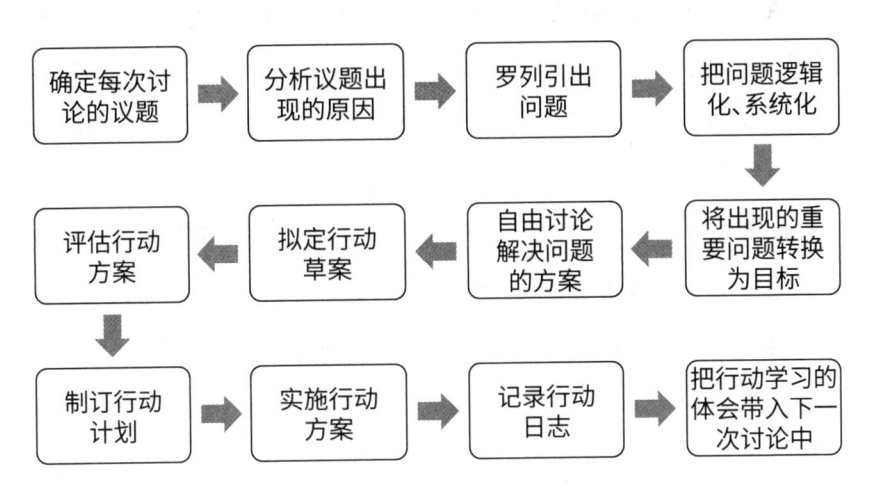

确定每次讨论的议题 → 分析议题出现的原因 → 罗列引出问题 → 把问题逻辑化、系统化 → 将出现的重要问题转换为目标 → 自由讨论解决问题的方案 → 拟定行动草案 → 评估行动方案 → 制订行动计划 → 实施行动方案 → 记录行动日志 → 把行动学习的体会带入下一次讨论中

图8-4 行动学习解决问题流程图

期间可以结合使用"世界咖啡""七步成诗""群策群力"等多种解决问题的方法及工具。同时，为了整个过程的有序、高效，可将上述流程明确操作时间、负责人、所需工具、产出结果等具体的要求（表8-3）。

表8-3 行动学习执行方案控制表

执行方案	操作时间	解决问题	负责人	参与人	所需工具	产出结果

（3）第三阶段：后期阶段。

• 总结评估。教师和专家对所有小组的问题进行点评和总结；教师回顾和点评学习过程中存在的问题，纠正学习过程中存在的偏差和不足；各组总结学习的成果并进行交流与分享；各组学员对自己小组的问题进行总结和讨论；各小组对其他小组的作品进行点评和讨论。

• 固化分享。固化是将行动学习的成果或问题的解决策略固定下来，为后续的学习提供借鉴与指导。分享是向行动学习小组的全部成员分享行动学习的成果或成功经验。学员作为绝对的主体全程做到了充分的参与，并通过不断的学习反思和行动探索，产生不同的感触，学员要把这些体会记录整理。促进师和召集者等不同角色主体方面也有很多体会，应对行动学习的流程和规范性资料进行整理，并逐渐使其清晰化、精细化、标准化，为以后开展的行动学习提供可借鉴性材料，实现成果共享。

3. PQRI行动学习法的运用突破

简而言之，PQRI行动学习法的运用突破在于把握三个核心要素，注意三个操作问题。

（1）行动学习实施的三个核心要素。

不论是依据行动学习的定义AL=P+Q+R+I，还是依据对行动学习内涵的学习及实施步骤的梳理，我们都可以发现，行动学习实施有三个核心要素（图8-5）。

图8-5 行动学习实施的三个核心要素

- 核心要素一：问题。行动学习中所说的问题具有两面性，一方面它指需要跨越的特定障碍，另一方面它指潜藏着巨大的学习、成长与培养技能的机会。行动学习需要确定问题，其主要意义在于这能给学习团队或小组确定一些比较重要的、真实的问题和任务，并且需要利用团队成员的知识和互动寻求创新性的解决方案并加以实施。问题越紧急、越重要，学习团队就拥有越大的解决动力与能量。因此，在行动学习中，问题应被看作是行动与学习的跳板，而不仅仅是组织中混乱、麻烦和挫折的来源。作为行动学习的催化剂，问题将提供一系列自发的、结构性的学习机会，并进一步通过汇聚清晰的、具体的问题解决步骤来提供大量的学习机会。

- 核心要素二：行动学习小组。有些地方也称之为行动学习团队。行动学习小组是行动学习完成的重要保障。行动学习小组具有多重角色的成员，如发起人、召集人、引导师、小组成员、组长、专家。如何分配并选择各种角色的合适人选将直接决定行动学习的成败。

- 核心要素三：质疑与反思。行动学习得以区别于其他学习方法的关键就在于其对团队探索中质疑与反思的关注，正是质疑与反思确立了行动学习的独特地位。在行动学习中，寻求新鲜的质疑以及质疑性见解是行动学习的核心。华盛顿大学教授马奎特（Michael Marquardt）指出，行动学习中的质疑不仅仅是为了寻找答案，更是为了针对所提出的问题进行更深刻的理解，引发人们去思考。在行动学习中，质疑有利于问题的解决、质量的提高，有利于个人能力的提高；反思则有利于组织进行批判性思考，进而获得创新性的成果，二者在行动学习过程中是相互促进、相互补充，共同形成行动学习创造力的源泉。质疑与反思最有力的工具是提问，提问的目的不在于得到答案，而在于让学习者探索，如表8-4所示。

表8-4 提问和质疑与反思的对比

提问	质疑与反思
你想要的是什么？	理清真正想要的，而不是希望达到的
你想做的事情会为你带来什么？	如果清楚成果，则不会有推动
当你有了目标之后，你如何认知？	对成果要有明确的界定，可量化
别人如何得知你什么时候达成了目标？	成果不仅仅由自我界定，更重要的是由对象界定
想在什么时间、地点、与什么人一起达成这个目标？	这是形成具体行动方案的基础
什么阻止你现在就达成这个目标？	不清楚障碍则不可能顺利地推进
达成这个目标，将怎样影响你的其他方面？	更加明确、更加系统地强化事情的推动
你有些什么资源现在就可以帮你达成目标？	哪些资源可以运用？不要忽略已有的资源
什么额外资源（现在没有的）可以帮助你达成目标？	哪些缺少的资源要加进来？不要放弃额外的资源
你怎样可以达到想要的目标？	通过上面的质疑与反思，自然有详细的行动方案

（2）实施行动学习要注意的三个问题。

• 问题一：应判断运用行动学习的时机。

行动学习的进行是以问题为主线的，在提出问题、分析问题、解决问题的过程中进行。但是并非所有的问题都适合使用行动学习法。根据问题解决方案的途径是否已知和问题的目标是否明确，我们可以画出行动学习法选择矩阵（图8-6）。

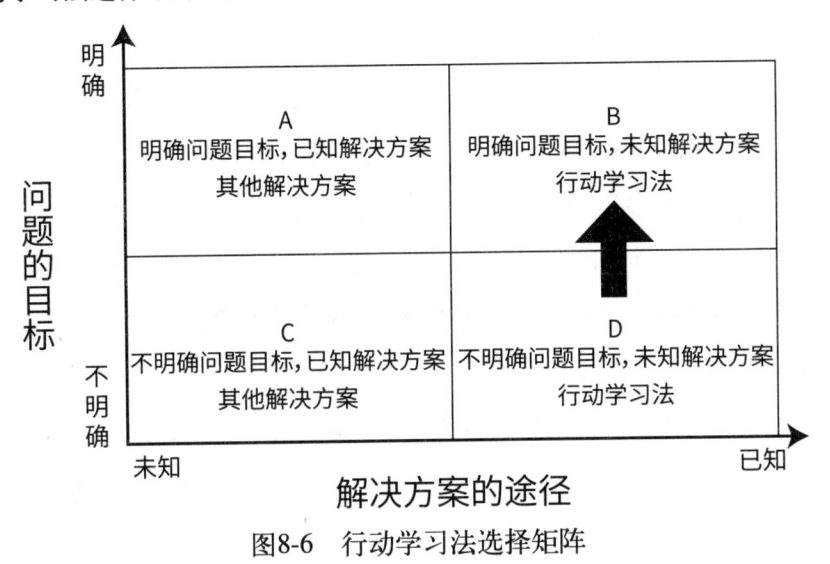

```
                明确
                 ↑
问  ┌──────────────────┬──────────────────┐
题  │        A         │        B         │
的  │ 明确问题目标,已知解决方案 │ 明确问题目标,未知解决方案 │
目  │     其他解决方案     │      行动学习法      │
标  ├──────────────────┼──────────────────┤
    │        C         │        D         │
    │不明确问题目标,已知解决方案│不明确问题目标,未知解决方案│
    │     其他解决方案     │      行动学习法      │
    └──────────────────┴──────────────────┘
   不明确
    未知      解决方案的途径       已知
```

图8-6　行动学习法选择矩阵

其一，如果没有已知的解决方案，或解决方案虽不确定，但问题目标详细明确（即问题落入象限B），在这种情况下，行动学习是一种完美的解决问题的方法。

其二，如果问题的解决方案未知且问题目标不明确、不清楚（即问题落入象限D），需要由高级领导者，或者更常见的由行动学习团队进行问题提炼，然后由团队合作寻找切实可行的问题解决方法（即将问题由象限D转移到象限B）。

其三，象限A的问题拥有现成的解决方案，也就不需要多此一举以行动学习寻找解决方法了。

其四，象限C的问题是一种好奇但很重要的问题。这种情况下，存在已知的解决方案但是问题目标不明确、不清楚，也就是说，已经找到了解决方案但是需要找到可以解决的问题。

由此可见，在教学培训中针对不同的问题并不能一刀切地都采用行动学习的方法，而是要在选择问题的基础上根据实际，正确运用行动学习方法。

• 问题二：应选择有针对性的问题。

问题对行动学习来说具有非常重要的意义。但是，只有具有针对性的问题才能成为学习的催化剂，为学员提供相应的学习机会。

教师培训中选择有针对性的问题一般遵循以下几个标准。

其一，重要性。问题对教师或学员都应该具有重要性，只有重要的问题才能激发解决问题的强烈欲望和责任感。往往聚焦于实际，具有成果导向的问题，都是重要的问题。

其二，紧迫性。行动学习中的问题必须具有一定的紧迫性。在明确解决期限的前提下，紧迫性可促进学员提高关注力与投入度，这将有利于学员处理能力的提高。

其三，挑战性。具有挑战性的问题能够激发学员的兴趣，且学员具有背景多样性带来的优势，即认知多元化带来的解决方案的多元化，能更多体现团队的价值。

其四，可行性。所选问题应该是部分学员而非全部学员相对熟悉的，如果全部学员都熟悉，很可能会限制团队的创造性思维。一般而言，在确保一定熟悉性的前提下，团队中熟悉所选问题的成员越少，越有可能产生创造性的思维。

• 问题三：应高效组织学习活动。

行动学习是一个过程性的学习方式。为了保证学习效果，需要对整个学习过程进行有效的组织和管理。

这主要包括以下几个方面的管理。

其一，时间管理。充足的时间保证是学习进行的必要前提，行动学习过程需要考虑整个过程的时间安排、小组讨论的时间、集体学习的时间等。

其二，资源管理。从行动学习的实施过程看，行动学习需要不同的资源，如人力资源、物力资源等。

其三，团队和成员的管理。团队和成员是行动学习进行的主体。团队的氛围、学员的态度都会对行动学习的结果产生不小的影响。为了提高行动学习的效果，应该为行动学习创造一个轻松、融洽的团队氛围，并培养学员积极主动参加行动学习的理念。

三、怎么做——以行动为路径

在每一次礼仪培训班的破冰活动中，都有这样一道题目引发大家的思考——您在礼仪教学中遇到了哪些困惑？并且对"困惑"的界定，我们有标准——这个困惑必须是自己的；这个困惑必须是你认为重要的；你为解决这个困惑做了努力；你认为目前对于解决这个困惑还存在哪些问题？

收集起来的困惑（问题）很多，这里我们以礼仪教学中的次序问题为例来说明PQRI行动学习法在礼仪教学中的运用（图8-7）。

P：问题设计坚持梯形分布

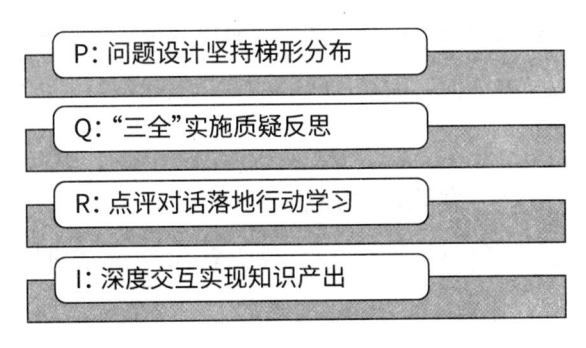

Q："三全"实施质疑反思

R：点评对话落地行动学习

I：深度交互实现知识产出

图8-7　PQRI行动学习法四步骤

（一）问题设计坚持梯形分布

行动学习PQRI法中，问题的设计应遵循由易至难的梯形分布，形成由基本问题、核心问题、创新问题构成的问题组合。具体操作如下。

1. 征集问题

在课堂通过问题征集，发现关于次序的问题，虽然讲解了"尊者优先"及"遵守惯例"两条次序排序的操作原则，但在实际操作中，还是有很多学员表示对于这两条原则的具体运用存在疑问。

2. 问题设计

我们先了解一个场景：2009年11月14日，美国总统奥巴马访问日本，在日本皇宫与明仁天皇及美智子皇后会晤，在与天皇握手的同时伴以近乎90度鞠躬的动作。

请从行为礼仪教学的角度，点评奥巴马的行礼是否符合行为礼仪规范？围绕着这个"引子"，我们设计以下问题。

- 握手礼、鞠躬礼的行礼规范是哪些？（基本问题）
- 这个场景是正式还是非正式场景？判断场景是否正式最简单的标准是什么？（基本问题）
- 运用"尊者优先""遵守惯例"这两个次序问题的基本规则时应注意哪些问题？（核心问题）
- 如何理解礼仪分类的认知、环境、目的三要素？（核心问题）
- 在礼仪教学中如何运用礼仪认知的黄金圈法则？（创新问题）

（二）"三全"实施质疑反思

"三全"指质疑反思过程中应全员、全渠道、全周期。全员指全部学员，全渠道指线上线下全渠道，全周期指整个教学活动周期。具体操作如下。

1. 成立学习小组

各位老师对上述场景的点评，可能包括三种情况：一为赞同，认为奥巴马的行礼符合行为礼仪规范；一为否定，认为奥巴马的行礼不符合行为礼仪规范；一为不确定，即态度模棱两可或者不知道如何做出评价。我们在现场设置三个区域：前面为不确定区域，左后方为赞同区域，右后方为否定区域。请每位老师用·分钟的时间选择你的位置（图8-8）。

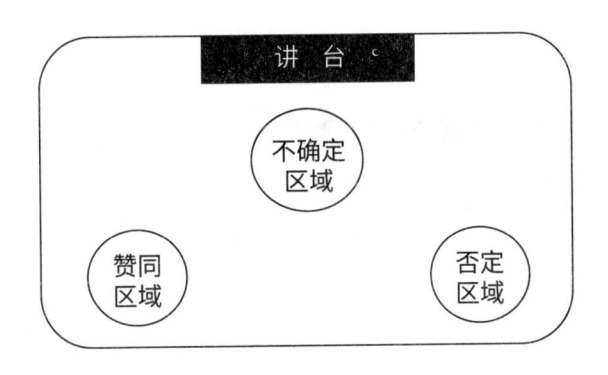

图8-8　质疑反思站位图

我们用3分钟时间来成立行动学习小组，请持相同意见的老师组建行动学习团队，并选出组长和促进师，当然，各组还可以通过微信、电话等方式选择外部专家加入，开展线上交流，寻求"外援"。

组长的职责在于主持整个行动学习；促进师的职责在于当学习遇到阻碍时负责推进，当然可以邀请现场的老师及助教担任；专家的职责在于提供更多元的信息及视角，所以鼓励大家采取线上线下融合的方式；学员的职责是积极参与讨论，并遵守行动学习的规则，贡献自己的智慧，享受学习。

2. 讲解学习规则

为了让大家的讨论更加高效，我们依旧可以采用前面提到的头脑风暴的"11131法"来进行讨论。首先各位用1分钟独立思考；然后每位用1分钟来陈述观点；再用3分钟来收集小组的意见；最后用1分钟投票决策，形成你小组的观点。

3. "三全"质疑反思

各组运用头脑风暴的"11131法"，群策群力，全员参与，积极讨论。并有专人通过微信及电话咨询场外"专家"的意见，现场充满着行动学习的快乐！

（三）点评对话落地行动学习

1. 小组分享

我：现场的各位老师，如果接下来由您主持，您会请哪一小组发表他们的意见？请注意，我们在破冰之旅中，谈到了"教学环节三问"，这个问题实际上应该包含三个连续的问题，即接下来会怎么做？为什么会这样做？要达到的效果是什么？我先抛砖引玉，说说我的做法。我可能会先问赞同组。赞同组的同学，请发表一下你们的意见。

赞同组：我们组讨论下来的结果是对奥巴马的行为礼仪表示赞同。握手和鞠躬是两个不同的行为礼仪动作，虽然同时做好像很不和谐，但是我们组认为，两位国家元首虽然都是各国政坛的一把手，但奥巴马和明仁天皇之间的感觉却是晚辈对长辈的敬意和尊重。所以我们讨论下来，认为奥巴马在礼仪方面的个人修养非常高级，表达了一种由内而外的尊敬，这是我们选择赞同的原因。我想归纳一下，从本质上说，礼仪的最高境界是符合人性，礼者，敬人也，通俗地说，礼仪就是让交往对象感到舒服。我们这一组认为奥巴马的行为由衷地让人感到舒服。谢谢大家。

我：请问不确定组，刚才赞同组的观点有没有打动你们，你们是否有成员愿意改变自己的选择？

不确定组：赞同组的解释很精彩，但我们组依然选择不确定，谢谢。

我：有"互联网时代的弗洛伊德"美誉的MIT的教授雪莉·特克尔有一本著作《重拾交谈》给我很多启发，联系到今天的课堂即是，高质量的课堂取决于高质量的对话。"交谈""对话"不是"问答"，问答是围绕着一个主题，有问有答，彼此交流，互相碰撞，然后让我们在现场生发更多的智慧，这可能是行动学习的PQRI法的魅力。现在请否定组发言。

否定组：我归纳一下我们组的意见，我们认为礼仪从某种程度上来说是一种规矩，也是一种规则，必须要遵循。奥巴马是美国人，美国人见面有美国人的礼仪，比如握手礼；日本也有日本人见面的通行礼仪，比如鞠躬礼。不管在什么场合，都应该遵循国际原则，或者入乡随俗。奥巴马在这里既握手又鞠躬，我们觉得不伦不类，不是那么规范，很难辨别他是遵循国际礼仪规范还是有入乡随俗的考虑，总的感觉就是行为动作很别扭，也不是那么符合礼仪。而且，行鞠躬礼的时候眼睛应该往下看，表示尊重与谦卑；行握手的时候眼睛应该看着对方，表示平等与尊重。奥巴马握手加鞠躬，眼睛一直看着地上，我们觉得也不符合礼仪规范。抛开前面所讲的，我们再来看一些技术性的问题。奥巴马的行为用了两个技术性的动作，一个是握手，一个是鞠躬，其实两种礼节都有程度的差别。如果是单纯的握手，可以通过另外一种方式去加深这个动作，使之具有更深厚的感情表达；如果是鞠躬，也可以从鞠躬的角度去丰富自己的表达。这样两种动作混合在一起，显得非常尴尬，也体现不出政务礼仪涉外场合应表达的主权平等的礼仪尺度。

我：感谢否定组的精彩回答，请问不确定组，刚才否定组的观点有没有打动你们？

不确定组：否定组的解释同样很精彩，但我们组依然选择不确定，谢谢。

我：最后，我们来听听不确定组的意见。

不确定组：我们组之所以不确定，是依据礼仪认知的黄金圈法则。礼仪认知的黄金圈法则的中心是WHY，然后是HOW，外面是WHAT，强调的是由内而外、以终为始的思维方式。刚才正方和反方都说了很多他们的观点，我们得不出结论是因为我们不知道这个场景中两位政要呈现出来的状态、动作以及肢体语言背后的WHY是什么。在不确定WHY是什么的情况下，我们没有办法评判这个行为是不是符合礼仪。奥巴马用了握手礼，同时还用了鞠躬礼，两个礼仪结合在一起用，但是两个礼仪都没有用到位。如果我们用一种很刻板的范式去衡量它的话，会觉得握手没有目光的对视，鞠躬似乎也不那么纯粹。但是我们想知道的是这个行为背后的WHY是什么？如果说在当时想要表达的是一种恭敬心，是一个这样人高马大的一个西方大汉，面对一个耄耋老人，首先他没有让老人因为身高上的差异去仰视他，从这个角度来说，他表达这种恭敬心并不错。但是我们点评一个场景其实有不同的立场。在这个立场上来说这个行为是合乎礼仪的，或者我们认为它是合理的。我们刚才讲的是，如果合理，可能这个行为就代表了奥巴马对明仁天皇的一种恭敬心，或者他也照顾到对方的身高。但是反过来说，也许站在美国人的立场上，他们认为美国作为一个这样强势的国家，元首在外交场合用这样的肢体语言其实是非常不妥的。所以，如何确定对错，完全取决于黄金圈里的WHY。因为我们不确定这个WHY，所以我们选择不确定。这是我们小组的观点，谢谢。"

2. 讲师点评

从最初展示场景到各组总结陈述完各自的观点，体现的是PQRI行动学习法的提问、质疑与反思。

在这次教学活动中，学员是教学活动的中心，是观点的阐述者，是行动者，教师是教学活动的辅助，是引导者、倾听者、促进者。行动的课堂有了更多笑声，更多掌声！有笑声才会有效果，有掌声才会有赞声。

（1）鞠躬礼。

从形态上来说，人的行为可以分为三种：坐、站、行。中国人古代是如何坐的？在椅子出现之前，古人是席地而坐，跪坐，即脚跟会落在臀部的位置。当跪坐的时候，为了表达对对方的敬意，身体自然就往前伸，所以跪拜就出来了。

而后，椅子的出现对人的行为是一种巨大的解放。视野开阔了，行动也更方便了。试想，当你坐在椅子上的时候，面对一位尊者，为了要表达敬意，你第一个动作是什么？是站起来。而当你站起来的时候，怎样表达对对方的敬意？你可能会身体前倾，采取鞠躬礼。当然，如果觉得鞠躬依然不能表达内心的恭敬，自然会行跪拜礼了。

因此，鞠躬礼的产生，是因为椅子的出现，人的坐姿形态发生变化。当我们坐在椅子上的时候，要对来访者或者尊者表达敬意，自然就会站立，并且身体前倾，"自卑而敬人"。

基于此，行鞠躬礼的时候，眼睛一定不能看着对方。这也许是所有行为礼仪的例外。日常的行为礼仪都要求目视受礼者，唯有鞠躬在行礼前目视对方示意，行礼中不宜看对方，因为要表达心中的谦卑及敬意。

现代，往往以15度的鞠躬礼为示意礼，30度的鞠躬礼为欢迎礼，45度的鞠躬礼为欢送礼。这里面其实也体现了"迎三送七"，即迎三步，送七步，唯有难舍难分才能体现心中的情谊，后面的礼要大过前面的礼。日常迎送如此，会务接待、大型活动亦如此。

（2）握手礼。

中国文献中较早出现握手的意思可能是《诗经·邶风·击鼓》中的"执子之手，与子偕老"。这里的执手，也即现代的握手。魏晋南北朝时期，北方丧礼中多有执手礼。到了辽代，执手礼成为非常重要的礼节。凡将帅有战功，皇帝都会"执手慰劳"。

我们还将用双手握住对方右手的行为称为奉手，以表达对对方的敬意及感谢等情感。

握手的禁忌及规范，这里就不一一详述了。

(3) 二礼不同行。

对于奥巴马行礼的点评，我们的观点是否定的，即认为他的行礼不符合行为礼仪规范。判断的标准很简单，即"二礼不同行"，要么采用国际交往的通用礼仪，握手问候，要么入乡随俗，鞠躬问候。一方鞠躬加握手，一方握手，这显然是不合适的。

从另外一个角度讲，如果一方行的是鞠躬礼，另一方一般也会还以鞠躬礼。

（四）深度交互实现知识产出

我们通过行动学习，分析判断奥巴马的行礼是否符合礼仪规范这个"引子"问题，是为了引发更深层次的思考。让我们再来回顾下其他问题。

- 这个情景是正式还是非正式场景？
- 判断场景是否正式最简单的标准是什么？（基本问题）
- 运用"尊者优先""遵守惯例"这两个次序问题的基本规则时该注意哪些问题？（核心问题）
- 如何理解礼仪分类的认知、环境、目的三要素？（核心问题）
- 在礼仪教学中如何运用礼仪认知的黄金圈法则？（创新问题）

1. 判断场景是否正式的最简单标准是服饰

基于时间、地点、场景的判断，从而界定自己的角色，选择合适的服饰来匹配角色所代表的形象。本案中，场景中的奥巴马和明仁天皇都是着西服套装，上下同色、同质，且全身颜色不超过两种，显示重视；而美智子，身穿日本的传统服饰——和服，不论是衣服的材质，还是背后的腰包折法，都显示对会晤场景的重视，所以，可以判断这是正式场景！故，场景是否正式其实不是看场景的装修，而应看身处这个场景中角色的服饰、行为、语言等形象要素。

2."尊者优先"使用的场景包括"在朝序爵、在野序齿、女士优先"等几种情况

在朝序爵，可指在职场位尊者优先；在野序齿，指社交场合，年长者优先；女士优先，指在非在朝序爵、在野序齿的场景下，平级之间女士优先。"尊者优先"在这3种场景中，一般不宜混合使用。本案中，就不宜以明仁天皇为长者所以为尊，这里的"次序"原则用"遵守惯例"为宜。

"遵守惯例"在次序问题上，其实是对"尊者优先"原则的补充。因为有些场景更多以"惯例"而非"尊者"来判断次序问题。电话谁先挂的问题，平辈平级同性之间，主叫先挂为遵守惯例。握手时谁先伸手的问题，主宾场景中，欢迎时主人先伸手；辞别时，宾客先伸手，为惯例。本案中，"以客为尊"为惯例，奥巴马访日，奥巴马为客、为尊；"对等行礼"为惯例，明仁天皇如果行鞠躬礼，则奥巴马应还鞠躬礼，奥巴马行握手礼，则明仁天皇也行握手礼。"握手""鞠躬""二礼同行"，则不妥。因此，大家可以看到，奥巴马的行为，在美国国内产生很大的影响。美国媒体指责奥巴马身为国家元首行为不妥，看起来"低声下气"，有向日本天皇"卑躬屈膝"之嫌。面对一片骂声，美国国务院回应说，奥巴马这一动作仅仅是为表示尊敬。一个鞠躬引发这么大的反响，这让日本也感到惊异。

3. 从目的、认知、环境三要素入手更好地判断礼仪分类及其特点

本案中，目的是两国领导人交往要传递的态度；认知是人物的定位；环境是案例中的场景（不仅仅是装修、位置等），这里体现的是政务礼仪的涉外场合。"主权平等"是政务礼仪涉外场合的第一原则，这也可以成为判断奥巴马行为礼仪是否符合规范的一项标准。

如果目的、认知、环境三要素都发生改变,礼仪分类及其特点也会发生改变。比如,双方的交往目的只是朋友间的问候;双方代表的只是个体,而不代表所属组织;双方都不穿正装,也即意味着所处的环境改变,这时的行为礼仪应用社交礼仪会比较合适。自然社交礼仪中,行为礼仪应体现尊敬、自然为宜。

4. 坚持以成果为导向,由内而外思考

坚持以成果为导向,由内而外思考就是先思考为什么,再思考怎么做,最后思考做什么,这将有助于树立礼仪及其教学的全局观。

回到本案例,如果我们先思考奥巴马访问日本的目的,再思考如何去达成这种目的,再思考奥巴马具体的行为,可能会更加清晰地判断其行为是否符合行为礼仪规范。"仪"是为了表达"礼","礼"是"仪"的支撑,"礼"与"仪"的匹配、和谐,这也是前面提到的礼仪运用的基本原则。

基于过往的知识积累,由精心设计的问题导入,以学习小组深度对话、交互为手段,引发高质量的质疑与反思,从而带来认知上的升级,这就是以行动为路径的PQRI法。

以行动为路径的PQRI法让我们感受行动的快乐,学习的快乐!

第九章　以工具为保障的SOP法

子贡问为仁。子曰：工欲善其事，必先利其器。居是邦也，事其大夫之贤者，友其士之仁者。（《论语·卫灵公》）

一、为什么——以工具为保障

礼仪教学，理当是提供教学成果的，而不是花里胡哨的表演。

礼仪教学，理当是以尊重为本，双向互动的，而不是授人以愚，单向灌输的。

礼仪教学，理当是聚焦于实际问题的，而不是毫无意义的说教。

礼仪教学，要聚焦于成果、互动、问题，就需要有必要的教学工具来保障，并在最短时间内让学员达到胜任标准。

（一）胜任标准定义成果

"胜任力"的概念最早由哈佛大学教授戴维·麦克利兰（David McClelland）于1973年正式提出，指能将某一工作中有卓越成就者与普通者区分开来的个人的深层次特征，它可以是动机、特质、自我形象、态度或价值观、某领域知识、认知或行为技能等任何可以被可靠测量或计数的并且能显著区分优秀与一般绩效的个体特征。

这些个体特征我们用胜任标准来解读，落实到教学活动，教学就是要帮助学员缩短达到胜任标准的时间。

研究胜任标准的方法，可以追溯到20世纪初。当时"科学管理之父"泰勒应用"时间－动作"的研究分析方法（Time and Motion Study），界定哪些因素导致了优秀工人高质量、高效率的工作过程和结果，这种操作的原理和下面的SOP法是类似的。

后来美国学者约翰·弗莱纳根（John Flanagan）研究了1941年至1946年美国飞行员的绩效问题，于1954年创建了"关键事件"（STAR）方法，并就此成为胜任力研究领域核心方法的应用先导。

以胜任标准定义成果，狭义来讲，指学员通过教学及培训活动，从而获得能独当一面，完成工作任务的个体特征；广义来讲，指学员通过教学及培训活动，最终能自我学习、自我创新、自我发展，找到自我驱动的动力，并融入团队，实现更大的价值创造。这两个解读，可理解为分别对应史蒂芬·柯维在《高效能人士的七个习惯》一书中提到的由依赖走向独立的过程，从独立走向互赖进而实现共赢的人生阶段。

（二）胜任标准模型解读

广义来讲，教学成果是让学员挖掘自我发展、自我创新、自我驱动的动力，从独立走向互赖，实现更大的价值创造，这有必要分析胜任标准的基础。

这里我们要用到胜任力模型的概念，即形象地说明胜任力构成的一组模型。典型的胜任力理论模型有冰山模型和洋葱模型两类。从外形上看，这两个模型差异很大，一个像冰山，另一个似洋葱。其实，这两个模型本质上是一样的，只不过洋葱模型是从另一个角度来解释说明冰山模型，所以我们重点介绍冰山模型。

冰山模型简洁明了地告诉我们胜任力模型由两部分组成。一部分是冰山的上部，是能够看得见的一小部分，包括知识和技巧两方面，这是可见的，也即显性的，因为占比很少，所以也可用帕累托法则的20%表示（帕累托法则，又叫二八法则、80/20原理、帕累托效应，指在任何特定群体中，重要的因子通常只占少数，而不重要的因子占多数，因此只要能控制具有重要性的少数因子即能控制全局，即80%的价值来自20%的因子，其余20%的价值则来自80%的因子）。对应到洋葱模型上，这些知识和技巧的部分，处在外层、表层，是容易改变的个人表面特征。另一部分是冰山的下部，是不能够看见的一大部分，包括自我概念、特质和动机，因为不易看见，也即隐性的，因为占比比较多，所以也可用帕累托法则的80%表示。对应到洋葱模型上，这一部分在里层、内层，是很难改变的个人核心特征。

联系黄金圈法则，也可以用WHY—HOW来表示冰山下面、洋葱里层的部分；用WHAT来表示冰山上面、洋葱外层的部分。从这些分析可以得知，前者，才是真正能长久地驱动胜任标准，当然，实际教学活动中，常常也会从后者入手，先解决短期的、做什么的问题，再去培养长久的、主动去做的问题，也就是说常有"先仪后礼"的教学，毕竟，"像什么才有可能是什么"。

但不管怎样，胜任标准的基础一定是隐性的，不易察觉的，也较难培养的，这也给教学及培训活动带来了挑战。

（三）胜任标准实施路径

狭义来讲，教学成果即是让学员在最短时间内达成胜任标准，这需要找到胜任标准实施的路径。

1. 工作任务与胜任标准

胜任标准对应工作任务，学员在一定的时间内、按质按量完成工作任务，就是达到胜任标准的体现。

工作任务，不论是个体完成，还是团队作业，都由单个的工作项目组成，这些工作项目构成了完成工作任务的具体步骤。

自然，工作任务的完成程度，取决于工作项目的完成情况。运用SOP的概念，能更有助于理解工作任务和工作项目。

SOP是Standard Operation Procedure三个单词首字母的大写，意为标准作业程序。SOP就是将某一工作任务的标准操作步骤和要求以统一的格式描述出来，用来指导和规范日常的工作。

这样我们就找到了SOP和胜任标准的关系：即在某种程度上，如果能顺利完成SOP，也就具备了独当一面，完成工作任务的个体特征，也达到工作需要的胜任标准，而要达成胜任标准，也应该从SOP的梳理、分析、培训入手。

2. SOP的五大特点

SOP的精髓在于将每个岗位的工作任务或工作细节进行量化，并根据量化的每个步骤明确工作内容，然后贯彻到每个执行环节。可见SOP是一种程序，是一种标准的作业程序，它可以大大提高企业的运行效率和运行效果。以酒店行业为例，SOP被酒店人奉为"管理圣经"，国际性酒店及国内品牌连锁酒店尤其重视。

管理学大师彼得·德鲁克在《管理的实践》提出了SMART原则，该原则强调实施目标管理不仅是为了利于员工更加明确高效地工作，更是为管理者将来对员工实施绩效考核提供考核目标和考核标准，使考核更加科学化、规范化，更能保证考核的公正、公开与公平。

其中的S（Specific）代表具体，指要切中特定的工作指标，不能笼统；M（Measurable）代表可度量，指要数量化或者行为化；A（Attainable）代表可实现，指在付出努力的情况下可以实现；R（Relevant）代表相关性，指要与工作总目标相关联；T代表（Time-Bound）有时限，注重完成的特定期限。我们可以借助SMART来总结SOP应该具备的特点（图9-1）。

图9-1　SOP的SMART特点

（1）SOP是具体的。

SOP应具体到每个工作任务、工作项目的流程及标准，因而，它必须是具体的。学员通过SOP的梳理及学习，应该掌握"怎么做"。

（2）SOP是可量化的。

不量化，不可复制；不量化，不可操作；不量化，无法评估。因而，SOP必须是可量化的。SOP的梳理应将工作任务、工作项目、工作标准以量化的方式表达，这样才能让学员掌握"做什么"。

（3）SOP是可实现的。

SOP强调的是落地、是执行，而不是将工作项目和工作任务梳理出来后，成为挂在墙上、锁在抽屉的流程和规章。因而，SOP必须是可实现的。选择正在做的，而不是必须做的，这样才能让学员"有目的地做"。

（4）SOP是和总目标相关的。

工作任务和工作项目都是围绕一定的工作成果展开的。SOP要紧盯工作成果，而不能一叶障目，以点代面，拘泥于细节忽略了整体。SOP的梳理及学习，应该能让学员明白"为什么要做"。

（5）SOP是有时限的。

SOP的梳理是为了更有效率、更有效果，时限是直接影响因素。因而，SOP应该是有时限的。有时限的也可以理解为"精益"，即要在最短的时间内，用最有效率的方式创造最大的效果。SOP的梳理及学习，应该能让学员掌握"怎样更好更快更有效率地做"。

二、怎么做——以工具为保障

明确了为什么，自然接下来要说怎么做，也即礼仪教学活动怎么才能以工具为保障。

基于黄金圈法则、以成果为导向的礼仪教学强调：基于岗位绩效明确培训目的；基于岗位职责明确培训主题；基于岗位流程明确培训内容（图9-2）。

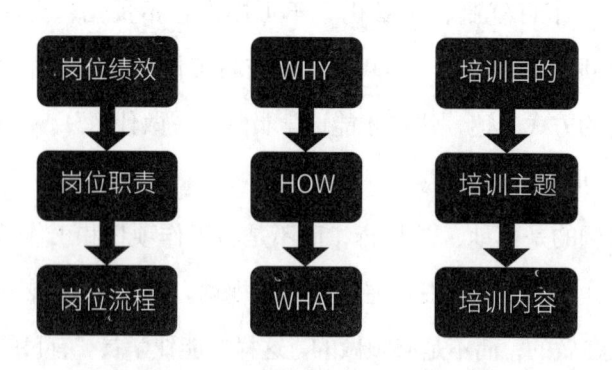

图9-2　以工具为保障的SOP法

（一）SOP确定教学模块

确定教学模块的前提是对工作任务做SOP梳理。掌握了SOP，既有理论层面的理解，更有实践层面的运用。

1. 以流程定义教学模块

SOP对应工作任务，工作任务又由若干工作项目组成，完成工作项目常常可能涉及各种工作岗位，因此实际操作中常常有一种用工作岗位来梳理SOP的做法。

从岗位的角度来梳理SOP，可以以岗位职责说明书为基础，说清楚一个岗位要做什么（内容），以及怎么做（标准），再运用SOP的SMART特点，可以将岗位的项目指标与后期的考核结合起来，对于教学及培训活动效果的固化及转化有较好的作用。

但现在的很多工作，是流程化的，是团队化的，需要上下环节的配合及协同，只了解单个岗位的SOP，在现代显然是不够的；且从人员复用的角度，从职业发展的角度，不论是企业还是学员更期待能多掌握相应的SOP（职业技能）。当然也有不同的声音，比如某些相对独立的岗位，自然从岗位的角度来梳理SOP较好，但从整体的角度，即便是独立的岗位，首先从系统的角度对工作SOP有全面的认知，也会对个体及团队工作产生较好的推动作用。因此，我们建议从流程而非岗位的角度来梳理SOP，来定义教学模块。这和组织再造中，以流程来优化组织架构是一个原理。

2. SOP流程梳理六步法

SOP流程梳理六步法（图9-3）包括：分析工作任务；分析任务流程；分析流程标准；选择正在做的；将正在做的流程标准量化；将量化的流程标准成果化。

分析工作任务 → 分析任务流程 → 分析流程标准

将量化的流程标准成果化 ← 将正在做的流程标准量化 ← 选择正在做的

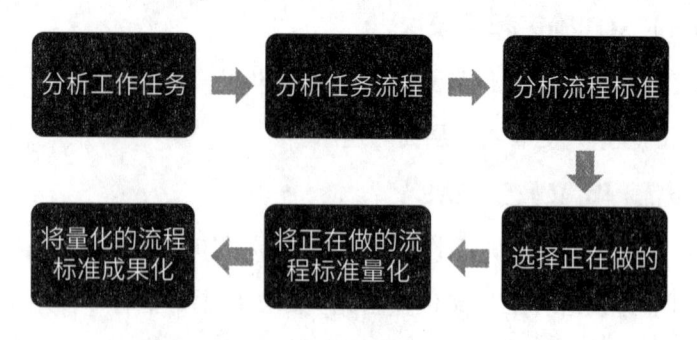

图9-3　SOP流程梳理六步法

（1）分析工作任务。

分析工作任务而不是分析岗位任务，保证了对工作任务的整体理解。此时，从成果（WHY）入手，先思考工作任务要达成的目的，能更好地界定工作任务的必要性。这其实涉及的是一个工作任务的选择问题。选择正确的事，再正确地实施，往往是日常工作中较易忽略的。常常见到可惜的情况是，努力做的那些事情可能一开始就不是正确的选择，或者不是以成果为导向的。因此，分析工作任务其实首先是一种反思。

（2）分析任务流程。

在清楚地界定工作任务的必要性之后，再对工作流程进行梳理。可以采取将所有的工作项目写下来，寻找项目之间的连接点，再将连接点用串联或并联的方式连接起来的方式。值得指出的是串联和并联的区别。串联，自然是一环扣一环，一环断了，则下一环节无法实施；并联，是各个环节都指向工作对象，一环断了，流程还可以继续。像体育比赛，棒球就是串联，篮球则是并联。联系到服务流程，如果是并联作业，则有可能是若干环节都指向用户，自然效率要高，体现的是以用户为中心；而串联作业，则有可能因为流程的臃肿而让客户的体验不佳。所以，明确用串联还是并联的方式来梳理工作流程，对于确定教学内容是很关键的。

（3）分析流程标准。

明确完成工作任务的流程，还应该将流程标准化。工作任务是检验流程标准是否体现成果的依据，流程标准是工作任务成果的体现；流程标准也是教学模块确定的基础。

我们可以采取5W2H1S的方式来确定流程标准，即WHO（谁）、WHERE（在哪里）、WHEN（什么时间）、WHOM（针对谁）、HOW（怎么做）、WHAT（做什么）、HOW MUCH（用多少成本）、SAFE（要注意哪些安全因素）（表9-1）。

表9-1　工作任务流程标准控制表

工作任务	WHO	WHERE	WHEN	WHOM	HOW	WHAT	HOW MUCH	SAFE

（4）选择正在做的。

工作流程的梳理，如果没有考虑实际情况，比如人力资源的技能水平、设备设施的配备情况等，往往会和实际情况脱节。常见的情形是梳理的工作流程相对冗长。精益的观点，则更为"激进"，它将工作任务分为增值的（对用户产生价值，用户愿意买单的）、浪费的（对用户没有产生价值，用户不愿意买单的）、不得不的（虽然没有对用户产生价值，但由于条件受限，而不得不保留的）三类。我们这里简化为"选择正在做的"，这样能让教学模块贴近实际情况，聚焦于解决实际问题，而不是将问题扩大化。

（5）将正在做的流程标准量化。

第三步运用了5W2H1S，能比较全面地梳理正在做的流程，而要更加有效地保证教学效果，则有必要对梳理出来的每一流程量化，提炼出"工具"，以便教学内容可操作、可复制、可评估。

（6）将量化的流程标准成果化。

将上述五步用框架化的形式表达出来，既有工作成果的思考，又有工作流程的全面梳理，还有对每一流程对应的工作项目的工具提炼，可操作、可复制、可评估。

比如，从麦当劳柜台服务流程的角度来梳理柜台服务的SOP（表9-2），能清楚地知道服务的流程、操作的标准，而且也能让学员知道整体流程需要哪些岗位配合，进而能确定教学模块。

表9-2　麦当劳柜台服务SOP

工序	程序号	操作标准
招呼顾客	①	• 精神抖擞、面带微笑 • 大声说"早上好""欢迎光临""请到这里来"
询问点餐	②	• 说"您要点什么""请问您需要些什么" • 顾客点完餐后，要复述一遍品名和数量 • 向顾客推荐的食品不能超过一项
准备食品	③	• 对顾客说"请稍等" • 默记顾客所说的食品 • 按"奶昔—汉堡—派—薯条—圣代"的顺序准备食品，食品的标志要向着顾客，薯条要靠在汉堡上
收款	④	• 收款时大声报出金额，如"谢谢您，总共45元，收您50元，找回5元"
把食品给顾客	⑤	• 双手轻抬托盘给顾客 • 说"让您久等了""请小心拿好""请看一下是否都齐了"
感谢顾客	⑥	顾客离开柜台时说"谢谢惠顾""欢迎再度光临""祝您愉快"等致谢语

从礼仪教学的角度来看麦当劳柜台服务SOP的梳理，可以确定职业态度、职业形象、职业仪态、服务语言等教学模块，并将这些内容对应到相应的服务流程，完成柜台服务礼仪规范的教学。

再如，我在《金融服务礼仪》一书中曾提到运用SOP法梳理银行高柜服务流程的案例（表9-3）。

表9-3　银行高柜服务SOP

服务流程	服务标准解析
微笑站立	站立迎接时需将身体完全站直，做到站姿挺拔并微笑点头示意（员工着孕妇装除外，未叫号客户已直接坐下除外）
客户问候	与客户交流时应做到语气平和、语调适中、语言亲切；使用"您好""请坐""请问"等礼貌规范用语；严禁使用有蔑视、不耐烦、责怪等含义的言语
了解需求	柜员应主动询问客户需求，用心倾听且在与客户交流过程中目光有接触；使用"请""您""稍等""好的"等规范用语
双手递单	与客户递送的单据包括业务单据、银行卡、证件等，有些物品如无法双手接递，则一手递送，另一只手做指引状，视同双手递送
示意签名	若有需要签名的地方，柜员应用手示意签名处或提示客户核对信息
离开提示	离开时可使用"我去复印一下身份证，请您稍等"等用语，回到座位后可使用"对不起，让您久等了"等用语（具体话术可根据实际情况调整）
提示核对	现金业务的办理，应在客户视线内清点现金；在重复客户收付款金额时，音量要适当，注意保护客户私密，也可在计算器或密码器等处显示金额并示意客户核对金额
确认需求	可使用"请问，您还要办理其他业务吗？""还有其他可以帮到您的吗？"等话语（具体话术可根据实际情况调整）
客户告别	使用"感谢您选择××行""谢谢光临""再见"或"欢迎您下次再来"等话语（具体话术可根据实际情况调整），客户已离开除外

通过这样的SOP梳理，可以很快地设计贴近实际工作情况的教学内容。

（二）KSF明确教学项目

运用SOP流程梳理六步法，梳理工作任务流程，明确教学模块后，接下来就应确定教学项目。

教学项目的确定不是将各岗位、各流程的SOP全部照搬，而是根据实际运营情况，将最常用、运用最频繁的工作任务（KFS）流程确定为教学项目。这样确定的教学项目方便学员在掌握后能快速有效地运用到实际运营中，实用性较强。

1. KSF的解读

KSF，即关键成功因素法（Key Success Factors），是信息系统开发规划方法之一，1970年由哈佛大学教授William Zani提出。关键成功因素，是在探讨产业特性与企业战略之间关系时常使用的观念，是在结合本身的特殊能力，对应环境中重要的要求条件，以获得良好的绩效。

将此观点类推到教学及培训活动，KSF强调要将复杂的问题简单化，要将宽泛的问题专一化，聚焦于对成果直接产出的关键环节，由此制订教学项目，将收到事半功倍的效果。

2. KSF与工具提炼技术

以成果为导向的礼仪教学，强调以工具为保障，我们有必要对工具加以定义。这里讲的工具，是指聚焦于SOP中的KSF，并将这些KSF流程化、量化、成果化为可操作、可复制、可评估的教学项目。

因此，将KSF理念与工具提炼技术结合，我们提倡四化。

（1）复杂的问题简单化。

即运用KSF理念，聚焦于对成果影响最为重要的因子，抓住核心问题，将复杂的问题简单化。

（2）简单的问题流程化。

聚焦于核心环节或是核心任务后，依然要将流程梳理出来。从管理学的视野来看，流程面对的是劳动分工的问题，也是提升劳动效率的关键技术。

（3）流程化的问题量化。

不量化，不可控！量化的内容才可操作、可复制、可评估。这也是工具提炼技术最难的部分，甚至可以说是以成果为导向的礼仪教学方法里面比较难掌握的技巧。且，量化往往在前文的5W2H1S上进行！如果将5W2H1S作为经度，量化指标作为纬度，我们可以迅速地构建一个全面的流程量化矩阵。

（4）量化的问题成果化。

当我们将流程量化的矩阵描绘出来，结合KSF再次梳理重点，并针对其中的难点做出相应的解释，此时，整个流程梳理的成果已经显现。

比如上文提到的银行高柜服务流程梳理的案例，我们运用工具提炼的技巧，将流程具化为可操作、可复制、可评估的工具，如表9-4所示。

表9-4　银行高柜服务SOP评估标准

评估项目	评估标准
坐姿端正、站姿挺拔、手势自然	站、坐姿不规范，手势不雅扣8分
态度亲切	态度冷淡、生硬、只顾自己做事扣4分；拒绝客户扣8分
举止文雅、客户道别	未使用礼貌用语扣4分；未向客户致谢或对客户背影致谢扣8分
微笑站立	站立不规范扣4分；若客户已直接坐下扣5分；未站立迎接扣8分
双手接递	未使用双手接递扣4分；将各类单据抛（飞）给客户扣8分
示意客户、核对金额	未提示客户核对信息扣4分；未示意签名处扣4分；未提示客户核对金额扣5分
规范用语	未使用规范用语且目光未与客户接触扣8分
其他要求	男士佩戴领带、女士佩戴丝巾；不得当客户面拨打、接听电话，发短信和做与工作无关的事；物品摆放整齐

通过这样的工具提炼，我们则拥有了对教学内容的具体考评指标。

（三）TSFC实施教学活动

以成果为导向，由内而外，从工作目的（Why）、工作程序（How to do）、操作明细（What to do）三个板块对工作任务进行梳理。三个板块紧密衔接，工作流程明确做什么，操作明细明确怎么做，工作目的明确为什么这样做，由此确定教学模块、教学项目，再针对性地实施教学活动。

在教学活动中，针对教学项目运用TSFC四步教学法，特别是通过工具的讲授及演练，能较快地达成教学成果。

TSFC四步教学法指T-Teach（专业讲授）、S-Show（生动演示）、F-Follow Me（示范实操）、C-Check You（点评提升）（图9-4）。

```
Teach        Show         Follow Me     Check You
(专业讲授)   (生动演示)    (示范实操)    (点评提升)
```

图9-4　TSFC四步教学法

1. T-Teach（专业讲授）

讲授法是最为常见的教学方法，但有了前文的SOP流程梳理及KSF工具提炼，此部分的专业讲授将更为聚焦对教学成果最有产出的部分。从案例导入，为后面的工具介绍及运用讲清楚理论支撑往往是专业讲授部分需要重点关注的内容。运用黄金圈法则来构建教学内容及方法，专业讲授，更多是讲WHY的问题。

2. S-Show（生动演示）

只有专业讲授，没有生动演示，往往使教学陷入沉闷无趣、没有成果的魔咒。借助道具，充分运用场域，进行生动的演示，实际是讲解HOW的问题。这一部分能很好地还原SOP流程梳理的过程，让学员清晰地通过专业生动的演示，看到整个SOP以及SOP里面的KFS，从而为后面的实操奠定基础。

对工具的讲解往往是演示前需要做的工作。工具提炼是否科学，是否与第一步的专业讲授有很好的逻辑，工具是否具备可操作、可复制、可评估的特点，以及教师的演示能力，都是影响演示效果的因素。

3. F—Follow Me（示范实操）

演示之后让学员迅速进入实操，是最有成效的。前面曾经介绍过经验之塔理论，让学员参与其中，实操演练往往能形成做的经验，因而也是很有效果的。

当然，实际操作时，教师可以发现内部标杆，让学员在榜样的示范下进行实操训练，教师可进行针对性地纠偏及指导。

涉及一些需要工作场景的教学项目，也应该非常注重教学环境的设计，充分运用道具、设备设施，让教学环境尽量贴近工作实际。

4. C—Check You（点评反思）

可采取自我点评、小组点评、教师点评等多种方式点评。点评除了能发现学员对教学内容的掌握情况，还能检验教学工具的不足，不断提升教学成果。

由此看出，TSFC四步教学法可针对任何一个教学项目实施，每个教学项目运用四步教学法也可以形成一个不断提升的闭环。若干个运用TSFC四步教学法形成的教学活动，也自发地形成了以成果为导向，以工具为保障的教学闭环活动。

由此，我们将以工具为保障的SOP法总结如下（图9-5）。

复杂的问题简单化 → 简单的问题流程化 → 流程化的问题量化 → 量化的问题成果化

↓

工 具

↓

可操作 + 可复制 + 可评估

↓

Teach（专业讲授）　Show（生动演示）　Follow Me（示范实操）　Check You（点评提升）

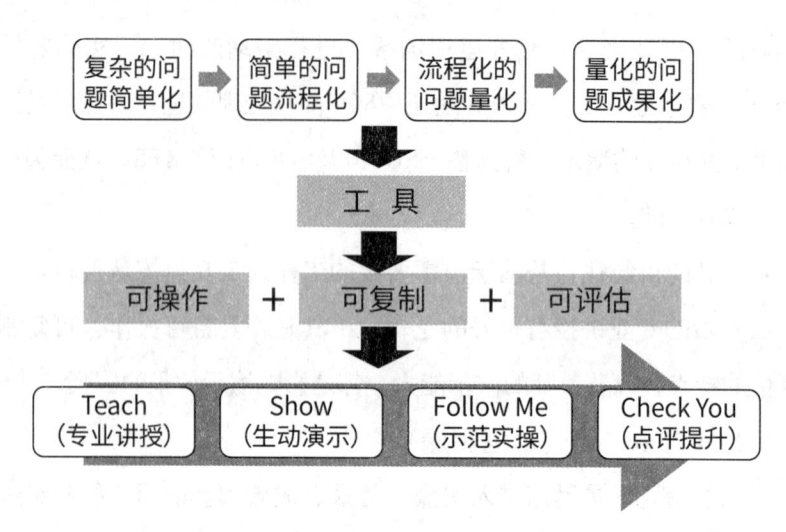

图9-5　以工具为保障的SOP法

三、怎么做——以工具为保障

我们以宾礼（接待&展示）教学中的VIP接待课程研发为例，介绍以工具为保障的SOP法的具体操作。

案例介绍：某行业全国性大会在某省某市召开，整个会议策划、组织、接待等工作都由该省行业单位负责。此次会议，该企业没有采取将接待工作外包给第三方的常规做法，而是希望借此次会议接待的机会，系统地实施专业的会议接待培训，以此来提升全员的素质、提升接待能力。因此，从前期会议策划入手，会议组织、会议接待流程梳理、会议接待培训手册拟定到会议培训实施，相当于一个完整的会议接待策划及培训活动。

具体到礼仪教学，这属于宾礼，即会议接待及展示类教学，涉及课程研发、教学活动组织、实施及教学活动评估等多个环节及内容。

（一）5W2H1S梳理项目流程

整个会议的接待流程梳理，从会议的组织结构及流程两部分展开。

1. 会议组织结构

会议组织结构（图9-6）的梳理，可对应会议接待的岗位任务分析。组织结构中，不同的岗位对应不同的任务、工作流程、工作标准。

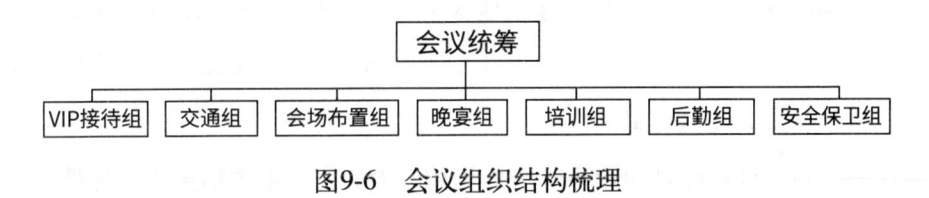

```
                    会议统筹
   ┌────┬────┬────┬────┬────┬────┐
VIP接待组 交通组 会场布置组 晚宴组 培训组 后勤组 安全保卫组
```

图9-6　会议组织结构梳理

2. 会议流程梳理

本次会议由现场会、主题会等多种会议形式组成。运用SOP流程梳理六步法，从会议策划、培训到会议接待实施的全过程对流程进行梳理，以帮助学员对整个流程有一个全面了解，从而更加明确自己的工作职责、工作意义以及如何高效协同（图9-7）。

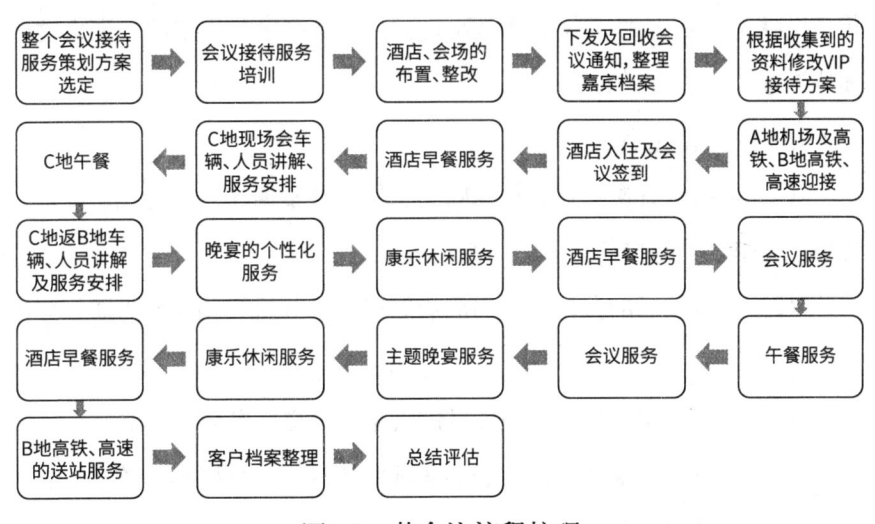

整个会议接待服务策划方案选定 → 会议接待服务培训 → 酒店、会场的布置、整改 → 下发及回收会议通知，整理嘉宾档案 → 根据收集到的资料修改VIP接待方案

C地午餐 ← C地现场会车辆、人员讲解、服务安排 ← 酒店早餐服务 ← 酒店入住及会议签到 ← A地机场及高铁、B地高铁、高速迎接

C地返B地车辆、人员讲解及服务安排 → 晚宴的个性化服务 → 康乐休闲服务 → 酒店早餐服务 → 会议服务

酒店早餐服务 ← 康乐休闲服务 ← 主题晚宴服务 ← 会议服务 ← 午餐服务

B地高铁、高速的送站服务 → 客户档案整理 → 总结评估

图9-7　某会议流程梳理

在此基础上，再将每一具体的工作项目及内容，运用前文介绍的5W2H1S方法详细描写，则既能体现整体项目流程，又能具化到每一项目流程的详细操作。

（二）MEMC分析法确定教学内容

MEMC分析法是一种阐述问题或解决方案遵循的原则，MECE读作me-see，全称是Mutually，Exclusive，Collectively，Exhaustive，意思是"相互独立，完全穷尽"。

MECE分析法是用最高的条理化和最大的完善度理清思路，这种高度的条理化可使困惑度降到最低。

通常来讲，MECE分析法从解决方案的最高层次开始，将必须解决的问题的各个组成部分全部列举出来。确定了这些内容后，就要认真思考，其中的每一部分是否都是各自独立、可以清楚区分的事情，如果答案是肯定的，那么这些项目就是"相互独立的"。然后，要继续思考，问题的每一方面是否都出自列出来的项目，而且是其中唯一的一项，换句话说就是，是否把所有项目都列全了，如果答案是肯定的，那么这些项目就是"完全穷尽的"。

1. VIP接待工作内容

（1）提前做好参会代表信息收集工作，并根据代表的特点、爱好、禁忌，做出详细的接待方案，并报上级审核。

（2）将审核后的接待方案与酒店的接待服务组等相关方沟通，分工合作。

（3）及时与接送站组、现场讲解组协调，交换参会代表信息。

（4）做好会议期间参会代表的各项服务工作，如接站、送站、酒店服务、现场点参观服务等。

（5）参会代表抵达前日，彻底检查参会代表房间，确保房间设备设施使用正常，房间卫生情况良好，并检查酒店客房部做的客房服务准备工作。

（6）参会代表抵达当日前半小时待岗，仪容仪表、职业着装、使用设备保持良好状态，根据接待规格及提前制订的接待方案，做好代表的接站服务，确保代表的行李完好无缺。

（7）参会代表抵达酒店途中，提供沿途讲解服务，并分发房卡、服务联系卡，提前通知参会代表下榻酒店，做好代表抵达时的迎接工作。

（8）陪同参会代表进房间，并做好房间及酒店服务的介绍。

（9）熟悉当天的天气情况，根据情况备好雨具，做好温馨提示。

（10）和酒店客房服务协调，要求"随出随进"的服务方式，随时保持客房的整洁。

（11）和酒店客房服务协调，会议期间采用楼层值台的服务方式，确保参会代表的安全，体现宾至如归的接待氛围。

（12）和酒店客房服务协调，开夜床服务要体现新意。一对一联络人员可收集客人白天的相片，晚上在开夜床服务时提供；一对一联络人员给参会代表用字条的方式留下一句温馨的祝福，在开夜床时提供给代表，留下美好的回忆；开夜床时要求提供鲜花、牛奶、巧克力、明日气温提醒卡、明日日程安排提示、客户联系卡等。

（13）负责参会代表会议期间各项日程的提醒（会议、现场点、用餐、康乐等）。

（14）密切注意会议期间会场服务、茶歇及衣帽服务、VIP参会代表休息室服务，注重细节，零度干扰，督促酒店服务人员做好相应服务，并做好补位补漏的工作。

（15）负责技巧地做好参会代表的叫醒服务。

（16）负责技巧地做好参会代表会议期间的康乐服务。

（17）负责处理会议期间参会代表的委托代表事项，超过处理权限的，及时向上级汇报。

（18）酒店去现场点参观当日，提前1小时检查车况及车辆内外卫生。

（19）酒店去现场点参观当日，参会代表上下车时，和司机一道提供车外迎接服务。

（20）做好酒店去现场点参观途中的沿途讲解及服务工作。

（21）酒店去现场点参观途中，密切注意参会代表的去向，并关注代表的随身物品的安全。

（22）技巧提示参会代表所乘车辆的号牌及外观特征，每次提前告知代表路途所需时间。

（23）会议期间，每一项日程进行完毕，下一项日程开始前，一定要技巧负责地做好提醒服务。

（24）凡需通知参会代表到人的事项，一定要追踪服务到位，如未能及时通知，需及时记录，并与小组联系人确认。

（25）每日与小组联系人或秘书进行3次（上午、下午、晚上）沟通，及时了解参会代表情况及有无特别需求，并及时向负责人报告。

（26）根据事先收集的客情资料，做好个性化服务，并报负责人审核（如饮食禁忌、代表生日、代表委托代表的相关事宜）。

（27）密切注意酒店内的安全保卫工作，如发现可疑，及时向上级部门汇报，并第一时间采取行动，避免事态扩大。

（28）确保参会代表的信息不外泄，确保参会代表的隐私，注意把握零度干扰及热情服务的"度"。

（29）会议期间处于服务待岗状态，应保持仪容仪表及通信工具畅通，做好随时服务的准备。

（30）制订并实施会议期间的各种突发事件处理预案。

（31）每日接待工作向负责人汇报，并不断完善接待方案。

2. VIP接待操作细则提炼

我们运用MEMC分析法，将VIP接待的工作内容做了"独立穷尽"的梳理，接下来可以依据VIP接待的任务内容，运用KSF法及"四化"流程，对应会议整体议程及接待流程，将VIP接待的具体流程及标准提炼为可复制、可操作、可评估的操作细则，以便具体指导VIP接待工作（表9-5）。

表9-5　VIP接待操作细则

时间	地点	操作细则	备注
\multicolumn{4}{c}{第一天VIP接待操作细则}
08:30—11:00		（1）收到短信组负责人发送的短信，检查短信内容 （2）根据代表资料，发送短信时做好个性化服务 （3）登记短信发送情况，不错发，不漏发 （4）短信内容 [尊敬的×××：您好！欢迎您参加将于2011年6月20日在享有"生态福地，经典浓香"美誉的湖南A地召开的2011年全国展会，我是您的联络员：×××，很高兴为您服务！得知您将于2011年××月××日乘坐××抵达A地，我将会在××恭候您！我的联络号码为××××××××××。预计未来三天A地的天气为××。祝您顺利！（署名）] （5）如参会代表回复，应回复信息 [尊敬的×××：您好！感谢您的回复确认！期待早日见到您！祝您一切顺利！（署名）] （6）如代表未回复，下午14:30再次发送短信确认 （7）及时将短信收发情况向负责人及总调度汇报	
11:30—14:00		（1）在指定地点就餐 （2）注意环境卫生及个人素质	

267

续表

时间	地点	操作细则	备注
14:30—17:00		（1）检查、复核代表回复信息资料，如代表未短信回复，电话问候，并确认代表来访信息（包括航班、车次、禁忌） （2）如未回复，次日再次发送 （3）及时将短信收发情况及电话信息向总调度汇报	
17:30—18:00		（1）在指定地点用晚餐 （2）注意环境卫生及个人素质	
19:00—		（1）书面总结当天短信发送情况，汇总后交给总调度 （2）集中开会，布置第二天工作 （3）会后休息	
第二天VIP接待操作细则			
08:30—11:00		（1）熟悉接送流程，检查车辆情况及车载播放系统，检查车辆安排表 （2）熟悉一对一服务代表基本情况 （3）模拟复习整个服务流程	
14:30—17:00	酒店	（1）和酒店一对一人员联系，前往酒店检查房间，拿房卡 （2）检查房间内外硬、软件设施 （查房五要素：看——墙面有无破损，桌面、电器上有无灰尘；摸——卫生死角有无灰尘；试——各种开关、插座、网络插口，水龙头出水温度、水质，各硬件设施是否能正常使用；闻——有无异味；听——空调有无噪音，水龙头是否漏水） （3）前往晚会场地，熟悉代表座位情况 （4）归类编写房卡信息	
17:30—18:00		（1）在指定地点用晚餐 （2）注意环境卫生及个人素质	
19:00—		（1）书面总结当天短信发送情况，房间检查情况，汇总后交给总调度 （2）集中开会，布置第二天工作 （3）会后休息	

续表

时间	地点	操作细则	备注
第三天VIP接待操作细则			
06:00—08:00	酒店	(1) 形象准备：淡妆、职业装 (2) 心态准备：积极、热情、向上 (3) 物质准备：接待细则、通信设备、工作证 (4) 在指定地点用早餐，注意环境卫生	
08:00—10:00	酒店至各接送点	(1) 再次检查房间（死角灰尘、各种开关、出水温度及水质、其他硬件设施使用情况） (2) 再次确认代表信息 (3) 检查接送站车辆，熟悉车载播放系统 (4) 乘车前往高铁站、火车站及高速接送点	(1) 车上再次回顾接待细则 (2) 保持车辆卫生
08:00—22:00	高铁站火车站	(1) 代表抵达前一小时，出站口待岗，确认代表抵达信息 (2) 代表抵达前15分钟，出站口或茶歇处迎宾，礼仪站姿，微笑接待；提醒司机打开空调，降低车内温度，调度车辆至出站口最近的位置 (3) 代表出站，微笑迎接，自报身份，确认代表身份，引领代表上车，并与接送站组行李员核对行李；若车辆未到，先引领代表至茶歇处休息，与接送站组行李员核对行李 (4) 清点人数，代表到齐后前往酒店，将代表抵达信息向总调度汇报，通知酒店接待人员做好准备	(1) 注意公共场合素质 (2) 杜绝工作时间抽烟、吃零食，注意交谈用语，仪容仪表 (3) 随时保持热情、积极的工作面貌 (4) 与接送站组二次确认代表抵达信息 (5) 及时将信息反馈给总调度，通知酒店接待人员做好迎宾准备
	高速接送点	(1) 代表抵达前一小时，再次确认代表抵达信息 (2) 提前20分钟与代表联系，告知迎接地点 (3) 与接送站组保持联系，随时在酒店大堂待岗	
	接站点至酒店	(1) 递送香巾、矿泉水，清点人数，核对行李，向总调度汇报，与代表确认行李与人数，准备发车 (2) 致欢迎词，态度热情、大方、自然，发房卡和自己的联络卡 (3) 车辆即将抵达酒店时，提醒代表即将抵达 (4) 车辆抵达酒店，提醒代表随身携带贵重物品，组织代表有序下车，车门正确站位，微笑服务；清点行李，查看车辆有无遗漏物品 (5) 服务完毕向总调度汇报	(1) 热情周到的服务，始终面带微笑 (2) 随时关注代表，及时满足代表的需求

续表

时间	地点	操作细则	备注
08:00—22:00	酒店	（1）与高铁站、火车站、高速路接送点接站组人员联系，代表抵达酒店前15分钟，在大堂迎宾，自然站姿，微笑服务 （2）引领代表进入酒店，与酒店行李员确认行李件数 （3）引领代表至客梯，送代表至房间；若客梯满员，则引领代表在咖啡厅稍休息，送上茶点后，在电梯口等待，电梯到达时，及时通知代表进入电梯，然后将代表送至房间（引领手势，微笑服务） （4）出电梯后，正确引领代表进入房间，确认行李 （5）在酒店指定区域随时待命，及时处理代表住宿期间的问题；及时将代表信息向总调度汇报	（1）杜绝工作时间抽烟、吃零食，注意交谈用语、仪容仪表 （2）灵活处理突发事件，微笑服务
11:30—14:00	客房至餐厅	（1）提醒代表午餐用餐地点（电话通知） （2）及时赶到代表房间，轻敲门，等代表打开房门后，提醒用餐时间和地点，引领代表前往餐厅就餐 （3）服务完毕后向总调度汇报，做好随时服务的准备 （4）工作餐在指定地点轮流就餐，保持环境卫生	（1）注意电话用语 （2）注意公共场合素质 （3）工作餐时间分批用餐，不出现脱岗现象
17:30—20:00	客房至餐厅	（1）提醒代表晚餐用餐地点（电话通知） （2）及时赶到代表房间，轻敲门，等代表打开房门后，提醒用餐时间和地点，引领代表前往餐厅就餐 （3）服务完毕后向总调度汇报，做好随时服务的准备 （4）工作餐在指定地点轮流就餐，保持环境卫生	
18:00—00:00	酒店	（1）收取会议费，在组长房间收取会务费，及时将收取的会务费向总调度汇报 （2）确定返程票预订的细节，收集代表返程信息，书面登记；订好票后，整理并及时送至代表手上 （3）代表提出康体娱乐需求后，迅速了解具体情况，将情况汇报给总调度，通知酒店接待部门	（1）灵活满足代表需求，并提供相应超前服务 （2）工作时间杜绝抽烟、吃零食的现象

续表

时间	地点	操作细则	备注
18:00—00:00	酒店	(4) 酒店安排妥当后，前往代表房间回复 (5) 引领代表至康体中心，为代表准备矿泉水、毛巾等物品，及时为代表提供服务 (6) 如遇娱乐项目满员，向代表推荐其他空闲项目，征求代表意见后，做出相应安排 (7) 服务完毕后向总调度汇报，做好随时服务的准备	(3) 保持工作热情和良好的工作状态
22:00—	酒店	(1) 完成当天的书面工作报告，及时总结 (2) 集中开会，布置第二天工作 (2) 会后休息	
第四天VIP接待操作细则			
05:00—06:00	酒店	(1) 形象准备：淡妆、职业装 (2) 心态准备：积极、热情、向上 (3) 物质准备：接待细则、通信设备、工作证	(1) 注意公共场合素质 (2) 杜绝工作时间抽烟、吃零食，注意交谈用语、仪容仪表 (3) 随时保持热情、积极的工作面貌 (4) 及时与上下环节沟通信息 (5) 及时将信息反馈给总调度 (6) 认真细致地完成总调度交代的其他服务事项
06:00—07:00	酒店	(1) 早餐，在规定地点轮流用餐 (2) 注意环境卫生，检查接送车辆，熟悉车载播放系统	::::
07:15—07:45	酒店	(1) 分批次至代表房间（每15分钟一批）引领代表至早餐厅用餐 (2) 提醒代表出发时间及上车地点 (3) 服务完毕后向总调度汇报，返回岗位	::::
07:50—08:00	酒店	(1) 上车放好宣传片DVD光盘，并检查播放效果，如有损坏及时更换 (2) 到房间引领代表上车 (3) 车前迎宾，标准站姿，微笑服务	::::
08:00	出发	(1) 清点人数，人齐后汇报给总调度，由总调度安排统一出发 (2) 上车播放民歌，车辆出发后给代表发纸巾、矿泉水等	::::
08:10	途径高铁高架桥	(1) 正确站位（上车台阶处），左手扶好，右手持话筒，行15度鞠躬礼 (2) 致欢迎词，热情、自然、大方 (3) 播放宣传片后回到座位	::::
08:30	途径C地	(1) 正确站位（上车台阶处），左手扶好，右手持话筒 (2) 解说，提醒代表途径C地，简要介绍C地 (3) 回到座位	::::

续表

时间	地点	操作细则	备注
09:00	看到D地广告牌	（1）正确站位（上车台阶处），左手扶好，右手持话筒 （2）解说，介绍途径地点及即将考察的现场点 （3）讲解结束回到座位，播放D地宣传片 （4）服务完毕后向总调度汇报，提醒下站现场接待员做好迎接准备	（1）注意公共场合素质 （2）杜绝工作时间抽烟、吃零食，注意交谈用语、仪容仪表 （3）随时保持热情、积极的工作面貌 （4）及时与上下环节沟通信息 （5）及时将信息反馈给总调度 （6）认真细致地完成总调度交代的其他服务事项
09:10	E地上坡三岔路口右拐处	（1）正确站位（上车台阶处），左手扶好，右手持话筒 （2）准确报站，提醒代表所乘车号，温馨提示代表注意考察时间及集合的时间和地点，提醒代表收好随身携带的贵重物品并注意脚下安全	
09:13	抵达E地	（1）车门开后，下车迎宾，自然站姿，面带微笑 （2）目送代表进入现场点考察 （3）服务完毕后向总调度汇报	
09:15—09:35	E地考察	（1）清理车上垃圾，及时补充矿泉水等物品 （2）更换宣传片DVD光盘，并检查播放效果，如有损坏，及时更换	
09:35	E地集合	（1）车前迎宾，标准站姿，微笑服务，呈递纸巾 （2）清点人数，人齐后汇报给总调度，提醒下一个考察点接待人员做好迎接准备 （3）调度统一发车，正确站位	
09:35—09:40	E地至F地途中	（1）正确站位（上车台阶处），左手扶好，右手持话筒，播放光盘 （2）介绍下一个考察的现场点，并介绍沿途项目 （3）快到F地时，准确报站，温馨提示代表考察时间及集合的时间和地点	
09:40	抵达F地	（1）车门开后，下车迎宾，自然站姿，面带微笑 （2）目送代表进入现场点考察 （3）服务完毕后向总调度汇报	
09:40—10:20	F地考察	（1）清理车上垃圾，及时补充矿泉水等物品 （2）更换宣传片DVD光盘，并检查播放效果，如有损坏，及时更换	

续表

时间	地点	操作细则	备注
10:20	F地集合	（1）车前迎宾，标准站姿，微笑服务，呈递纸巾，播放光盘 （2）清点人数，人齐后汇报给前方调度，提醒下一考察点接待人员做好迎接准备 （3）调度统一发车，正确站位 （4）车辆出发后，左手扶好，右手持话筒 （5）介绍下一个考察的现场点，介绍完毕，标准站姿，面带微笑	（1）注意公共场合素质 （2）杜绝工作时间抽烟、吃零食，注意交谈用语、仪容仪表 （3）随时保持热情、积极的工作面貌 （4）及时与上下环节沟通信息 （5）及时将信息反馈给总调度 （6）认真细致地完成总调度交代的其他服务事项
10:22	G地	（1）正确站位，左手扶好，右手持话筒 （2）介绍沿途情况，热情、自豪	
10:35—10:55	途径H地	（1）正确站位，左手扶好，右手持话筒 （2）解说、介绍H地基本情况，介绍下一个现场点 （3）解说完毕，播放光盘，回到座位	
11:10	途径I地	（1）正确站位，左手扶好，右手持话筒 （2）解说、介绍I地基本情况 （3）解说完毕，回到座位 （4）途中颠簸处及多弯道处做温馨提示	
11:30	看到J地立柱	（1）提醒客人进入J地 （2）播放J地宣传片	
11:40—11:50	途径K地	（1）侧身座，向代表示意 （2）解说、介绍沿途情况，面带微笑，解说完毕，正确坐姿 （3）服务完毕后向总调度汇报，提醒下站接待人员做好迎接准备	
11:50	快到J地	（1）准确报站，温馨提醒代表考察时间、集合的时间和地点 （2）车门开后，下车迎宾，自然站姿，面带微笑 （3）目送代表进入现场点考察 （4）服务完毕后向总调度汇报	
11:50—12:30	J地考察	（1）清理车上垃圾，及时补充矿泉水等物品 （2）更换宣传片DVD光盘，并检查播放效果，如有损坏，及时更换	

续表

时间	地点	操作细则	备注
12:30	J地集合	（1）车前迎宾，标准站姿，微笑服务，呈递纸巾，播放光盘 （2）清点人数，人齐后汇报给前方调度，提醒下站接待人员做好迎接准备 （3）调度统一发车，正确站位 （4）车辆出发后，左手扶好，右手持话筒 （5）介绍下一个考察的现场点，介绍完毕，标准站姿，面带微笑	（1）注意公共场合素质 （2）杜绝工作时间抽烟、吃零食，注意交谈用语、仪容仪表 （3）随时保持热情、积极的工作面貌 （4）及时与上下环节沟通信息 （5）及时将信息反馈给总调度 （6）认真细致地完成总调度交代的其他服务事项
12:30—12:45	J地前往K地	（1）正确站位，左手扶好，右手持话筒 （2）介绍下一个现场点，播放宣传片 （3）快到K地，准确报站，温馨提示中餐地点、用餐时间、停留时间及集合时间	
12:45	抵达K地	（1）车门开后，下车迎宾，自然站姿，面带微笑 （2）引领代表进入现场点考察、用中餐 （3）服务完毕后向总调度汇报	
12:45—14:15	K地考察	（1）在指定地点用工作餐，保持环境卫生，随时待岗 （2）清理车上垃圾，及时补充矿泉水等物品 （3）更换宣传片DVD光盘，并检查播放效果，如有损坏，及时更换	
14:15	K地集合	（1）车前迎宾，标准站姿，微笑服务，呈递纸巾、口香糖 （2）清点人数，人齐后汇报给总调度，提醒下站接待人员做好迎接 （3）调度统一发车，左手扶好，正确站位 （4）车辆出发后，左手扶好，右手持话筒，介绍下一个现场点	
14:20	途经L地	播放下一站宣传片	
14:25	途经M地	（1）侧身坐，向客人示意，介绍M地的基本情况 （2）介绍完毕完后，正确坐姿	
14:35	看到右侧立柱式广告	（1）正确站位，左手扶好，右手持话筒 （2）准确报站，温馨提示考察时间、集合的时间和地点 （3）目送代表进入现场点考察 （4）服务完毕后向总调度汇报	

续表

时间	地点	操作细则	备注
14:40—15:20	M地考察	(1) 清理车上垃圾,及时补充矿泉水等物品 (2) 更换宣传片DVD光盘,并检查播放效果,如有损坏,及时更换	(1) 注意公共场合素质 (2) 杜绝工作时间抽烟、吃零食,注意交谈用语、仪容仪表 (3) 随时保持热情、积极的工作面貌 (4) 及时与上下环节沟通信息 (5) 及时将信息反馈给总调度 (6) 认真细致地完成总调度交代的其他服务事项
15:20	M地集合	(1) 车前迎宾,标准站姿,微笑服务,呈递纸 (2) 清点人数,人齐后汇报给总调度,提醒酒店接待人员做好迎接准备 (3) 调度统一发车,正确站位 (4) 车辆出发后,左手扶好,右手持话筒,结束语,播放音乐	
15:20—16:20	返程	(1) 途中休息,关注代表并及时满足代表需求 (2) 车辆即将抵达酒店时,提醒代表即将抵达,并提醒晚餐时间、地点 (3) 车辆抵达酒店,提醒代表随身携带贵重物品,组织代表有序下车,车门正确站位,微笑服务 (4) 查看车辆有无遗漏物品	
16:20	酒店	(1) 引领代表回房间休息 (2) 服务完毕后向总调度汇报,待岗,随时做好服务的准备	
18:00		(1) 在指定地点轮流用工作餐 (2) 保持环境卫生,随时待岗,并保证不脱岗	
18:30	餐厅	(1) 前往代表房间,引领代表至餐厅用餐 (2) 提醒代表晚会开始的时间和地点、集合的时间及地点	
20:00	酒店	(1) 提前确定晚会车辆已在酒店前集合 (2) 规范引领代表上车,车前迎宾,标准站姿,微笑服务 (3) 清点人数,向总调度汇报,由总调度统一发车,前往晚会地点 (4) 若有代表不去晚会,应及时向总调度汇报,如代表身体不适,马上提供相应服务	
20:00—22:00(时间待定)	晚会	(1) 迅速准确地将代表引领至指定位置 (2) 做好随时服务的准备	

续表

时间	地点	操作细则	备注
22:00（时间待定）	晚会结束	（1）引领代表上车，车前迎宾，标准站姿，微笑服务 （2）清点人数，向总调度汇报，由总调度统一发车，返回酒店	
20:00—00:00	酒店	（1）代表提出康体娱乐需求后，迅速了解具体情况，将情况汇报给总调度，通知酒店接待部门 （2）酒店安排妥当后，前往代表房间回复 （3）引领代表至康体中心，为代表准备矿泉水、毛巾等物品，及时为代表提供服务 （4）如遇娱乐项目满员情况，向代表推荐其他空余项目，征求代表意见后，做出相应安排 （5）服务完毕后向总调度汇报，做好随时服务的准备	
23:00	酒店	（1）完成当天的书面工作报告，及时总结 （2）集中开会，布置第二天工作 （3）会后休息	
第五天VIP接待操作细则			
05:30—06:30	酒店	（1）形象准备：淡妆、职业装 （2）心态准备：积极、热情、向上 （3）物质准备：接待细则、通信设备、工作证	
06:30—07:00	酒店	（1）指定地点分批用早餐 （2）保持环境卫生	
07:15—07:45	酒店	（1）分批次至代表房间（每15分钟一批）引领代表至早餐厅用餐 （2）提醒代表开会时间及会议地点 （3）熟悉餐厅内代表座位 （4）服务完毕后向总调度汇报	
07:45—08:00	酒店	（1）分批次引领代表前往餐厅，温馨提醒代表携带会议相关资料 （2）引领至休息区的代表，及时提供茶歇 （3）会议开始前5分钟，引领代表前往会议室，引领入座 （4）服务完毕后向总调度汇报	
08:00—11:30	酒店	做好随时服务的准备	

运用篇　以工具为保障的SOP法

续表

时间	地点	操作细则	备注
11:30—13:30	酒店	（1）引领代表至餐厅用午餐 （2）服务完毕后向总调度汇报 （3）工作餐在指定地点轮流使用，保持环境卫生，随时待岗	（1）注意公共场合素质 （2）杜绝工作时间抽烟、吃零食，注意交谈用语、仪容仪表 （3）随时保持热情、积极的工作面貌 （4）及时与上下环节沟通信息 （5）及时将信息反馈给总调度 （6）认真细致地完成总调度交代的其他服务事项
13:30	酒店	（1）引领代表返回房间休息 （2）服务完毕后向总调度汇报 （3）踩点代表分会场讨论区、会议室讨论区	
14:00—14:30	酒店	（1）分批次引领代表前往餐厅，温馨提醒客人携带会议相关资料 （1）引领至休息区的代表，及时提供茶歇 （2）会议开始前5分钟，引领代表前往会议室，引领入座 （3）服务完毕后向总调度汇报	
14:30—17:00	酒店	做好随时服务的准备	
17:00	酒店	（1）会议结束后，引领代表回房间休息 （2）温馨提醒代表晚宴开始时间及地点 （3）熟悉晚宴地点及代表就座位置 （4）若代表不参加晚宴，需及时向总调度汇报，如代表身体不适，应马上提供相应服务	
17:30—20:00	酒店	（1）分批次在指定地点用工作餐 （2）保持环境卫生，待岗	
21:00—00:00（时间待定）	酒店	（1）引领代表回房间休息 （2）服务完毕后向总调度汇报 （3）代表提出康体娱乐需求后，迅速了解具体情况，将情况汇报给总调度，通知酒店接待部门 （4）酒店安排妥当后，前往代表房间回复 （5）引领代表至康体中心，为代表准备矿泉水、毛巾等物品，及时为代表提供服务 （6）如遇娱乐项目满员情况，向代表推荐其他空余项目，征求代表意见后，做出相应安排 （7）服务完毕后向总调度汇报，做好随时服务的准备 （8）代表提出棋牌需求后，征求代表意见，将情况汇报给总调度，通知酒店接待人员迅速做好准备	

续表

时间	地点	操作细则	备注
21:00—00:00（时间待定）	酒店	（9）酒店安排妥当后，前往代表房间回复并询问其他需求 （10）迅速提供茶水、食品，并提醒酒店接待人员及时添加茶水 （11）23:00以后，询问代表是否需要送餐服务，如有需要，迅速拨打酒店送餐电话 （12）如代表提出灯光不够亮，迅速通知酒店接待人员提供落地灯或更换灯泡 （13）服务完毕后向总调度汇报，做好随时服务的准备	
00:00	酒店	（1）完成当天的书面工作报告，及时总结 （2）集中开会，布置第二天工作 （3）会后休息	
第六天VIP接待操作细则			
05:30—06:30	酒店	（1）形象准备：化淡妆、职业装 （2）心态准备：积极、热情、向上 （3）物质准备：接待细则、通信设备、工作证	
06:30—07:00	酒店	指定地点用早餐，保持环境卫生	
07:15—07:45	酒店	（1）分批次至代表房间（每15分钟一批），引领代表至早餐厅用餐 （2）提醒代表开会时间及会议地点 （3）熟悉餐厅内代表座位 （4）服务完毕后向总调度汇报	
07:45—08:00	酒店	（1）分批次引领代表前往会议厅，温馨提醒代表携带会议相关资料 （2）引领至休息区的代表，及时提供茶歇 （3）会议开始前5分钟，引领代表前往会议室，引领入座 （4）服务完毕后向总调度汇报	
08:00—11:30	酒店	做好随时服务的准备	
11:30—13:30	酒店	（1）引领代表至餐厅用午餐 （2）分批次在指定地点用工作餐，保持环境卫生，随时待岗	

运用篇　以工具为保障的SOP法

续表

时间	地点	操作细则	备注
13:30	酒店	（1）引领代表返回房间休息 （2）将返程车票送至代表房间 （3）服务完毕后向总调度汇报	
12:00—21:00	酒店	（1）在代表离开2小时前，确认代表返程信息 （2）发送欢送短信 [尊敬的×××：您好！感谢您在2011年全国展会会议期间对我工作的大力支持及指导！怀着这样一份感激之情，衷心祝您旅途顺利，期待着下次能在A地再次为您服务！您的联络员：×××（署名）] （3）提前1小时电话提醒代表返程时间，安排车辆 （4）主动询问代表是否需要行李打包等服务 （5）提前40分钟前往代表房间提醒，温馨提示代表检查行李，检查是否有物品遗漏 （6）引领代表至车上，车前迎宾，自然站姿，微笑服务 （7）再次温馨提醒代表有无遗漏物品，清点人数，与代表确认人数和行李 （8）与酒店行李员或接送站行李员交接行李件数，确保无误 （9）将代表信息汇报给总调度，提醒接送站组做好迎接准备，准备出发	（1）注意公共场合素质 （2）杜绝工作时间抽烟、吃零食，注意交谈用语、仪容仪表 （3）随时保持热情、积极的工作面貌 （4）及时与上下环节沟通信息 （5）及时将信息反馈给总调度 （6）认真细致地完成总调度交代的其他服务事项
	酒店至送站点	（1）正确站位，左手扶好，右手持话筒，行15度鞠躬礼 （2）致欢送词 （3）致词完毕，回到座位上 （4）快到送站点，温馨提醒代表站点已到，准备携带行李物品下车	
	高铁站火车站	（1）车门开后，下车迎宾，自然站姿，微笑服务 （2）集中代表，检查车内有无遗漏物品 （3）提醒代表提前拿出身份证，引领代表进站，与接送站组人员交接行李，引领代表去茶歇点，配合茶歇点服务人员给代表提供服务，与代表交接行李 （4）代表车次开始检票，提醒代表，引领代表至检票口，目送代表离开，迅速返回酒店，待岗 （5）与接送站行李员交接行李，确保无误 （6）服务完毕后向总调度汇报	

续表

时间	地点	操作细则	备注
17:30—18:00		(1) 在指定地点分批次用工作餐 (2) 注意环境卫生，待岗	
21:30		(1) 完成当天的书面工作报告，及时总结 (2) 集中开会，对几天的工作做总结 (3) 会后休息	

（三）工具考评优化教学闭环

对VIP接待SOP进行梳理，明确VIP接待操作细则，就已经产生了具有针对本次会议接待的操作指导及教学内容。

在此基础上，再将组成教学内容的教学项目制订可量化、可评估、可复制的接待技能考评表，会更加有助于教学成果的落地。下面举例说明（表9-6~表9-14）。

表9-6　VIP接待技能考评表——行李及门厅迎送服务

被评估人		评估地点		
评估项目	行李及门厅迎送服务			
	评估内容	分值	自我评估	综合得分
评估标准	仪容仪表（淡妆，发型服饰得体大方）	10		
	站立位置及姿势（站姿挺拔，位置方便服务）	10		
	主动问候	10		
	核对行李数量及完好程度	10		
	引领正确（原则上位于客人左侧，手势准确）	10		
	进入电梯（先后有序，手势优雅）	10		
	进入房间（先后有序，自报身份）	10		
	途中寒暄（亲切、自然）	10		
	客房介绍（针对服务）	10		
	热情道别（面对客人）	10		
	合计	100		

表9-7　VIP接待技能考评表——问询服务

被评估人		评估地点		
评估项目	问询服务			
评估标准	评估内容	分值	自我评估	综合得分
	仪容仪表（淡妆，发型服饰得体大方）	10		
	目光专注（注视客人）	10		
	尊称姓名	10		
	仔细聆听（精力集中，让客人感受尊重）	10		
	日程清楚（清楚会议日程，知识储备好）	10		
	身体前倾（站姿身体前倾，以示尊敬）	10		
	语言规范（文明用语）	10		
	微笑服务（真诚、嘴笑、眼笑、心笑）	10		
	书面记录（养成书面记录的习惯）	10		
	及时回馈（有问有答，反应迅速）	10		
	合计	100		

表9-8　VIP接待技能考评表——电话服务

被评估人		评估地点		
评估项目	电话服务			
评估标准	评估内容	分值	自我评估	综合得分
	仪容仪表（淡妆，发型服饰得体大方）	10		
	准备充分（左手接听，右手记录，编写大纲）	10		
	自报身份	10		
	语音语调（柔和上扬）	10		
	尊称姓名（如有可能）	10		
	注意聆听（精力集中，让客人感受尊重）	10		
	及时回应（有问有答，反应迅速）	10		
	注意记录（书面记录清晰准确）	10		
	重要复述（对于重要问题及时复述）	10		
	致谢道别（感谢客人致电，等候客人先挂电话）	10		
	合计	100		

表9-9　VIP接待技能考评表——楼层迎接客人服务

被评估人			评估地点	
评估项目	楼层迎接客人服务			
评估标准	评估内容	分值	自我评估	综合得分
	仪容仪表（淡妆，发型服饰得体大方）	10		
	微笑服务（真诚、嘴笑、眼笑、心笑）	15		
	尊称姓名（知道客人姓名必须尊称）	15		
	自报身份	15		
	敲门规范（一长两短，先敲门后门铃）	10		
	语言技巧及先后顺序	20		
	面向退出（不背对客人离开房间）	15		
	合计	100		

表9-10　VIP接待技能考评表——酒店访客服务

被评估人			评估地点	
评估项目	酒店访客服务			
评估标准	评估内容	分值	自我评估	综合得分
	仪容仪表（淡妆，发型服饰得体大方）	10		
	微笑待客（真诚、嘴笑、眼笑、心笑）	10		
	指引正确（手势、目光、语言配合）	10		
	尊称姓名（知道客人姓名必须尊称）	10		
	自报身份及敲门	10		
	及时服务（根据访客的人数提供相应的茶水及椅子）	10		
	灵活处理（留言服务）	10		
	坚持原则（住客资料的保密）	10		
	面向退出（不背对客人离开房间）	10		
	送至电梯口（目送客人离开）	10		
	合计	100		

表9-11　VIP接待技能考评表——引领客人服务

被评估人		评估地点			
评估项目	引领客人服务				
评估标准	评估内容		分值	自我评估	综合得分
	仪容仪表（淡妆，发型服饰得体大方）		10		
	合理站位（站在客人左前侧或根据场地以方便和尊敬客人为原则）		10		
	微笑待客（真诚、嘴笑、眼笑、心笑）		10		
	敬语服务（文明十字）		10		
	规范引领（手势优雅，目光配合）		10		
	个性服务（不同的客人不同的引领）		10		
	业务熟练（对座次礼仪的了解）		10		
	尊称姓名（知道客人姓名必须尊称）		10		
	团队合作（和其他员工的配合）		10		
	热情道别（目送客人离开）		10		
	合计		100		

表9-12　VIP接待技能考评表——点烟服务

被评估人		评估地点			
评估项目	点烟服务				
评估标准	评估内容		分值	自我评估	综合得分
	仪容仪表（淡妆，发型服饰得体大方）		10		
	微笑服务（真诚、嘴笑、眼笑、心笑）		10		
	站位正确（站立在客人体侧，身体前倾）		10		
	尊称姓名（知道客人姓名必须尊称）		10		
	敬语服务（先有提示）		15		
	安全操作（火柴不能划向客人）		15		
	动作优雅（先点后移，距离适度）		15		
	注意禁忌（多人服务时，注意"一火不点三烟"）		15		
	合计		100		

283

表9-13　VIP接待技能考评表——现场点讲解

被评估人		评估地点			
评估项目	现场点讲解				
评估标准	评估内容		分值	自我评估	综合得分
	仪容仪表（淡妆，发型服饰得体大方）		10		
	微笑迎宾（点外迎宾，主动微笑）		10		
	合理站位（和客人距离恰当，站位不遮挡展板）		10		
	优雅移步（讲解与步伐的配合）		10		
	合理组织（观注重要领导，控场能力）		10		
	准确讲解（普通话标准）		20		
	生动灵活（讲解生动）		10		
	热情送客		10		
	迅速归位		10		
	合计		100		

表9-14　VIP接待技能考评表——随车讲解

被评估人		评估地点			
评估项目	随车讲解				
评估标准	评估内容		分值	自我评估	综合得分
	仪容仪表（淡妆，发型服饰得体大方）		10		
	微笑迎宾（车外迎宾，语言提示）		10		
	优雅仪态（站立挺拔、平稳，保持面对客人，手势指引正确）		10		
	讲解准确（与车外景观吻合）		10		
	合理组织（观注重要领导，控场能力）		10		
	语言标准（普通话标准）		20		
	生动灵活（讲解生动）		10		
	知识丰富（知识储备丰富，能回答提问）		10		
	积极服务（及时整理车内卫生，补充客用品）		10		
	合计		100		

从整体会议接待流程梳理，到运用KSF找到VIP会议接待这个关键环节，从而明确教学培训项目，再运用"四化"法确定VIP接待教学内容，并由此形成可操作、可复制、可评估的，对VIP接待技能教学考核的工具。整个教学活动设计，都以成果为导向、以工具为保障！

结　语

我们以课堂纪实的方式，以对话为工具，从破冰之旅到系统梳理；从系统梳理到直击本质；从直击本质到体系构建；从体系构建到方法提炼；从方法提炼到落地实践……一路走来，我们累并快乐着！

我们深知，今天的充电只是为了更好地前行；我们期待，不懈的努力能与这个时代同步！

恩师李燕杰教授曾说：平庸的培训师，只是让学员学会；杰出的培训师，却是让学员会学！平庸的培训师，只向学员奉献真理；杰出的培训师，引导学员追求真理！

作为一个身处和谐盛世的礼仪文化传播者、礼仪培训教育工作者，我们该如何理解并践行？

以传道授业解惑为己任，以格物、致知、正心、诚意、修身、齐家、治国、平天下为追求。为天地立心，为生民立命，为往圣继绝学，为万世开太平！

在继承中发展，在发展中求变，在求变中升华。迎接中华民族伟大复兴！

因理而教，为礼而学，这是时代的呼唤，你我的担当！

参考文献

[1] 许慧敏. 朱子"礼即理"思想研究[D]. 西北师范大学，2016.

[2] 刘京娟. 基于行动学习的税务培训模式探索[J]. 湖南税务高等专科学校学报，2016，29（04）：16-20.

[3] 胡技飞. 行动学习法在教学改革中的应用研究[J]. 中国市场，2012（27）：105-106.

[4] 林存华. 行动学习法的利弊与实施要点[J]. 中国浦东干部学院学报，2009，3（05）：121-125.

[5] 李德林. 教学个性研究[D]. 山东师范大学，2010.

[6] 何克抗. 建构主义的教学模式、教学方法与教学设计[J]. 北京师范大学学报（社会科学版），1997（05）：74-81.

[7] 卢婷. 智慧学习环境下的教学深度交互研究[D]. 江苏师范大学，2017.

[8] 李湘. 学在情境中：礼仪教学中的"趣"与"渔"[J]. 教育观察（上半月），2017，6（01）：116-117.

[9] 黄建生. 戈夫曼的拟剧理论与行为分析[J]. 云南师范大学学报（哲学社会科学版），2001（04）：91-93.

[10] 孙红梅，郑瑞涛. 高职院校礼仪教育的场域构建及其实施策略[J]. 中国德育，2011，6（02）：74-77.

[11] 田宇. 高校礼仪课程教学情境设计的改进建议[J]. 科教导刊（上旬刊），2016（02）：88-89.

[12] 张俭民，董泽芳. 从冲突到和谐：高校师生课堂互动关系的重构——基于米德符号互动论的视角[J]. 现代大学教育，2014（01）：7-12+25.

[13] 王立新. 符号互动论视角下的"翻转课堂"成功要素探析[A]. International Research Association of Information and Computer Science.Proceedings of 2014 3rd International Conference on Information, Business and Education Technology（ICIBET 2014）[C]. International Research Association of Information and Computer Science：北京欣永顺文化传播有限公司，2014：4.

[14] 王玉霞. 汉代饮宴礼仪的发展演变及历史意义[J]. 文化学刊，2018（08）：197-204.

[15] 倪辉. 场域、素材与情感：大学仪式的道德维度[J]. 现代大学教育，2012

（04）：88-94+113.

[16] 张培培. 表演性教学——拟剧理论在教学中的运用[J]. 现代教育科学，2015（04）：136-137+16.

[17] 彭林. 北京奥运 如何人文[A]. 北京市社会科学界联合会、北京市科学技术协会. 北京自然科学界和社会科学界联席会议2008·高峰论坛文集[C]. 北京市社会科学界联合会、北京市科学技术协会：北京市社会科学界联合会，2008：4.

[18] 吴重庆. "道"通往何方——兼论儒家的爱是否有差等[J]. 读书，2018（02）：159-166.

[19] 帅培业. "鞠躬""磕头""作揖"起源考[J]. 西华大学学报（哲学社会科学版），2013，32（03）：1-4+67.

[20] 马佳. 基于行动学习法的中小学校长培训模式研究[D]. 首都师范大学，2014.

[21] 蒋青希. 基于情境学习的企业培训课程设计策略研究[D]. 四川师范大学，2017.

[22] 翟学伟. 再论"差序格局"的贡献、局限与理论遗产[J]. 中国社会科学，2009（03）：152-158.

[23] 贾晓萌. 以学员为中心的学用转化培训模式设计与应用[J]. 石油化工管理干部学院学报，2018，20（06）：17-21+26.

[24] 贾应生. 胜任力模型在员工选拔与培训中的应用研究[D]. 天津大学，2008.

[25] 张士闪. 欧文·戈夫曼的《日常生活中的自我呈现》[J]. 民俗研究，2011（02）：2.

[26] 常卫民. 基于TPO知识系统的08北京奥运会中国代表团男装研究与设计方案[D]. 北京服装学院，2008.

[27] 钟庆文，王斌. 高职院校新教师职业素养"互联网+交互式"培训模式研究[J]. 继续教育，2018，32（09）：8-10.

[28] M. 戴维·梅里尔，盛群力，何珊云，等. 首要教学原理[J]. 当代教育与文化，2014，6（06）：1-7.

[29] 葛楠. 面向认知目标分类的高校微课教学内容与方法研究[D]. 南京师范大学，2018.

[30] 张有文. "互联网+"时代教学方式的变革[D]. 山东师范大学，2017.

[31] 刘永希. 以文明礼仪教育为载体培育社会主义核心价值观[J]. 当代教育实践与教学研究，2018（04）：218-219.

[32] 梁满仓. 论魏晋南北朝时期的五礼制度化[J]. 中国史研究，2001（04）：27-52.